广东省优秀社会科学家文库（系列二）

毛蕴诗自选集

毛蕴诗 ◎ 著

中山大学出版社

·广州·

版权所有　翻印必究

图书在版编目（CIP）数据

毛蕴诗自选集/毛蕴诗著. —广州：中山大学出版社，2017.11
（广东省优秀社会科学家文库. 系列二）
ISBN 978-7-306-06138-6

Ⅰ.①毛…　Ⅱ.①毛…　Ⅲ.①企业管理—文集　Ⅳ.①F272-53

中国版本图书馆CIP数据核字（2017）第187708号

出 版 人：徐　劲
策划编辑：嵇春霞
责任编辑：徐诗荣
封面设计：曾　斌
版式设计：曾　斌
责任校对：廉　锋
责任技编：何雅涛
出版发行：中山大学出版社
电　　话：编辑部 020-84110283，84111997，84113349，84110779
　　　　　发行部 020-84111998，84111981，84111160
地　　址：广州市新港西路135号
邮　　编：510275　传　真：020-84036565
网　　址：http://www.zsup.com.cn　E-mail：zdcbs@mail.sysu.edu.cn
印 刷 者：广州家联印刷有限公司
规　　格：787mm×1092mm　1/16　21.75印张　368千字
版次印次：2017年11月第1版　2017年11月第1次印刷
定　　价：60.00元

如发现本书因印装质量影响阅读，请与出版社发行部联系调换

毛蕴诗

  1945年12月生，四川夹江人。先后就读于成都大学数学系、四川师范大学数学系、中国人民大学工业经济系，并获比利时鲁汶大学工商管理硕士（MBA）学位、武汉大学经济学博士学位。现任中山大学管理学院教授、博士生导师，中山大学企业与市场研究中心主任，法国Grenoble Ecole de Management DBA导师，第十二届全国政协委员。曾任贵州汽车制造厂工人、管理人员，武汉大学管理学院副院长，中山大学管理学院院长，国务院学位委员会工商管理学科评议组成员，国家自然科学基金管理学科评审组成员，广东省学位委员会委员，第十届、第十一届全国政协委员，广东省政府参事。享受国务院政府特殊津贴。多次获教育部、广东省优秀科研成果奖，1991年被国家教育委员会和人事部表彰为"有突出贡献的回国留学人员"。主要致力于企业转型升级、企业国际化经营、企业成长与重组方面的研究。作为指导教师，培养出中山大学第一位经济学博士和第一位管理学博士。主持承担和完成20多项国家级、省部级科研项目，出版著作、教材20余部，在国内外学术期刊上发表文章百余篇。2015年，被评为广东省第二届优秀社会科学家。

"广东省优秀社会科学家文库"（系列二）

主　任　慎海雄

副主任　蒋　斌　王　晓　宋珊萍

委　员　林有能　丁晋清　徐　劲

　　　　魏安雄　姜　波　嵇春霞

"广东省优秀社会科学家文库"(系列二)

出版说明

习近平总书记在党的十九大报告中明确提出要"加快构建中国特色哲学社会科学",为新时代中国哲学社会科学繁荣兴盛指明了方向。哲学社会科学是人们认识世界和改造世界、推动社会进步的强大思想武器,哲学社会科学的研究能力是文化软实力和综合国力的重要组成部分。广东改革开放近40年所取得的巨大成就离不开广大哲学社会科学工作者的辛勤劳动和聪明才智,广东要实现"四个坚持、三个支撑、两个走在前列"的目标更需要充分调动与发挥广大哲学社会科学工作者的积极性、主动性和创造性。中共广东省委、省政府高度重视哲学社会科学,明确提出要打造"理论粤军"、建设学术强省,提升广东哲学社会科学的学术形象和影响力。这次出版的"广东省优秀社会科学家文库",就是广东社科界领军人物代表性成果的集中展现,是广东打造"理论粤军"、建设学术强省的一项重要工程。

这次入选"广东省优秀社会科学家文库"的作者,均为广东省第二届优秀社会科学家。2014年7月,中共广东省委宣传部和广东省社会科学界联合会启动"广东省第二届优秀社会科学家"评选活动。经过严格的评审,于2015年评选出广东省第二届优秀社会科学家10人。他们分别是(以姓氏笔画为序):王珺(广东省社会科学院)、毛蕴诗(中山大学)、冯达文(中山大学)、胡经之(深圳大学)、桑兵(中山大学)、徐真华

(广东外语外贸大学)、黄修己(中山大学)、蒋述卓(暨南大学)、曾宪通(中山大学)、戴伟华(华南师范大学)。这些优秀社会科学家是我省哲学社会科学工作者的杰出代表和学术标杆。为进一步宣传、推介我省优秀社会科学家,充分发挥他们的示范引领作用,推动我省哲学社会科学繁荣兴盛,根据省委宣传部打造"理论粤军"系列工程的工作安排,我们决定在推出"广东省优秀社会科学家文库"(系列一)的基础上,继续编选第二届优秀社会科学家的自选集。

本文库自选集编选的原则是:(1)尽量收集作者最具代表性的学术论文和调研报告,专著中的章节尽量少收。(2)书前有作者的"学术自传",叙述学术经历,分享治学经验;书末附"作者主要著述目录"。(3)为尊重历史,所收文章原则上不做修改,尽量保持原貌。(4)每本自选集控制在30万字左右。我们希望,本文库能够让读者比较方便地进入这些当代岭南学术名家的思想世界,领略其学术精华,了解其治学方法,感受其思想魅力。

10位优秀社会科学家中,有的年事已高,有的工作繁忙,但对编选工作都高度重视。他们亲自编选,亲自校对,并对全书做最后的审订。他们认真严谨、精益求精的精神和学风,令人肃然起敬。

在编辑出版过程中,除了10位优秀社会科学家外,我们还得到中山大学、暨南大学、华南师范大学、广东外语外贸大学、深圳大学、广东省社会科学院等有关单位的大力支持,在此一并致以衷心的感谢。

广东省优秀社会科学家每三年评选一次。"广东省优秀社会科学家文库"将按照"统一封面、统一版式、统一标准"的要求,陆续推出每一届优秀社会科学家的自选集,把这些珍贵的学术精华结集出版,使广东哲学社会科学学术之薪火燃烧得更旺、烛照得更远。我们希望,本文库的出版能为打造"理论粤军"、建设学术强省做出积极的贡献。我们相信,在习近平新时代中国特色社会主义思想指引下,广东的哲学社会科学一定能迈上新台阶。

"广东省优秀社会科学家文库"编委会
2017 年 11 月

目录

学术自传 / 1

第一部分　调研咨询报告

节省就是创造价值：在传统制造业注入"绿色基因" / 7
创新有效供给，盘活呆滞供给，淘汰无效供给 / 11
持续创新，助力中小企业升级，做专做精再做强 / 16
关于形成有效供给、扩大消费内需的建议 / 20
加快"中国制造"转型升级，从工业大国向工业强国转变 / 24
促进广东省劳动密集型产业转型升级的建议
　　——台湾自行车产业整体转型升级经验借鉴 / 28
公共技术平台与促进科技成果产业化的高效能机构
　　——基于台湾工业技术研究院的调研报告 / 37
行业边界模糊与产业政策调整 / 42
加大政府干预力度，创新调控手段，纠正市场机制缺陷 / 47
关于深化中央与地方关系体制改革的建议 / 51

第二部分　学术论文

论国际分工市场失效与重构全球价值链
　　——新兴经济体的企业升级理论构建 / 55
企业升级路径测量量表开发
　　——基于制造性企业的实证研究 / 77
苹果：此前转型与成功的逻辑分析 / 117

企业低碳运作与引入成本降低的对偶微笑曲线模型
　　——基于广州互太和台湾纺织业的研究 / 136
论股市的企业重组机制：中、美、日比较 / 151
从微软看标准之间的企业全球竞争 / 172
基于行业边界模糊的价值网分析模式
　　——与价值链模式的比较 / 187
日本在华跨国公司竞争地位与竞争优势研究 / 210
当代跨国公司撤资理论及其新发展 / 222
硅谷机制与企业高速成长
　　——再论企业与市场之间的关系 / 234
美国企业竞争力超过日本企业之探究 / 247
论企业与市场的关系 / 262
中国上市公司的亏损问题与重构研究 / 271
对外直接投资过程论
　　——对外直接投资的四维分析模型及其应用 / 285
中国购买力、消费经济计量模型 / 299
试论资源分配的最优组合问题 / 318

附录　毛蕴诗主要著述目录 / 326

学术自传

◎ 毛蕴诗

我于1945年出生于四川省夹江县的一个城镇普通家庭,当时的生活并不充裕。由于母亲有心脏病,家里主要靠父亲工资生活,母亲织毛衣补贴家用。父亲念过私塾,给我讲过不少古代故事和古代诗文。记得我10岁时参加升中学考试,母亲整夜织毛衣未眠,靠看天色掌控时间,既怕我睡得不够,更怕我误时不能参考。母亲不仅给了我生命,还把她的时间也给了我。1962年,我考入成都大学(现在的西南财经大学)数学系。当时教育落后,全县仅有2个高中毕业班,考上大学的总共也就十一二人。1964年,我转到四川师范大学数学系学习。1966年,"文化大革命"爆发,我在这段时间里乘机阅读了不少人文社会科学方面的书籍。

1968年大学毕业后,我被分配到贵州省贵阳市的贵州汽车制造厂工作,先是在车间做了2年工人,随后调到生产计划科做管理工作。这使我有时间借阅了一些文学方面的书籍,也有机会阅读了生产计划科库房中被丢弃的经济管理书刊。在此后的时间里,我一方面深入到企业的一线管理工作,一方面则不间断地读书学习。这段经历也是促成我后来从事经济管理研究的重要缘起。

1978年恢复高考,我考取了中国人民大学工业经济专业的研究生。并由学校推荐,参加国内首次出国英语统考,获通过。1980年,我赴比利时鲁汶大学攻读工商管理硕士(MBA),成为改革开放后第一批走出国门的公派留学生。鲁汶大学创建于1425年,是世界知名的高等学府。MBA的学习课程甚为严格,每年考试差不多要淘汰1/3的学生。也正是在这段学习期间,我访问了许多跨国公司,如通用汽车、福特汽车等在欧洲的子公司。西方现代企业的效率以及严格的管理规范给我留下了很深的印象。1983年获MBA学位后,我选择回国执教。当时给几个学校的管理学院写了信,都得到邀请。但时任武汉大学校长的刘道玉则亲自写信,邀请我赴武汉一行,并悉数解决后顾之忧等诸多困难,终于促使我到武汉大学就职。

去到武汉大学不久,我先后承担了当时的国家经委委托的研究项目"中国商品市场经济计量模型"和"七五"国家重点科学技术研究项目"全国重要物资供需模型与预测系统"。项目完成后,经过2年的应用,获得了国家经委、国家物资部、国家经济信息中心等部门的认可。这两个项目的研究成果分别于1990年、1992年获国家教委科技进步二等奖。这个经历使我认识到:从事研究工作,一定要重视对实际经济、企业运行的观察和思考。我于1991年被国家人事部和国家教委表彰为"有突出贡献的留学回国人员",1992年被湖北省授予"有突出贡献的中青年专家",并从1992年起享受国务院特殊津贴。在武汉大学,我先后于1987年和1989年被破格晋升为副教授、教授。

说到学术生涯,我特别要感谢我的导师郭吴新。1992年,郭老师告诉我学校开始直接以论文申请博士学位的试点。当然,这并不是谁都可以申请,必须具有较高的学术水平,并有突出的研究成果。当时我已是教授,并且获过多项省部级奖项,郭老师认为我完全符合条件。经过资格考试之后,又顺利通过论文答辩,我于1993年成为武汉大学的第一个"论文"博士。同时,也要感谢我的妻子文师平。她数十年如一日地持续提供后勤保障支持,不仅承担家务,照顾大人、小孩,还帮忙誊写书稿,收集整理资料。可以说,有了她,我才能够有更多的时间专注于学术研究。

1992年,我开始了在中山大学的执教生涯,任管理学院院长;并随即作为学科带头人主持了企业管理博士点的申报并获批准。中山大学也因此成为华南地区第一个企业管理博士点,而我作为指导教师培养了中山大学的第一个经济学博士(1998年之前,企业管理专业属于经济学门类)和第一个管理学博士。

说到学术研究,我深感有幸置身于广东这片改革开放前沿的热土。广东省的许多优秀企业勇于创新,主动参与全球竞争,通过资源积累、能力演进、高速成长、转型升级,实现了从全球价值链的底部向其中上部移动,甚至从代工企业成长为世界级企业。它们的成功实践,打破了发达国家企业在所谓国际分工中的主导地位,改变了所在行业的竞争格局,它们也成了在全球范围整合资源的主导企业。它们的实践与创新也为我们学者研究新兴经济体企业成长与转型升级提供了宝贵而独特的素材。同时,我也有感于广东和我所在的中山大学的良好学术环境与氛围,为我们探讨专业领域的前沿问题、取得较为丰硕的研究成果提供了良好的支持。正如本书的"作者主要著述目录"和本书所选论文所示，这些成果绝大多数是我于1992年来广东和中山大学后取得的。

这本自选集包含了两部分内容。第一部分是咨询调研报告，第二部分是学术论文。

我自2003年以来，先后担任了3届全国政协委员和2届广东省政府参事。工作中撰写了不少咨询调研报告，作为政协发言、提案与参事建议。本自选集中所选的几篇有代表性的咨询调研报告贴近我国现实经济管理问题，也是本人结合专业研究所得，并大多曾作为学术论文发表过。这些咨询调研报告也反映了我的学术生涯、学术研究的特征。

我的学术研究大致可分为4个阶段和4个研究方向。

第一阶段是1983年从比利时鲁汶大学回国至1992年调到中山大学，主要从事定量分析方法在经济管理领域的应用研究，讲授课程并出版了教材《经济计划方法》。科研方面，主持了2个国家项目并2次获国家教委科技进步二等奖。本自选集中所选的发表于《武汉大学学报》以及著述目录中发表于《中国工业经济》的论文，就是那一时期的学术研究成果。

第二阶段从1992年至1999年，主要研究方向为国际直接投资与跨国公司管理。转换研究方向的主要原因是我于1993年在郭吴新老师的指导下获得世界经济专业的博士学位。我的博士论文题目是"跨国公司战略竞争与国际直接投资"，于是在博士论文的基础上展开了新的研究。博士论文的主要内容形成论文《对外直接投资过程论》发表于《中山大学学报》。在此期间，我主持了国家自然科学基金重点项目"跨国公司在华策略与中国企业的应对措施"的研究，主持召开了"中日管理比较研究""中欧企业关系研究""跨国公司在中国"等国际会议。同时围绕这一项目开展了大量的调研，我所指导的博士研究生也围绕这方面的选题撰写博士论文。作为该重点项目的成果，出版了包括5本学术专著的研究丛书，并发表了一系列学术论文。

第三阶段从1999年至2005年，主要研究方向为企业成长与重组。实际上，在之前研究跨国公司的扩展行为中，也涉及了企业的成长问题。在此期间，我主持召开了"成长中的中国企业""面向21世纪的中国企业"等全国性会议，出版了专著《全球公司重构与中国企业战略重组》《并购重组》，并发表了一系列相关论文，其中《论企业与市场关系》《硅谷机制与企业高速成长》以及《公司重构的动因》等论文放进了本自选集中。

第四阶段从2006年到现在。主要研究方向是中国企业转型升级并拓展为对重构全球价值链的理论探讨。在全球金融危机到来前夕的2005年秋天，我受邀到日本一桥大学讲学访问，其间了解到台湾台联电的发展及其收购日本上市公司的案例。我认为此案例就是一个代工企业升级的典型，并由此引发我对中国企业转型升级的持续研究。自2006年以来，我带领研究团队先后对大陆及台湾的数十家企业、产业集群、产业园区、行业协会、经济管理部门进行实地调研和问卷调查，并在此基础上撰写了多份调研报告、政协发言和广东省政府参事建议，多次为时任领导所肯定和经济部门参考采用，本自选集的第一部分也选入了其中一些成果。同时，这些调研的结果及其分析也形成了多篇学术论文进行发表。有了这些研究基础，全球金融危机爆发的2009年我即出版了专著《中国企业：转型升级》。该书先后获广东省哲学社会科学著作一等奖、第六届高等学校科学研究优秀著作二等奖，其第三版于2016年受国家社科基金中华外译项目资助，将由斯普林格出版社出英文版。之后，我又于2015年主持承担了2个国家社科基金重点项目的研究。这些进一步的深入研究引发了我对新兴经济体企业转型升级的理论思考，并向西方的"全球价值链"理论以及与之相关的国际分工的观点提出挑战，首次基于中国企业、产业升级的实践提出了"重构全球价值链"的概念和一系列命题。"重构全球价值链"本质上是世界经济再平衡问题。本自选集中的《论国际分工市场失效与重构全球价值链》一文发表于2016年3月的《中山大学学报》，随即被当月的《高等学校文科学术文摘》转载，接着又被《社会科学文摘》《中国人民大学复印报刊资料》转载。2017年3月，我出版了专著《重构全球价值链：中国企业升级理论与实践》，系统分析了"全球价值链"主导者由跨国公司向新兴经济体优秀企业的演变动因与过程。

近年来，管理学科发展迅速，但也存在令人担忧的现象。目前，国内的经济管理研究中存在为发表而发表、脱离现实的倾向。同时，我们也为我国人文社科在国际上缺少话语权而感到担忧。就像绝大多数产品标准是由西方跨国公司控制一样，有关中国问题的研究，中国学者并无多少话语权。以中文发表的学术论文，必须引证英文文献；而以英文发表研究中国问题的文章，则完全可以不理会以中文发表的研究成果。所以我建议，在加强对我国经济管理问题研究的同时，还要加强中国学术研究走出去的力度。

第一部分 调研咨询报告

毛蕴诗自选集

节省就是创造价值：在传统制造业注入"绿色基因"①

在全球碳排放量激增、全球气候加速变暖的背景下，发展"低碳经济"已成为全球热点。"十三五"规划和《中国制造2025》明确表示：全面推行绿色制造是提升我国制造业整体竞争力的重要途径之一。国家将通过制定促进绿色经济、低碳经济发展的财税、金融、价格等激励政策，鼓励高端制造业的发展。

然而，与新能源、新材料、生物技术等高端制造业相比，传统制造业往往缺乏"绿色基因"。包括纺织、陶瓷、钢铁等在内的传统制造业，高投入、高消耗、高污染的粗放发展模式仍普遍存在。综合世界银行、中国科学院和国家环保总局的测算，我国每年因环境污染造成的损失占GDP的10%左右。其中，我国70%的污染排放物来源于制造业。因此，在产品的设计、制造、包装、运输、使用到报废处理的整个生产周期中，应该尽量促使传统制造业的废弃资源和有害排放物最小、资源利用率最高、能源消耗最低，进而降低生产成本，保护环境。

企业进行低碳运作并不是只有投入，没有效益。生产成本与收益之间存在对偶关系。企业通过低碳运作，可以成功实现成本降低、价值提升、员工福利增加和保护生态环境的目的。例如，立邦公司积极推动水性涂料在家装行业的应用，替代污染重、易蒸发的油性涂料。在使用时，涂装工具可用水清洁，削减了清洁溶剂的耗费。日本建筑公司使用先进的混凝土再利用技术，在房屋改建时循环利用所有建筑材料，既节省了资源也降低了碳排放。

---

① 本文参考资料：《浅论中国制造业"绿色基因"嬗变进程》，中国环保在线，http://www.hbzhan.com/news/detail/dy105818_p1.html；《中国纺织品出口遭遇绿色贸易壁垒的具体表现》，Feijiu网，http://news.feijiu.net/infocontent/html/20164/8/8364047.html；《制造业大国如何摆脱粗放的"三高"模式?》，搜狐网，http://mt.sohu.com/20160418/n444804604.shtml；《构建绿色制造体系 走生态文明发展道路》，中国共产党新闻网，http://theory.people.com.cn/n1/2016/0323/c49154-28219645.html。

自2010年起，笔者就持续关注低碳运作在促进传统制造企业提升竞争力、实现转型升级方面的作用，多次前往珠三角地区的纺织业、陶瓷业、家具业等传统产业调研。笔者在调研过程中发现，不少企业通过实施低碳环保实现了成本降低、价值创造和转型升级。现总结有关经验和启示如下。

（1）节省要从源头抓起，通过绿色设计，提升产品、企业的价值空间。比如广东蒙娜丽莎陶瓷有限公司与华南理工大学、科达机电联合开发瓷质薄板技术，成功推出长宽为1200mm×2400mm、厚度为5.5mm（原先为13mm）的超大规格的陶瓷薄板。新型大规格板材重量仅为石材的25%，可节约60%以上的原材料资源。与同规格的传统瓷砖相比，可降低50%以上的综合能耗，减少84%的废气排放，降低91.6%的废渣排放。在减少原材料损耗的同时，较大程度地减少了能源的消耗及废弃物的排放，实现清洁生产。绿色设计带动了绿色设备的使用，广东蒙娜丽莎陶瓷有限公司于2016年引进亚洲最大吨位的10000T压机，大大提高了生产效率。

（2）通过简化工艺流程，加强节能系统监控，从各个环节实现节能。利用节能系统对生产过程中的能耗进行严格监控，能够有效防止资源的浪费。比如，广州互太纺织有限公司缩短工艺流程，采用航空隔热涂料对染缸保温，生产效率提高了30%，节约标煤9000吨/年。深圳南天油粕公司从蒸汽、电和正己烷溶剂三个方面对设备和流程进行了优化。优化后，一方面产能有了明显提升，从之前的1000吨/天提升为1200吨/天；另一方面各类消耗均有了明显下降，即使未曾计入2010年间各类物资的价格上涨，企业生产变动成本也同比下降了10%，总成本下降了11%。

（3）通过加大投入，研发先进节能型设备、设施，或进行环保工程建设，直接降低能耗、排放，淘汰效率低下的落后产能。比如，广东蒙娜丽莎陶瓷有限公司自主研发SNCR脱硝物料衡算软件，达到"智能联控"，将末端CEMS监控数据导入物料衡算软件，实现还原剂的精准控制和计量，满足脱硝要求，并降低还原剂消耗量，适时控制运行成本。广东佛山宏宇陶瓷有限公司在环保设备方面投入比普通企业多20%~30%，同时逐渐使用机械手、全自动打包机来替代人工，以减少瓷砖打包过程对员工的身体伤害。

（4）通过回收再利用，提升资源利用率。比如，深圳南天油粕公司将蒸汽冷凝后的高温蒸馏水进行换热，充分利用其中的热能，然后将冷却的蒸馏水补入净水凉水塔，实现回收热能、节省自来水，并减少凉水塔净水用的化学试剂用量的目的。经调整后，水处理剂的使用量下降了97%，取得了相当可观的绩效。深圳格林美公司通过自主研发循环技术，建成了以废弃钴镍资源为原料的超细钴镍粉体的全流程生产线，打破了国外在超细钴镍粉体技术方面的垄断，将产品的毛利率提升至20%以上。

根据调研分析，笔者提出如下建议：

1. 树立低碳环保运作的观念和意识，构建环保常态机制

在全社会构建环保常态机制是一项复杂的系统工程，需要立足于可持续发展，全面审视全产业链的各个环节的绿色运作，而不能顾此失彼。要在全产业链中各环节落实低碳环保要求，落实从设计研发、采购、生产、销售、使用、回收、再利用等各个环节的节能减排、低碳环保。同时，要搭建环保常态机制，制定合理的治理机制，对接各方主体的利益诉求。

2. 促进绿色技术突破，加大技术研发投入

促进绿色技术的研发与应用，一方面能够促进企业成本的降低，实现清洁生产；另一方面也能够使企业绕开绿色贸易壁垒，进而提升效益、获得大订单。建议提供政策、奖励等扶持措施，推动企业、高校、科研机构加大绿色技术研发投入。例如，石墨烯是一种技术含量高、应用潜力大的碳材料，在消费电子、治污环保和储能领域具有很大市场。IBM、美国通用公司、施乐公司等国际大牌厂商都在积极推进石墨烯技术产业化研究。

3. 制定和完善环保标准，支持企业参与国际标准认证

我国现有的环保标准分为国家标准、行业标准、地方标准、企业标准4大类，主管部门各不相同。建议政府给予一定补助，鼓励、支持企业参与国际标准认证。同时，应加快标杆企业标准、省级标准与国际标准的对接。

4. 鼓励设备、原材料的绿色采购

绿色采购表面上增加了成本，但从整个产业链来看，在节省能源、减少原辅料、节约人工时长、减少废物处理等方面其实是降低了成本，在能源集中利用等方面提高了产出，实现了全产业链整体效能的提升。建议加强财政和金融的支持力度，鼓励企业进行绿色采购。

5. 促进绿色流程改造，从生产环节降耗增效

设备进行适当优化、升级，一定程度上可降低加工成本，进而提高企业的盈利能力。企业可通过优化工艺和关键流程来降低企业制造成本，减少浪费，实现低碳经济。建议针对能耗大的制造型行业，利用行业协会等平台，提供绿色流程改造指南，共享行业内先进工艺与流程改造经验。

（本文系 2017 年全国政协十二届五次会议发言，主要内容发表于《中国经济社会论坛》2017 年第 6 期）

创新有效供给，盘活呆滞供给，淘汰无效供给

长期以来，推动经济增长较多侧重于需求方面，即通过刺激消费、投资和出口来扩大总需求，忽视了供给侧对需求实现的促进和制约。

从供给侧来看，存在结构方面的问题：一是满足多层次、多元化需求的有效供给能力不足。国内低端领域产能过剩，高端领域却产能不足。在钢铁产量严重过剩的情况下，一些特殊品类的高质量钢材仍然依赖进口。如今中国可以制造出高铁、飞机，却生产不出圆珠笔的"圆珠"①。二是缺乏有效的运行机制和配套机制，呆滞供给无法与需求有效对接。例如，存在体制上、行政区划上和技术上的市场分割（即并没有形成社会主义的统一大市场），供给与需求对接上存在制度约束，环境配套设施上也存在约束，缺乏有效的流通渠道，有的商品滞销现象严重等。三是产能过剩、高能耗、高污染等问题严重，无效供给有待出清。据英国石油公司（BP）统计②，我国能源消费结构中有66%是煤炭，2014年我国每万美元GDP能耗为4.1吨标准煤，是世界平均水平的1.7倍、经济合作与发展组织（Organization for Economic Co-operation and Development，OECD）国家的2.62倍。

为此，习近平总书记强调，在适度扩大总需求的同时，着力加强供给侧结构性改革。李克强总理强调，要在供给侧和需求侧两端发力，促进产业迈向中高端。结合思考和调研，笔者提出以下看法和建议：

1. 供给侧改革强调创新驱动，强调并激发企业、企业家的能动性

供给侧结构性改革不仅是简单去过剩产能、消化库存方面的问题，它首先是认识和观念上的问题。正如管理大师彼得·德鲁克所说：对于企业

---

① 《除了圆珠笔头这些东西中国也生产不了》，中金在线，http：//news.cnfol.com/guoneicaijing/20160126/22173838.shtml。

② 英国石油公司（BP）网站，http：//www.bp.com/en/global/corporate/energy-economics/statistical-review-of-world-energy.html。

而言,真正的创新并不是技术的创新,而是"为技术创造出市场"的创新。

历史上无一不是由企业把创新产品推向市场,如电话、化纤、汽车、计算机等。互联网时代创新空间尤其巨大。例如,乔布斯和苹果公司就是创新供给、创造市场的典范。乔布斯设计产品从不依靠市场调研。他说:"人们不知道他们想要什么,直到你把它摆在他们面前。如果我们继续把伟大的产品推广到他们的眼前,他们(消费者)会继续打开他们的钱包。"

苹果公司开发出 iPhone、iPad 等深受欢迎的产品,激活了原本死气沉沉的市场。尽管 iPhone 销量只占全球智能手机份额的 10%,却拥有 60%~70% 的利润①。腾讯公司则是服务创新的典范,其于 2011 年开发了微信,到 2015 年第二季度,全球活跃用户已达 6 亿②。

因此,在认识与实践上,要发挥企业和企业家的能动性,通过产品创新、服务创新来创造市场、引导市场,通过供给创新来扩大需求。供给侧结构性改革通过资源配置、产业政策、技术政策等进行调整,必将减少无效供给,提升全要素生产率,成为经济增长的内在动力。

2. 营造多元化创新、创业体系

大企业资源丰富,是创新、创业的主力军。苹果公司、腾讯公司都是实施大企业内部创新、创业的典范。因此,一方面要鼓励大企业实施创新、内部创业;另一方面,要鼓励中小企业、独立发明者创新、创业,为他们提供政策与资源支持。历史上许多重要的产品都是由中小企业发明的,如空调、喷气式发动机、玻璃纸、摘棉机、直升机、石油裂化等。独立发明者和专门研发机构的发明(通常由大公司开发)的产品包括钛金属、含铬彩色胶卷、涤纶、高速复印机等。

建议完善产权保护制度,加快建设公共技术平台,建立科技成果产业化的高效能转换机构。在这过程中,培育鼓励创新、宽容失败的文化,进一步调动企业与个人创新的积极性。

3. 突破关键技术与核心零部件,形成具有自主知识产权的有效供给

关键技术的突破和核心零部件制造掌握不仅能大大提升产品附加值,

---

① 网易数码频道,http://digi.163.com/14/0318/09/9NK09UTI00162OUT.html。
② 《BAT 二季报大比拼阿里赚得最多腾讯收入最高》,载《华西都市报》2015 年 8 月 13 日。

而且可以带动一般零部件制造的发展。长期以来,制造领域由于缺少关键技术和核心零部件,我国很多产业受制于人。例如,我国自主研发的江淮D19TCI、长城TCI等发动机依然要向德国博世公司缴纳高昂的专利费。自2011年以来,我国成为全球最大的发明专利申请国,但专利的质量不高,在光学、发动机、半导体等领域的发明专利仍较缺乏①。笔者建议企业,特别是有自主品牌的企业,要加大核心零部件的研发投入,培养关键技术的自主创新能力,在重点领域形成自主知识产权。

4. 消除体制、技术方面的约束,打通供需的中间通道,推动供给与需求有效对接

除了地方保护主义等因素,有关的税费制度也严重制约商品的供给。据商务部统计,2015年中国旅客在境外消费约1.2万亿元,价格因素成为境外消费的主要因素。据估计,海内外酒类产品平均价差高达64%,最高价差达85%;腕表平均价差33%,最高价差83%;② 名牌服装、化妆品、香水、箱包、皮鞋等也有将近30%的价差③。沉重的税费、昂贵的物流成本、层层的流通环节、高涨的场地租金和人力成本是国内物价居高不下的主要原因。

为了把境外巨额消费拉回国内,首先,必须建立好市场监管机制,建立完善的法治和诚信体系;从重打击制假贩假,保障安全供给。企业要从原材料采购、生产流程到售后服务等全环节严格控制,注重企业信誉、品牌建设,提高消费者信心。其次,要完善税费制度,降低生产企业和流通环节的税负,取消不合理的收费。推动传统产业与"互联网+"的融合,特别是各种农产品可以借助互联网完善供应链管理,加强与需求的对接。加快建立完善的物流体系,形成多元化、多层次的商品供给网络,提升经济效率,降低供给成本。

特别是当前网络购物的爆发式增长,出现了若干信息不对称、质量和

---

① 国家知识产权局规划发展司:《2015年我国发明专利年度申请受理量首次突破100万件》,载《专刊统计简报》2016年第1期,http://www.sipo.gov.cn/tjxx/zltjjb/201601/P020160122404593275916.pdf。
② 《2015年中国游客境外消费约1.2万亿元 促消费回流任重道远》,新华社,http://news.xinhuanet.com/fortune/2016-02/13/c_1118026740.htm。
③ 江濡山:《国人海外购物并非崇洋媚外》,新浪网,http://finance.sina.com.cn/zl/china/2016-02-15/zl-ifxpmpqp7727645.shtml。

管控问题，亟须企业和政府加快、加大力度来管控、规范市场行为，保障供给。

5. 分类梳理，推动呆滞供给与需求有效对接

经过多年的经济高速增长，我国形成了不少呆滞供给、呆滞资产。这在一些消费品行业有所体现，在房地产业尤为明显。对于呆滞的供给，我们可以进行梳理、分类。对于可以通过适当投入来进一步消化的供给，可以制订专门方案处理。例如，对于某些房地产库存，可以通过完善交通基础设施、投入公共服务配套设施加以盘活，扩大房地产的有效需求，加快库存消化。

6. 鼓励企业全方位推进低碳环保，减少高耗能、高污染的无效供给

高耗能、高污染的行业和企业在本质上也属于无效供给，我们应对其采取措施加以改造。例如，广州互太纺织公司耗资1亿元引进气流染色机，减少了40%污水排放，综合能耗下降12%，每年节水700万吨，节省了25%生产成本。又如，台湾阿托科技在设计、研发、采购、生产、销售、使用、回收、再利用等各个环节推进低碳环保，并设立"无纸化办公""绿色环保日""节能制服"等制度，有效降低企业成本。建议完善污染排放收费制度和生态环境有偿使用制度，对消耗大、污染大的单位征收惩罚性的收费，淘汰一批污染严重的企业，对节能减排的设备和产品则给予适当的税收减免或者返还。政府应在政策引导、资金扶持、税收优惠、市场准入等环节鼓励企业研发、生产符合国际标准的"绿色"、环保、低碳产品，鼓励企业全方位实施绿色采购、绿色设计、绿色技术、绿色生产、绿色办公。

7. 加快清理"僵尸企业"和过剩产能，淘汰过剩的无效供给

过剩产能和"僵尸企业"已经成为经济运行的风险隐患。据工信部统计①，钢铁、水泥、电解铝等十多个行业存在产能过剩，甚至在高新技术领域也出现了产能过剩。建议通过行政手段和市场机制，淘汰一批亏损严重、以信贷资金和财政补贴为生的"僵尸企业"；加快推动产能过剩行业的兼并重组，探索全国性过剩产能交易市场、过剩产能专业资产处置机构等模式；完善财税支持、破产清算、人员安置、不良资产处置等政策，

---

① 《改善供给结构、提升供给质量，促进拉动消费内需》，工信部网站，http://www.miit.gov.cn/newweb/n1146295/n1652858/n1652930/n3757016/c4562358/content.html。

为化解过剩产能建立制度保障;做好金融风险防范,鼓励或迫使企业去杠杆、去负债,避免企业依靠信贷资金进行盲目扩张。

(本文系 2016 年全国政协十二届四次会议发言,主要内容发表于《南方日报》2016 年 3 月 12 日)

持续创新，助力中小企业升级，做专做精再做强

新华网于 2015 年 1 月 28 日刊发的一篇题为《让我们的中产家庭不必到日本买马桶盖》的文章，在微信朋友圈被大量转发。像电饭煲、吹风机、保温杯、马桶盖甚至菜刀这种在国内超市随手可买的小家电和传统用品，为什么非得去日本买？笔者在与日本一桥大学教授古川一郎的交流中了解到，日本中小企业具有"小而专、专而精、精而强"的特点。日本家电、汽车产业强大的竞争力得益于由大企业与众多"专而精、精而强"的中小企业形成的制造网络。

德国学者研究发现，德国的出口贸易乃至整体经济的中流砥柱并不只是西门子、拜耳、梅塞德斯－奔驰这些耳熟能详的名字，也包括布里塔、豪尼、希拉布兰德等默默无闻的中小企业。它们专注于某一个窄小的行业，却在国际市场上遥遥领先（且往往不在价格上让步）。例如，生产家用滤水器的布里塔公司占全球市场份额的 85%，豪尼公司制造的卷烟机械的占有率达 90%，专运葡萄酒的希拉布兰德公司的占有率达 60%。2013 年，德国推出工业 4.0 项目，实现小批量、多批次生产，最小的批量可以达到一件，这与工业 3.0 流水线只能大批量生产大有不同。中小企业将成为新一代智能化生产技术的使用者和受益者，同时也成为先进工业生产技术的创造者和供应者。

我国不乏优秀的中小企业，如广东东菱凯琴公司就是小家电行业的"隐形冠军"，其电热水壶全球产量第一。最近上市的珠江钢琴公司的钢琴产销量也是全球第一。深圳大族激光公司的产品以激光信息标记为主，主要涉及电子设备制造业及信息技术行业等，国内市场占有率高达 80%。

笔者曾多次赴台调研，走访了台湾精英中小企业的民间组织——台湾企业领袖协进会及其成员企业。其成员企业都是根据自身条件，持续创新，实现了"专而精，精而强"的发展。珠三角、台湾的中小企业"做专做精再做强"有以下几种模式。

第一，专注特定技术，持续创新，拓广技术应用，开发出应用于多种

行业的产品。例如，珠海德豪润达公司早期专注于面包机的研究，到1999年其生产的面包机的市场占有率达40%，全球第一；又基于烘烤技术，将业务延伸到烤炉、烤箱产品，到2002年其生产的电炸锅系列销量占全球总量20%。又如，台湾微细科技公司基于发泡材料TPE（热塑性弹性体），研发并生产出瑜伽垫、防护装置、曲棍球棒、汽车、电子、包装、家具等产品，是全球TPE瑜伽垫生产代工的龙头企业之一，其全球市场占有率达10%。

第二，专注特定技术，持续创新，通过提升技术价值，实现产品升级。中小企业也可以在代工过程中不断进行技术学习，逐步掌握相关领域的产品或技术知识，促进产品升级。例如，东莞龙昌玩具公司以玩具贴牌生产起家，与香港中文大学合作获得"遥控不倒翁技术"，收购专业研发设计公司，研发出智能机器人等多种高端玩具，销往国内外的拳头产品智能机器人单价高达2000多元。深圳大族激光公司专注于工业激光器的研发，不断拓展激光设备产品应用市场，逐步进入标记、印刷、激光医疗设备、LED设备等多个应用领域，已成为亚洲最大、世界知名的激光加工设备生产厂商，多项产品的毛利润率达35%以上的高水平。台湾精浚科技公司专注于线性滑轨、X-Ray（射线）及相关应用设备的开发和生产，成立首年不承接业务，集中力量做研发，后来其生产的X-Ray相关应用设备大批销往欧、美、日等国家和地区。

第三，专注自主品牌与品牌拓展，开发深加工产品，整合产业链条。台湾联米公司以"中兴米"为中心品牌，开发出"钟爱一生""加钙米"等十多个稻米产品和品牌，以及深加工产品如米咖啡、米冰淇淋等，在台湾大米市场占有率达50%。此外，台湾联米公司在产业链上游以较高价格向农民收购稻米，在产品的质量和数量上严格把关；在下游整合家乐福、台湾邮政代售等销售渠道；2007年，引进的日本品种"梦美人米"通过了500多项农药检测，成功回销日本。

第四，专注绿色、环保与可持续发展理念，持续创新，超越竞争。例如，专注于化学领域的台湾阿托科技公司全面灌输和实施低碳理念，实现化学药品无污染，如采用无铅、无镍的流程技术，协助客户节能减排，其开发产品已满足欧盟ELV（报废车辆指令）等法规要求。其采用台湾微细科技公司研发的TPE发泡技术所生产的产品可以实现100%的回收，得到世界著名企业的青睐，其主要客户群体包括NIKE、COSTCO等。广州互太纺织公司耗资 1 亿元引进气流染色机，减少了 40% 的污水排放，综合能耗下降 12%，节省了 25% 的生产成本，为企业带来了相当可观的环保效益，也提升了产品竞争力。广州互太纺织公司与欧美、亚洲等地的数十个国际服装品牌建立了长期合作关系，大大提升了其价值空间。

第五，实行精细化管理。台湾阿托科技公司实行产品、生产、安全、员工、客户管理"五个精细化"，如规定新产品销售额必须占每年总营业额的 25% 以上，丰富产品线；最高主管要亲临现场巡视；员工每年接受环境、安全教育不少于 100 小时，已创下连续超过百万小时无意外灾害及零工作伤害的纪录。

现在，不少地方政府和中小企业还没意识到"做专做精再做强"的方式，主要体现在：一是"一刀切"地"做大做强"，尤其着眼于"做大"，盲目扩张，为了实现产品销量目标，打价格战，进行恶性竞争，甚至牺牲产品质量也在所不惜；二是缺乏持续创新的观念和动力，这是因为产品研发和改造往往需要较长的时间与较大的资金投入，难以在短期内产生效益；三是有一些中小企业单纯以上市为目标，盲目扩大规模，等上市之后，高管套现走人。

为助力中小企业做专做精再做强，促进升级，笔者提出以下建议：

第一，改变贪大求全的观念，树立做精做强的意识。建议对优秀中小企业进行大规模调研，了解成功中小企业在持续创新、精细化管理、绿色环保方面的具体做法。通过树立标杆企业，推广经验，引导中小企业专注于某一专门领域的技术、生产和应用，持续创新，走做专做精再做强之路。

第二，提供研发退税补贴等政策扶持，鼓励研发投入，提升技术含量，拓广应用领域。台湾阿托科技公司投入研发费用达营业额的 7.5% 以上，每年得到政府 30% 的研发退税补贴，每年推出新产品的销售额约占全部销售额的 25%。建议结合各个行业的研发投入平均水平，提供研发退税政策，以扶持中小企业积极开展技术创新和产品研发。

第三，提供利率优惠等贷款支持，引进先进技术与设备。台湾联米公司引进日本最新碾米设备、洗净技术和无洗米设备，成功通过英国 UAK-SISO9001 认证，还能用科学仪器衡量超过 20 种米的口感指标。先进设备对中小企业做专做精起到关键作用，但中小企业往往缺乏足够的资金，因此，建议政府针对行业内领先水平的大中型设备，为中小企业提供分期付款、利率优惠等贷款支持。

第四，培育一批核心企业，整合产业链上下游。建议政府着眼于整个产业链，长期规划，培育出一批像台湾联米公司这样的核心企业，促进产业链上下游的互动与整合，带动整个产业链的健康发展。

第五，引导环保技术开发，带动传统产业转型升级。可以参考台湾细微科技公司和广州互太纺织公司的经验，融入绿色环保技术的产品更能获得国际客户的认可，绕开出口绿色壁垒，开辟一条可持续发展的致富之路。为此，政府应引导中小企业引入、开发环保技术或产品，通过持续创新，超越竞争，并带动传统产业转型升级。

第六，鼓励中小企业积极申请专利，参与国际认证，实行精细化管理。技术研发、产品创新所获得的成效，还需要用认证体现、用专利保障。台湾阿托科技公司不断改进设备和流程工艺，陆续获得 ISO9001、ISO14001 等国际认证，提升了国际竞争力。日本制造的电饭煲之所以不外销，是为了保障产品不被模仿。因此，应鼓励中小企业参与国际认证，积极申请专利，提升竞争力，同时保护知识产权和研发成果。

第七，注重品牌建设，促进特定产业与文化产业相结合，实现跨产业升级。台湾联米公司将稻米与文化相结合，建成介绍米文化的稻米博物馆"中兴谷堡"，获得"优良观光工厂奖"。政府应鼓励中小企业围绕品牌，开发特定产业与文化产业相结合的新产品或新服务；促进特定产业不同形态的发展，做出差异化产品，深化技术价值；同时，还可以打造地域文化名片，产生品牌效应，促进跨产业升级。

（本文系 2015 年全国政协十二届三次会议发言，主要内容发表于《南方日报》2015 年 3 月 8 日）

关于形成有效供给、扩大消费内需的建议

消费内需是宝贵的资源。扩大消费内需不仅要形成有效需求，也要形成有效供给，以实现需求与供给的对接。当前有关扩大消费的政策往往侧重于刺激消费需求方面，然而，许多供给方面的因素严重地制约了消费需求的实现。因此，政府和企业都需要从提高消费供给的能力和水平方面下功夫，形成满足多层次、多元化需求的有效供给。

为此，笔者提出以下建议：

1. 保障商品供给的安全和质量

食品安全、消费品质量问题始终制约着老百姓放心消费、安心消费。从香港回广州的直通车上，人们把从香港购得的大包小包装满了车厢，他们的购物清单既有高端奢侈品，又有婴幼儿奶粉，还有洗发水、酱油，甚至卫生纸。2013年的"十一"黄金周，香港零售业增长了12%。[1] 老百姓用脚投票，表达了他们对国内商品质量特别是食品安全问题的不满。有数据显示，中国人在2013年买走了全球47%的奢侈品，消费力很大，但本土消费仅280亿美元，境外消费高达740亿美元，后者是前者的2.65倍。[2] 为了重树老百姓对国内商品的信心，同时把数额巨大的流失在境外的消费拉回国内，政府和企业都负有重要责任。在政府层面，必须建立好市场和监管机制，建立完善的法治和诚信体系，加强宣传和教育，制定与国际接轨的标准等，保障商品的安全供给。在企业层面，要依靠科技进步、品牌建设、加大源头及流程控制力度、加大研发力度等，提高产品生产、流通、销售、售后等全环节的质量安全控制。

2. 进一步开发绿色、环保、低碳商品

调查研究显示，有机农业、有机食品以及有机用品，正在风靡全球。

---

[1] 《黄金周香港零售业增长12%》，中国新闻网，http://www.chinanews.com/ga/2013/10-13/5373035.shtml。

[2] 《2013年中国人买走全球半数奢侈品，境外花740亿美元》，搜狐财经，http://business.sohu.com/20131119/n390412502.shtml。

从欧洲、美国、日本到中国大陆及港台，全球有机食品的消费量以每年30%~40%的速度增长。①消费这类商品是国际潮流，也是今后我国的消费热点和新的消费增长点。政府应从政策引导、资金扶持、市场准入等环节，鼓励和扶持企业研发符合国际标准的绿色、环保、低碳商品，同时通过多渠道倡导这类商品的消费，使社会形成新的消费风尚。企业也要把握住新的消费需求、消费趋势以及产业发展的方向，着力研发和生产制造绿色、环保、低碳商品。

3. 开发优质平价商品

有分析认为，到2015年年收入在1500~5000美元之间的"优质平价市场"群体，规模成长率高达83%，即使每人消费金额不高，但人口规模大，所以市场潜力巨大。随着中央八项规定的深入实施，原有的"高大上"消费，逐渐回归理性。政府消费的合理控制，必然提升个人消费的需求，因此，企业要抓住这个转型的机会，大力把优质平价商品推向市场。借鉴韩国、台湾地区的经验，企业要针对庞大的中等收入群体，将开发优质平价商品作为重要的发展战略。企业可学习西班牙的ZARA、台湾的达芙妮等企业，专门针对优质平价商品的研发、创新、生产、销售，开创优质平价品的创新经营模式，建立产品创新中心。企业应加快调整市场战略，稳固一、二线城市市场，加快布局三、四线城市以及小城镇甚至乡村市场，通过加快产品和产业链的升级，满足不同市场对价格合理、质量优良的商品的需求。

4. 形成多元化、多层次的商品供给网络

随着居民收入水平的不断提高，人们对于肉、蛋、水产等的需求日益增加。过去10年中，人均肉类消费量增长了25%；而大米、面粉等主食消费占比在城市与农村均有所下降，禽畜饲料占粮食总消费量超40%；肉、蛋、奶、植物油、糖的消费量持续攀升，植物油的消费量翻了一番，糖的消费量增长了125%。②我国幅员辽阔，东西南北区域差异很大，消费文化、消费行为差异也很大。要满足不同层次、不同群体的消费需求，

---

①《有机食品需求不断增加》，中国有机农业网，http://www.cnoa360.com/news/24096191.html。

②《现状：面企生存空间堪忧》，中华粮网，http://www.cngrain.com/Publish/HotFC/201306/547101.shtml。

政府应该引导形成多元化、多层次的商品供给网络。中央政府要通过指导协调不同地方政府制定产业发展引导规划、打破地方保护主义、建立完善的物流体系等方式,加快形成多元化、多层次的商品供给网络。

5. 提高服务消费供给的质量和数量

以广东的家政业为例,广东目前有 1.6 万个家政企业,从业人员达 332 万,年产值可达 800 多亿,占全国家政行业的 10%,但从业人员至少要翻一番才能满足当前市场需求。① 目前,服务消费是一种与生活密切相关的新的消费模式,与消费者的体验和真实感受相关。老百姓为提高生活品质,对服务消费的需求越来越强烈。但在当前,由于缺乏服务消费的标准、行业自律与规范等,服务消费依然停留在低水平供给的层面上。例如,从我们周围了解的情况看,保姆的更换十分频繁,令人吃惊。尽管雇佣双方都有理由,但是对于保姆的供给,也多受诟病,因而衍生出对高端管家服务、专业护理服务的需求。同样,旅游市场潜力巨大。2013 年,旅行社行业总交易额约为 3174 亿元②。然而,降低服务标准、导游不尽职、擅改项目分别以 23%、14%、8% 的投诉比例,成为 2012 年全国 10513 件旅游投诉中的三大热点问题③。企业要把握住服务消费市场转型发展的机遇,通过加强培训、提高报酬等方式增加服务供给的质量和数量,满足老百姓服务消费的需求。

6. 供给方面要不断进行产品创新、服务创新,以创造巨大的市场

例如,苹果公司开发出 iPhone、iPad 等创新产品,2013 年 iPhone 全球销量约 1.6 亿台④,在全球创造了巨大的新市场。苹果公司曾经于 2012 年以 6211 亿美元成为全球市值最高的公司,超过了沙特阿拉伯、澳大利亚等国家的 GDP。又如,腾讯公司于 2011 年开发出微信,通过手机即时发送语音、视频、图片和文字,以及朋友圈功能,以成本低、沟通快、分

---

① 《家政市场又见缺工涨价 广州节前月嫂起步价 6000 元/月》,泉州网,http://www.qzwb.com/gb/content/2014-01/08/content_4765218.htm。

② 《旅游市场转型初露端倪 在线旅游潜力大》,网易财经,http://money.163.com/14/0226/11/9M0NQ6O5002540BQ.html。

③ 《2012 年全国旅游投诉情况通报》,国家旅游局网,http://www.cnta.gov.cn/html/2013-4/2013-4-9-9-23-71707.html。

④ 《2013 全球智能手机销量逾十亿 三星苹果华为列前三》,新华网,http://news.xinhuanet.com/world/2014-01/29/c_126078734.htm。

享快等卖点，迅速凝聚了大批手机客户，目前全球已有近3亿活跃用户①，创造了一个新的市场。因此，要发挥企业和企业家的能动性，通过产品创新、制度创新、组织创新，创造市场、引导市场，通过供给方面的创新来扩大内需。

（本文系2014年全国政协十二届二次会议发言，主要内容发表于《南方日报》2014年7月12日）

---

① 《微信2013国外月活跃用户猛增，Snapchat望尘莫及》，环球网，http://tech.huanqiu.com/net/2014-01/4764117.html。

加快"中国制造"转型升级，从工业大国向工业强国转变

一、大而不强的"中国制造"

从产值看，中国是名副其实的工业大国。2010年，中国制造业产值超过美国，占全球制造业总产值的19.8%，跃居世界第一。据联合国《国际工业统计年鉴》统计，在22个工业大类中，中国制造业在2010年有5个大类在世界名列第一，9个大类排名第二。在世界500种主要工业品中，我国有220种，产量居全球第一位。全球近一半的水泥、平板玻璃和建筑陶瓷，一半左右的手机、个人电脑（PC）、彩电、显示器、程控交换机、数码相机都在中国生产。

然而，全球制造业的竞争不仅是以量取胜。"中国制造"的附加值远远低于一些发达国家。例如，在iPhone的利润中，苹果公司占58.5%，而我国大陆劳工成本只占其产品总成本的1.8%。我国电脑零部件配套率已达95%，但主要是周边设备组装加工，利润率不到5%。2012年，我国钢铁消费绝对量下降，每吨钢仅赚1.68元。DVD的出口均价不到45美元，而每台的专利费就高达20美元，除去成本，每台利润不到1美元。2011年《金融时报》排出的全球500强企业中，美国有73家工业企业上榜，而中国大陆仅有6家，与美国的差距甚大。处于价值链低端的众多中国企业能在"微笑曲线"上微笑吗？

二、"中国制造"的内涵与结构

从工业大国跃升为工业强国需要梳理和剖析"中国制造"的内涵与整体结构。

1. 纯粹的中国组装

这类制造处于价值链最底端的组装环节，利润和话语权都非常低。国

内的"三来一补"模式有很大部分是承接来件装配。一些成熟的产业如电子制造，甚至是智能手机、汽车等技术密集型行业也将组装车间放在中国。

2. 有品牌的中国组装——没有"中国芯"

以联想电脑为例，它的"芯"全部来自于国外：操作系统用微软公司的 Windows，CPU、芯片、显卡、无线网卡用英特尔公司的。电脑"芯"的制造和有品牌的组装的利润差距可以达到 2~3 倍。

3. 单纯的中国代工——OEM

OEM（original equipment manufacture）是依照国际厂商的设计图并用自有机械设备代工生产，其附加值低。广东的虎门服装、东莞制鞋、顺德和中山小家电等劳动密集型产业大部分是采用 OEM 方式。

4. 设计导向的中国代工——ODM

实行 ODM（original design manufacture）制造企业可提供零部件或整机的多套设计方案，附加值比 OEM 要高。例如，全球笔记本电脑的代工中有 93% 来自于广达、仁宝、纬创、英业达、和硕五大台系厂商，关键零部件基本由台商代工。

5. 零部件的中国制造

零部件的制造可以有很大的利润空间。万向集团的万向节全球市场占有率已经超过 50%，年收入超过 1000 亿元。然而，国内许多产品的关键技术和零部件（如电脑的 CPU、汽车发动机、智能手机芯片、空调压缩机等）基本上依赖于进口。

6. 专用设备的中国制造

我国在专用设备制造领域还比较弱。国内全社会固定资产投资中有 2/3 的设备投资依靠进口，光纤制造设备的进口率达 100%，集成电路芯片制造设备的进口率达 85%，石油化工装备的进口率达 80%，轿车、数控机床、纺织机械、胶印设备的进口率达 70%。

7. 缺乏关键技术和自主知识产权的合资制造

一些跨国公司将合资企业视为生产基地和销售网点，进而通过技术转让、零部件销售等获得隐形收益。合资企业向外方合伙人采购的零部件价格可以比在欧美市场直接采购高出 40%~50%，这些零部件的价格到了国内市场更是翻了番。

8. 有自主知识产权的合资制造，已具备独立的研发能力

由美国通用汽车公司和上海汽车集团股份有限公司合资设立的泛亚汽车技术中心，无论是通用、"上汽"还是其他子公司，如果要使用泛亚的技术都必须向其支付技术许可费。康明斯总部如果要使用东风康明斯的柴油发动机，也要支付技术专利费。

9. 基于模仿创新的自主制造

在模仿创新的基础上进行消化、吸收和创新可以形成自主的知识产权。华为公司每年研发经费达到销售额的10%，在无线接入、核心网等领域具备的自主知识产权，可以与思科等跨国公司抗衡。

10. 基于原始创新的自主制造

原始创新形成重要的科学技术突破，有非常强的话语权，可以引领行业的发展。然而，"中国制造"的原始创新能力还比较差，在新兴产业领域还有待进一步突破。

三、思路与对策

从以上对中国制造的梳理可以看出，有些"中国制造"名不副实，有些"中国制造"附加值、竞争力低下。为实现"中国制造"转型升级，从工业大国向工业强国转变，需要改变制造业的结构，提升附加值高、技术含量高的业务所占比重，提高创新能力，具体建议如下：

1. 从国家战略高度推动"中国制造"的标准竞争，占领标准的制高点

中国空调、彩电、DVD的产量已经是全球第一，但家电国际标准中由中国企业制定的尚不足0.3%。一项具有战略性意义的技术标准若被国际性组织接受或采纳，可以带来巨大的竞争优势和经济利益。建议政府和企业跟踪国际工业发展趋势，从国家战略高度推动"中国制造"的标准进入国际标准。

2. 突破关键技术与核心零部件的研发，形成高端的自主知识产权

由于缺少关键技术和核心零部件，我国很多产业受制于人。我国自主研发的江淮D19TCI、长城TCI等发动机依然要向德国博世集团缴纳高昂的专利费。2010年，我国专利合作协定（Patent Cooperation Treaty, PCT）的国际专利申请量居全球第四位，但发明专利占世界发明总量不到2%。特别是具有品牌的企业要加大核心零部件的研发投入，培养关键技术的自主创新能力，在重点领域形成自主知识产权。

3. 通过技术创新改造传统产业，培育发展战略性新兴产业

政府应鼓励企业以物联网、云计算、"三网融合"等技术为支撑，从传统制造模式向数字化、网络化、智能化、服务化转变，推动传统产业升级。我国应加快推进新技术、新材料、新工艺、高端装备等的集成应用，并充分利用国内巨大内需的宝贵资源，处理好海内外两个市场的关系，以发展战略性新兴产业为契机，培育自主品牌。

4. 通过大企业带动小企业，促进"中国制造"整体升级

台湾自行车产业通过大企业带动小企业、中心厂带动卫星厂，实现了产业整体升级。建议政府制定支持制造网络发展的政策措施，推动形成大企业带动小企业的合作型联盟，鼓励科研设施与技术信息共享，以此形成一批竞争力强的大企业，培育一批"专而精、精而强"的中小企业。

5. 形成多元化创新体系，促进制造领域的技术成果转化

我国应建立以市场为导向的创新体系，使企业成为研究开发、技术创新和成果应用的主体；促进产学研相结合，推动科技成果产业化；加快建设公共技术平台，建立科技成果产业化的高效能转换机构，推动制造领域的知识扩散和技术转移。

6. 顺应行业边界模糊趋势，推动制造业和现代服务业的交叉融合

跨国公司通过现代服务业（如研发、设计、物流、营销、金融等）俘获了"中国制造"的组装、生产和加工过程。建议加强制造业信息服务平台建设，推动信息技术研发与制造业紧密结合，提升制造业信息化水平；培育一批工业设计和研发服务机构，扶持成立技术成果转化的专业机构，形成面向工业生产的现代服务业体系。

7. 发展附加值高、技术含量高的业务

例如，企业的生产模式从 OEM 发展到 ODM/OBM（original brand manufacture），在这个过程中，企业提升基础制造能力、产品设计开发能力、品牌创建能力；加快工艺流程升级、功能升级和产品升级；推进节能环保和低碳运作，间接提升企业附加值。

（本文系 2013 年全国政协十二届一次会议发言，主要内容发表于《中国经贸导刊》2013 年第 9 期以及《工业经济论坛》2014 年第 1 期）

促进广东省劳动密集型产业转型升级的建议
——台湾自行车产业整体转型升级经验借鉴

劳动密集型产业转型升级的价值空间有多大？一组数据显示，差价可以达到 3～6 倍。

台湾自行车产业就是一个范例。2009 年，台湾自行车出口平均单价是大陆的 6 倍，是台湾 10 年前的 3 倍。而大陆的自行车产业大而不强，基本上停留在过去的水平。

台湾的传统产业在大陆经济开放后陆续外移。台湾中部地区的制鞋业、电扇、五金零件等劳动密集、附加价值低的产业几乎是整个产业连根拔起外移。台湾自行车产业也有近百家转移到大陆。大陆自 1991 年起自行车外销数量首度超过台湾，2000 年起外销量与出口值更是双双超越台湾。21 世纪初，台湾自行车产业外销量与出口值频频衰退，一度出现"产业空洞化"现象。据台湾经济研究院的自行车产业调查，80% 的台湾自行车企业认为"同业恶性削价竞争"，73.3% 的台湾自行车企业认为"频受倾销控诉之苦"。在此背景下，2003 年台湾自行车第一大厂商——巨大机械（以下简称"巨大"）却采取另类的战略思维，联合主要竞争对手——"美利达"（第二大厂商）与供应商等组成"A-Team"（战略联盟群体），重新定位台湾的自行车产业，目标不仅是"质"的改变更是"价值"的提升；在竞争与合作的框架下，构建紧密的协同演进的关系。

台湾学者指出，"A-Team"是台湾自行车产业应对大陆的低价竞争而切割出来的高级自行车中心，旨在"根留台湾"，提升整体竞争力，创造差异化优势，可视为台湾的"蓝海策略"。

本文探讨台湾自行车产业整体转型升级的经验，并对广东省劳动密集型产业转型升级提出建议。所谓整体转型升级，是指产业集群内的主要成员企业实现了转型升级，从而带动整个产业的转型升级。

一、两岸自行车产业的绩效差异

中国大陆和台湾均是全球自行车市场的重要产销地。台湾自行车的发展经过了两次重大调整与转型,自2003年"A-Team"成立以来带动台湾自行车产业整体转型升级取得了极其显著的成效。两岸自行车产业的绩效差异体现在以下几点。

(一) 近10年来,台湾自行车出口平均单价年均增幅达11.7%,目前其平均单价是大陆的6倍

如图1和表1所示,台湾自行车平均单价在20世纪90年代后期一直是大陆的2倍;但是,近10年来台湾的平均单价大多以10%~20%的增幅不断上涨,2009年达290.54美元。该平均单价是大陆的6倍,是台湾10年前的3倍。而大陆方面,其平均单价变化平缓,从1995年到2009年以来平均单价一直低于50美元,仅为台湾平均单价的1/6,产品附加值一直在低位徘徊。

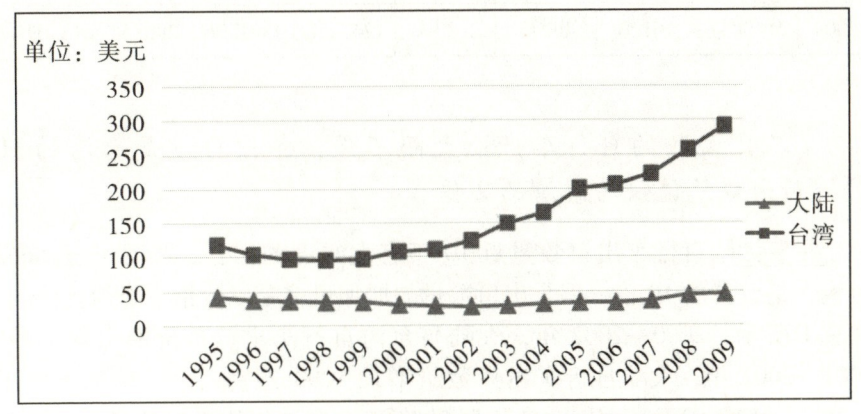

图1　1995-2009年中国大陆与台湾自行车出口平均单价对比①

---

① 根据中经网统计数据库、台湾地区自行车输出业同业公会的数据整理。

表1 2000–2009年中国大陆与台湾自行车出口情况对比表①

年份	中国大陆				中国台湾			
	出口总值（千美元）	出口数量（千辆）	平均单价（美元）	单价逐年增幅	出口总值（千美元）	出口数量（千辆）	平均单价（美元）	单价逐年增幅
2000	1021497	32870	31.08	-9.05%	821365	7534.35	109.02	11.60%
2001	994987	34540	28.81	-7.30%	536190	4796.15	111.80	2.55%
2002	1279700	45580	28.08	-2.54%	523835	4219.04	124.16	11.06%
2003	1432978	50460	28.40	1.15%	582973	3882.84	150.14	20.92%
2004	1640531	51750	31.70	11.63%	720746	4348.04	165.76	10.40%
2005	1749836	53580	32.66	3.02%	918720	4594.99	199.94	20.62%
2006	1885021	56010	33.66	3.05%	839412	4062.74	206.61	3.34%
2007	2167894	59260	36.58	8.70%	1054521	4751.97	221.91	7.41%
2008	2556601	56620	45.15	23.43%	1387879	5401.92	256.92	15.78%
2009	2140847	46120	46.42	2.80%	1249730	4301.36	290.54	13.09%

（二）大陆的自行车产业大而不强，年出口量是台湾的10倍，而出口总值仅为台湾的2倍

尽管大陆自行车出口数量近10年有大幅度的增长，2008年达5662万辆，是台湾的10倍，但是出口数量的增加更多是以价格下降为代价的。如表1所示，2000—2002年，大陆与台湾自行车出口单价都出现下降。2001—2002年，大陆自行车出口数量增加1000万辆，但单价却下降了7.3%（仅28美元）。从2000年到2009年，台湾年均出口数量仅为大陆的1/10，但年均出口总值已达大陆的一半。

---

① 根据中经网统计数据库、台湾地区自行车输出业同业公会的数据整理。

（三）台湾自行车目前已成功地在全球占据高端、高附加值市场，而大陆自行车的主要市场为发展中国家

台湾自行车产业拥有世界知名品牌，瞄准欧美等高端市场。台湾第一大自行车厂商"巨大"原本以 OEM 为主，并同时自创品牌，现在其自有品牌"捷安特"已成为欧洲市场的三大品牌之一。"巨大"全球销售网络分布在 50 余个国家和地区，共有 1 万个经销服务点，是全球自行车产业中，企业组织网分布最广、最密的公司之一。台湾第二大自行车厂商"美利达"自有品牌 Merida（美利达），2002 年以入股方式投资美国自行车第一品牌 Specialized；另外，又并购德国品牌 Centurion；其产品以中高级车种为主，主要外销欧（占 60%）、美（占 30%）市场，台湾与大陆市场仅占其总销量的 10%。台湾第三大自行车厂商"爱地雅"（未加入"A-Team"）以 OEM 为主，2003 年以自有品牌 Fuji（富士）扩展美国与亚洲市场。

而大陆自行车出口最多的"凤凰"品牌虽遍布国外市场，但大多只在印度尼西亚、坦桑尼亚、加纳、阿联酋等发展中国家，其产品附加值低，定位还停留在低端的交通工具，以小轮车为主，档次参差不齐，主要通过超市销售，缺乏标准化终端门面。

二、台湾自行车产业整体转型升级的经验总结

（一）产业重新定位，结合产业转移，形成两岸分工产销模式

台湾自行车产业的成功转型是基于他们对自行车商品在"后工业社会""休闲社会"大背景下的商品特性、功能以及消费特性的重新认识和深刻理解。台湾自行车产业结合产业向大陆转移的背景，将台湾定位于生产中高价位车种的基地，致力于自动化生产与研究开发，而将大陆定位于生产中低价位车种为主的产地。台湾三大自行车厂商均在大陆设厂，在两岸分工产销模式下，明确的自主创新、高品质、高端市场、高附加值的定位使台湾自行车摆脱与大陆的低价竞争，而处于全球高级自行车供应的领先地位。整体上看，台湾自行车产业出口以成车为主，成车与零组件出口

各占台湾自行车产业出口总值的70%与30%。成车出口地区主要为英国、荷兰、德国、比利时、瑞典、丹麦等欧洲（2007年占其总出口量的73.23%）和北美市场（占其总出口量的14.3%），由此带动零组件的产值逐年提高。

（二）研发新材料与新工艺，实现产品与技术的跨越升级

台湾自行车厂商集中力量在新材料和新工艺上的"技术跨越"，积极自行研发设计与生产关键零部件。其成车厂商直接与国外购买者接触，引进了美国模块化技术与日本供应链模式，学习、消化、吸收先进的知识。自1983年至今，台湾自行车材料从钢管发展到钛合金、镁合金，甚至碳纤合金，单车重量由原来的30公斤降低到目前的7公斤；制造技术从铜焊发展到氩焊、一体成形到无氧化电弧焊接，实现了轻量化，同时保持良好刚性、韧性和强度。

（三）发展自有品牌的同时注重品牌并购，获取新市场机会与新技术

台湾"巨大"与"美利达"均有自有品牌。后来，"美利达"并购了美国自行车第一品牌Specialized 48%的股权；而且，并购了德国品牌Centurion，使其将后端研发交给"美利达"。并购使"美利达"只用较低的成本和较短的时间就获得发达国家的许多市场机会和先进技术，其订单掌握度、生产安排效率及欧美高档车市场占有率大幅提高。现在，"美利达"自有品牌销售收入高达90%以上。

（四）OEM/ODM、OEM/OBM混合并存及协同发展，沿着价值链升级

台湾自行车企业利用OEM积累的国外企业先进经验和生产技术，普遍同步由OEM向ODM及OBM转型升级。台湾第一大自行车厂商"巨大"原本以OEM为主，借由为美国Schwinn公司ODM，打造自身设计与市场销售能力。后来，由于Schwinn订单转移，"巨大"开始创建自有品牌，OEM与OBM并行发展。现在，"巨大"自有品牌的销售收入比重为70%，而ODM客户均为全球知名品牌。"A-Team"成员中，OEM/ODM并存厂商比例达58.3%，OEM/OBM并存厂商比例达29.2%。非

"A-Team"厂商"爱地雅"也于2003年开始发展自有品牌Fuji(富士)。

(五) 通过"A-Team"战略联盟群体,在新的竞争与合作的框架下实现协同发展

2003年成立的"A-Team"仅有22家成员企业,在当时台湾的343家自行车厂商中只是少数,但其销售收入占比却达六至七成。对比表明,"A-Team"厂商的绩效明显优于非"A-Team"成员。例如,"A-Team"厂商在2006年的出口平均单价约为350美元,而"美利达"出口平均单价为412美元,大大高于行业平均单价的210美元。另外,"A-Team"成员中有95.2%是以自有品牌销售,而行业水平是55.46%。这些都说明"A-Team"有效推动了产业整体升级。

1. 形成大企业带动小企业、中心厂带动卫星厂的"中心卫星体系"

"A-Team"是一种组织创新,它不同于一般的行业协会,是一种新的网络型联盟。如图2所示,集群内两大企业"巨大"和"美利达"以"A-Team"为载体,与零部件厂商形成中心卫星体系。卫星厂商由于订单稳定,解决了产品行销的问题,能够完全致力于专业性生产,并借助中心厂商的协助与合约要求提高生产力。而中心厂商则集中力量于检验、装配、研究发展、拓展市场等工作。这样,相互的整合活动带动了整个产业向高技术、高附加值升级和发展。

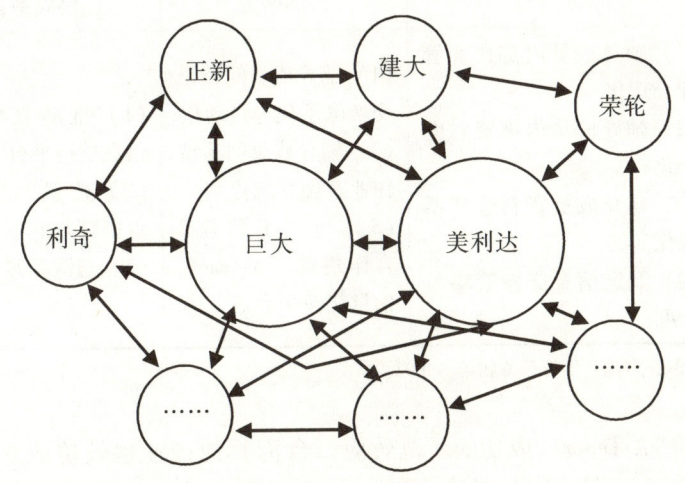

图2 "A-Team"的"双中心卫星体系"

2. 高度的互动学习机制

"A-Team"有明确的愿景,在成立之初就定位为学习型组织。"A-Team"打破了竞争对手不该彼此交换信息的旧模式,降低了企业在产业内的交易成本和信息不对称。通过高度的互动学习机制,横向促进成员紧密交流,纵向共建产业链并加强合作,从而确保各方优先共享先进经验和提高信任程度。联盟内频繁的活动及由此产生的组织学习使零部件厂商在产品开发初期参与研发活动;各个厂商研发力量集合起来,同步工程缩短产品上市时间,联盟内部知识的消化能力变得更强大和快速。

3. 三阶段协同发展战略

表2所示为"A-Team"的三阶段战略。"A-Team"使同处于一个供应链体系中相互竞争的企业之间形成了协同管理、协同研发创新、协同销售的模式。"A-Team"规定优先供应成员间具竞争力的产品,鼓励成员创新设计和参与特殊车种的合作开发,协助作业流程改善,提供辅导与培训,参与各种自行车会展,还与"工研院"合作建设信息平台。"A-Team"为成员企业提供了良好的技术开发和服务环境,实现成车厂商及零部件厂商的协同发展。

表2 "A-Team"三阶段协同发展战略

阶段	第一阶段	第二阶段	第三阶段
战略	协同管理	协同研发	协同销售
做法	(1) 辅导成员内部作业管理合理化 (2) 辅导成员内部资料电子化 (3) 辅导成员资料管理系统化 (4) 制定信息交换策略与标准	(1) 辅导成员间资讯交换电子化与自动化 (2) 辅导成员间系统作业管理系统化 (3) 与"工研院"合作建置"A-Team"信息交换平台	(1) 推动"A-Team"信息交换平台 (2) 建置"A-Team"专用服务中心 (3) 与国际客户系统?

资料来源:台湾科学工艺博物馆,2007。

由于"A-Team"成功的示范效应,台湾其他产业也效仿成立类似组织。例如,工具机械产业成立了"M-Team",扣件产业成立了

"S-Team",手工具产业成立了"T-Team"。另外,欧美自行车大厂(如意大利的 Colnago、美国的 Trek、Specialized)也作为观察员加入"A-Team"。

(五)经济主管部门的政策与措施

台湾自行车产业发展升级的政策与措施主要由"经济部"主导。其所属的技术处、工业局、贸易局、"行政院国科会"等各自负责从基础技术和研发、商业化运作、市场拓展到产学研合作等方面的工作。同时,经济主管部门在自行车产业及骑车配套公共设施上的政策性措施到位,在社会新风气的营造、国民自行车运动的提倡以及健康文化的宣传上起到了积极的普及和推动作用。

三、启示与建议

(一)广东省劳动密集型产业有很大升级空间

广东省劳动密集型产业所占经济比重不小,实现转型升级对于转变发展方式意义重大。调研表明,台湾的纺织服装业也实现了整体升级。广东省内劳动密集型企业也有不少转型升级的案例。例如,东莞的龙昌玩具公司与哈一代玩具公司都在技术和品牌方面提升了产品的附加值。台湾自行车产业与欧美知名品牌还有很大的差距,而大陆自行车产业与台湾差距更大。差距大就意味着有巨大的升值空间。总体来看,广东省劳动密集型产业升值的范围和幅度都有很大空间。广东省劳动密集型产业与台湾自行车产业有着相近的产业转型升级背景,完全有可能实现企业、产业的转型升级。

(二)梳理传统劳动密集型产业,重新认识其新特点、新需求,开发新产品

传统劳动密集型产业、产品之间情况差别很大。当前,社会鼓励低碳节能、绿色经济、健康休闲等观念和政策的变化,赋予传统劳动密集型产业转化为时尚产业的新特点、新需求。政府和企业应针对不同产业的特点,制定不同的升级目标和战略,开发新技术、新产品。

（三）结合产业转移，重新进行产业定位

2008年，广东省开始实施"双转移"战略，建立了若干个"产业转移园区"。这有利于在全省形成合理的产业布局，提升产业价值，为高端产业发展创造了空间。为此，可以结合地区之间产业转移与产业重新定位，在转移中实现转型升级。

（四）引进与研发新技术、新材料，实现产品、技术升级

许多劳动密集型产业可以通过与先进技术结合而升级。为此，要加大研发和应用新材料、新技术的力度，增加产品技术含量，改变出口产品结构。同时，应该加大研发团队建设，提高研发资金的投入，提高技术创新能力。

（五）加快OEM/ODM、OEM/OBM混合并存及协同发展，注重品牌并购

实践证明，OEM/ODM、OEM/OBM混合并存及协同发展是行之有效的路径。相关企业一方面要特别注意利用巨大的国内市场培育自主品牌；另一方面也可以实施品牌并购，在较短的时间内，获取著名品牌，获取技术信息、海外市场渠道和市场机会。

（六）打破同行禁忌，建立"A-Team"式战略联盟群体，打造"中心卫星体系"，在竞争与合作的框架下实现协同发展

根据产业特点，将中小企业纳入大企业的"中心卫星体系"，培育并发挥大企业的聚合和辐射作用。中心厂商和中小辅助厂商分工配合，相辅相成。建立联盟成员之间竞合关系下的学习机制，实现协同效应。

（七）加大政府推动企业、产业升级的力度

政府在围绕以上方面促进劳动密集型产业转型升级方面可以有很大作为。应明确主导部门和相关部门推动产业转型升级的责任，在建立产业市场规范制度和创造良好市场环境方面发挥作用。

（本文主要内容原载《广东省政府参事建议》2010年第36期，后发表于《学术研究》2011年第6期）

公共技术平台与促进科技成果产业化的高效能机构
——基于台湾工业技术研究院的调研报告

一、台湾工研院发展高科技产业的情况介绍

成立于1973年的台湾工业技术研究院（以下简称"工研院"）是一个非营利、致力于科技服务的应用技术公共研究机构。它针对台湾产业以中小型为主、研发资源有限、创新能力不足、无法长期承受创新风险的状况，开发前瞻性、关键性、共通性技术转移给产业界，并与台湾地区当局的技术开发规划、企业及市场需求紧密联系在一起，推动产业的发展。在30多年的发展过程中，工研院带动了台湾新科技产业的建立，为台湾高新技术产业的发展做出了十分突出的贡献。例如，工研院以所属电子所的研究人员为主，造就了举世闻名、位居新竹科学工业园区的半导体产业。现在的台积电、台联电也都是工研院的衍生公司。

工研院于1996年创办了创业育成中心，每年平均在驻公司数约50家，迄今已创造了140家新企业，其中有36家移驻科学园区，6家成功上市或上柜，累计厂商总投资金额高达470亿台币。进驻工研院育成中心的公司包含通讯、电子、医药、集成电路（integrated circuit，IC）设计、光电、材料等行业的厂商，其中培育出不少杰出的上市"股王"公司，如群联电子、骏亿电子、旺玖科技等，其他进驻科学园区者如捷泰科技、台湾微型影像、金丽科技、瀚霖科技、康奈科技等也都是非常成功的企业。因为其杰出表现，美国企业育成协会（NBIA）将2006年"年度最佳育成中心"的荣誉颁发给台湾的工研院，这创下NBIA创会20年来由亚洲机构获奖的先例。

归结起来，在台湾的科技产业发展过程中，工研院所起的作用主要表现在以下两方面：

（1）沟通台湾研发活动上下游的桥梁。一方面，工研院参与具有经

济价值的基础研究活动,并承担向企业界转移创新成果的重任;另一方面,上游学校或研究所培养的高级人才,经工研院的产业知识培训后,再转给下游工业界。

(2) 台湾对外科技交流与合作的重要窗口。工研院通过设立美国硅谷分院,成为台湾与世界高科技产业中心往来密切的单位;通过举办国际研讨会,成为岛内外科技交流的基地;通过签订合作研究合约,成为跨地区技术合作的重要力量。

二、台湾工研院模式的具体运作特点

1. 台湾当局的"专案计划"与企业的委托项目支撑工研院的发展

在台湾,研究机构一般都要从当局承接"专案计划"项目。一方面以保证充足的经费来源;另一方面不断跟踪台湾当局及市场的发展动向,以保持研究机构自身的不断发展。"专案计划"的经费与成果分配都有具体规定:当局委托的"科技专案"由工研院与企业共同研究开发时,企业参与合作研究应提供计划总经费的10%以上的配合款。在研究成果归属方面,研究经费由当局全额出资的归公有;企业参与"科技专案"者,按参与的配合经费比例共有。研究成果非经"经济部"同意,企业不得将成果授权他人,同时配合金低于规定者也不得拒绝将研究成果转移给第三人。随着台湾企业研发能力的提高和自身实力的增强,工研院开始实行变革,提出了面向21世纪的"民营化"发展战略。所谓"民营化",是指通过研发合作与技术服务,逐步提高来自民间契约性收入和企业委托项目的比例,减少对政府的依赖。

2. 工研院与高校、其他科研院所紧密合作,发挥协同作用

随着高科技产品市场竞争的日趋激烈,台湾产业升级和转型面临严峻的挑战,工研院先后与新竹科技工业园、台湾"清华大学"、"中央研究院"等结成联盟伙伴,共同为台湾高科技产业提供智力与服务支援。正是大学和工研院共同发挥协同作用,造就了举世闻名的、位居新竹科技工业园的半导体产业。与此同时,工研院在美国、欧洲、俄罗斯及日本设有公司及办事处,和众多的海外研发组织结成策略联盟,以专利交互授权、共建研发与技术转移平台等形式提升整体研发实力,通过合作把外界的研究能力带进工研院。

3. 通过成立衍生公司的模式，实现技术成果的有效转移

无论是引进消化的先进技术，还是自主开发的新技术，在研究阶段充其量是"实验室技术"，而企业需要的是市场可接受的品质及成本的产业技术。因此，工研院成立伊始，就积极探索新的技术转移模式。20世纪70年代中后期，工研院电子所在将美国集成电路技术引进岛内的同时，建立了自己的实验工厂，对技术进行改良，然后在成熟技术和熟练工程师、管理人员的基础上实施整厂技术转移，建立了台湾第一家民营集成电路生产企业——联华电子公司，为台湾奠定了资讯电子工业整体发展的基础。其后，工研院按照这种模式，先后衍生出台积电、台湾光罩、亿威等近百家高科技企业。工研院"衍生企业群"的出现，成为带动台湾新兴高科技产业发展的先导力量。

4. 鼓励工研院员工创业，培育更多创新源

工研院采取灵活宽松的人才管理制度，并把为产业界输送人才作为其目标之一。前些年，由于台湾科研环境不佳，每年都有大量人才流失海外，工研院便主动承担吸纳和培养大学毕业生的重任，上游学校或研究所培养的人才，通过工研院进行产业知识培训，再流动到下游的产业界。工研院也相应成为台湾中小企业发展的重要人才库和创新源泉。近30年来，工研院先后向产业界输出各类专业人才逾1.4万人，平均年人员流动率高达15%，如新竹科学园区就约有近4000人是由工研院出去的。再以工研院光电所为例，离开光电所到企业创业的离职人员，到2002年已有25位CEO。这些工研院离职人员使得台湾新兴的光电产业从无到有再到发展壮大，在2001年创下4012亿台币的产值，其中光驱、扫描机、LED等产品都跃进全球前3名。

三、启示与建议

1. 政府要大力扶持大学、科研院所等公共研究机构的发展

在经济起飞的初期，无论是政府的科技水平还是企业的研发能力均很薄弱，依靠企业的力量很难形成有竞争力的创新能力，即使是技术引进也很难得到有效的吸收。依靠政府来集中力量建立应用技术公共研究机构，能很好地积聚政府、产业、科研部门的力量，以实现技术和产业的重点突破，为企业特别是中小企业的发展提供良好的技术支持平台和服务，为它

们的技术升级和创业创造条件。台湾工研院由政府创建,在其运作过程中,政府通过拨款、项目引导、制定规则、参与董事会与监事会等方式发挥影响作用。而工研院则通过当局科技计划的有效实施,走出了一条自主经营的发展道路,在实现政府产业科技发展的战略目标的同时,也为整个产业界提供专业化服务。中国大陆可以借鉴其经验,大力扶持大学、科研院所等公共研究机构的发展。在公共研发机构建设初期,政府有必要发挥引导、组织作用,在政策、场地、资金、服务等方面对机构给予一定的支持,使其快速成长起来;在这些机构已经步入正常运作轨道后,政府可以将一些国家级、省级重大科技攻关项目通过委托研发的方式,对公共研究机构给予方向上的引导和资金上的支持。

2. 在强化企业作为创新主体的同时,建设"官产学研"紧密结合的技术创新体系

20世纪80年代以来,台湾逐步建立官方主导下的"官民学"三位一体的整体推动体制。在这一体制中,官方处于中枢地位,负责规划、领导及实施支援,促使科研机构、大专院校与企业界实行"建教合作",建立了新型的合作开发机制。中国大陆的科研机构不应该是一些孤立的研究个体,而应在政府的规划和扶持下,积极与政府相关部门以及大专院校合作承担重大科研项目,并充当向企业界转移技术的桥梁。通过"官产学研"的紧密结合,实现技术供应、技术需求和技术传播的良性循环。同时,科研机构可以利用自身的研发与信息优势,主导成立行业技术研发联盟。在联盟体中,科研机构通过搜集分析全球最新的技术和产业发展趋势,向业界发出研发邀约,并负责开发技术、技术转移、人员训练等;加盟企业根据自身情况,可参与不同阶段的研发活动,从而获得相应份额的成果权益。

3. 研究机构要注重科技成果的转化和新技术的商品化与产业化

台湾工研院一成立,就选择新兴技术产业化示范为突破口,全方位介入科技成果转化工作。在20世纪80年代,其衍生出联华电子、台积电等IC企业,后又成功孵化出多家上市公司,表明其科技成果的产业化转换效率很高。科技成果转化一直是制约中国大陆独立科研机构生存与发展的瓶颈,这固然有许多深层次的原因,但对自身在科技成果转化中的地位和作用认识不清也是一个不可忽视的因素。反观台湾工研院,它虽有较强的科技产业化能力,但它建立"示范工厂"的目的只是为了实现整体技术转移，并不直接组织生产。这样一来，首先可以避免与企业的直接竞争，促进科研与生产相互依赖与结合；其次，可以树立工研院在技术市场中的形象，占领更为广阔的契约性研发与服务市场，从而在科技成果转化过程中发挥更大的作用。中国大陆的科研机构要想提高科技成果的转化效率，首先要实现市场与技术的有效衔接。这就要求科研机构必须贴近市场，深入企业，甚至与用户合作，共同开发新技术；此外，科研机构要形成灵活的组织结构和用人机制，并鼓励技术人员携带其科研成果进行整体的技术转移，创办高科技企业。当然，科研机构也可以通过建立孵化器的方式，利用自身的技术优势，在为孵化企业提供开放实验室、中试基地等硬件设施的同时，也为其提供技术支持和服务，从而使内、外部科研成果快速地实现商品化和产业化。

（本文主要内容原载《广东省政府参事建议》2009年第54期；后收录于《中国企业：转型升级》，中山大学出版社2009年版）

行业边界模糊与产业政策调整

一、现代信息技术的发展使行业之间边界越来越模糊

在以传统工业技术为基础的产业经济中,行业之间边界固定、分立明显,构成经济政策和产业政策的基础。自20世纪90年代以来,数字化技术、通信和计算机技术的迅速发展,使诸多行业之间的边界正在由清晰趋向模糊。从产品角度看,现代信息技术的发展推动了产品之间的交叉、融合,具体表现为三方面:首先是有形产品之间的融合,最突出的例子是3C融合,即计算(computing)、通信(communication)和消费电子产品(consumer electronics)的融合;其次是无形产品之间的融合,典型例子是电信、广播电视和出版业的融合;最后是有形产品与无形产品之间的融合,在3C融合的基础上,多了一个内容(content)作为融合的元素,以满足未来人们在任何时间、任何地点,通过任何设备来实现计算、沟通和娱乐的需要。

上述产品之间三方面的交叉融合造成了传统意义上的行业边界模糊,并体现为制造业之间的交叉融合、服务业之间的交叉融合、制造业与服务业之间的交叉融合。信息、电信、文化、娱乐、传媒、出版、金融、证券、保险、零售、物流、旅游、酒店等行业之间相互渗透和融合,在全球形成了大规模并购、重组的浪潮。同时,资源配置、整合方式也发生了结构性变化,许多新的业态应运而生,形成新的经济增长点,直接改变了传统产业结构,影响广泛、深远。大量事实证明,随着信息产品与服务在各个行业中的渗透,行业之间的边界逐渐模糊,这一重要变化使得政府现行管制框架已经无法适应新经济的要求。

为了顺应行业边界模糊的发展趋势,一些发达国家纷纷调整经济政策和产业政策。美国是信息技术的发源地,在1996年就将电信和媒体统一立法管理,引发了一场电信、电子、媒体和文化企业的交叉兼并和产业重组。1997年,欧洲委员会"绿皮书"(green paper)针对三网融合,提出

电信、广播电视和出版三大产业融合不仅仅是一个技术性问题，更是涉及服务和商业模式乃至整个社会运作的一种新方式，并把产业融合视为新条件下促进就业与增长的一个强有力的发动机。

二、我国目前行业管制状况及其造成的影响

我国现行管制框架，仍是基于传统的产业分立和自然垄断理论的管制模式，这种条块分割管理的模式，将会阻碍改革进程，不利于创新，不利于企业做大做强，不利于竞争力的提升，这集中表现在以下四个方面。

1. 部门分割、业务分割和地域分割阻碍企业做大做强

目前我国的经济体制与产业管制政策，人为造成企业在业务方面和地域方面的分割，企业很难获得规模经济性与范围经济性，资源效率难以充分发挥。例如，我国的物流产业，目前还没有专门的物流管理机构，长期以来部门分割严重制约着物流企业发展壮大，绝大多数物流企业面临着经营规模小、服务功能少、网络分散等问题。电信产业在现行产业政策下不能提供综合业务，电信行业无法向相关行业渗透。另外，由于财税体制和地方利益的缘故，一些行业或地方存在着许多保护性政策，大部分企业难以实现跨地域多元化经营，难以获取规模经济性，实现做大做强的目标。

2. 新兴业态难以形成

行业之间的融合意味着新产业的形成，产业创新将成为经济持续发展的主要推动力量之一，但目前的部门分割体制阻碍了新兴业态的形成。信息技术发展是行业融合的主要推动力，由于以信息为支撑的一些产业属于垄断性行业，因此当渗透与融合涉及这些行业时，发展进程中遇到的阻力相对更大。其中，典型的例子是我国在当前网络经济中为实现"三网合一"所面临的协调困难。另外，国家广电总局在《互联网等信息网络传播视听节目管理办法》中，明确规定电信企业只能开展 PC 端的 IPTV 业务，而不能经营机顶盒与电视机捆绑的业务。这些严格的管制措施限制了整个产业链上各个企业的成长，阻碍了 IPTV 这一新兴业态在我国的发展。

3. 不利于传统企业的改造、升级

我国传统企业改造和升级的主要方向应该是通过产业融合，走内涵发展道路，使其增长方式更加符合持续发展的要求。信息产业与传统产业融

合的前提，是主管部门要形成对产业发展趋势的共识。由于信息产业管理部门与传统产业管理部门之间存在的分割，造成了相互间利益与目标的冲突，不仅阻碍了传统企业的信息化进程，不利于企业升级改造，同时也导致一部分新兴的互联网企业缺乏传统产业的支撑，由于盈利模式的创新不足而不能实现持续发展。

4. 不利于参与国际竞争

发达国家和地区已经及时调整管制政策，以适应新的技术环境下持续发展的需求，许多物流、金融、电信和媒体行业的跨国公司在新环境中，加快创新步伐，重塑竞争优势。相对而言，我国企业在旧的管制框架中难以实现创新，竞争能力逐渐衰退。随着中国加入WTO，跨国公司在我国纷纷享受到国民待遇，弱小的中国企业将面临更大的竞争压力。例如，在金融业领域，欧美银行早已发展成为混业经营的"全能银行"，但在我国近10年的"分业经营、分业监管"体制下，银行、保险、证券等分业经营，业务范围上的不平等使中国金融机构在激烈的竞争中处于不利境地，这不仅严重制约国内企业竞争力的发展与提高，长此下去还将危及我国金融机构的持续发展。

三、产业政策调整的建议

1. 成立专门机构，评估、研究信息技术的发展对传统产业的冲击

信息技术的发展已经渗透到了许多传统产业，行业边界模糊的趋势已经在通信、媒体、金融、能源、运输等多个产业呈现。然而，不同产业之间的边界模糊具有各自的特点，也存在不同的现行管制模式。因此，有必要成立专门机构针对不同产业进行评估和研究，以寻求新的解决方案。

2. 清理不适合经济发展的法律法规，改革产业政策

经济政策和产业政策的目的是促进我国国民经济健康、快速发展，不是保护某个部门、某个行业的利益，政出多门、条块分割等现象要彻底改变。对无法适应新经济发展的法律法规，要加大清理的力度；对一些涉及部门利益或地方利益的"土法规"和"土政策"，要坚决废止。产业政策改革要求政府打破部门与业务的分割，特别是针对发生了行业边界模糊的领域，要对原有的部门设置和审批流程实施大刀阔斧的改革，以开放、公平、公正的行业政策促进各行业的融合和发展。

3. 改管制为监督

管制的重点是资源、生产安全、环境保护以及关系到国计民生的垄断行业价格，如对乱采滥伐、煤矿安全、污染环境等，国家应该加大管制力度，对不符合国家要求的企业要坚决关停并转，对铁路、水电等关系到老百姓基本生存的且没有完全市场化的行业，要通过听证等方式进行价格管制。而对大部分行业可以适合降低入门门槛，改审批为备案，改管制为监督，鼓励竞争，通过竞争促进产业升级，促进经济发展。

4. 变分业经营为混业经营

分业经营存在较为突出的是金融业和通信业，而各国经验表明，很难找到一种有效的保持对各产业进行独立管制的方式。在金融领域，可以逐步试点，逐渐对银行、保险、证券实施统一监管，实现混业经营，以利于金融企业规模经济性和范围经济性的进一步发挥。对于通信行业，则可通过新牌照的发放，实行移动、数据、固定电话等业务的统一经营。此外，可以将物流业与运输业全面融合，尽快做大做强，提高竞争能力。

5. 加大知识产权保护力度和利用力度

信息技术所带来的新兴业态，其成长需要有良好、规范的市场环境。为此，要加大知识产权方面的保护力度，营造健康的市场环境，如对知识产权的尊重、对知识产权的合法利用、对电子交易提供法律保障、对个人隐私进行保护等，以保障新兴业态的形成和发展。

6. 扶持新兴产业

新兴产业在形成和发展之初，如信息技术、新材料、新能源等，往往投入较大，周期较长。国家可通过制定鼓励发展的产业名册，引导投资和技术创新，完善基础设施建设，调整税收政策，加大推广力度，全力扶持新兴产业的成长，使之尽快产业化，形成规模效益。

7. 鼓励技术创新

产业融合的基础是技术融合，技术创新是促进产业融合和发展的动力。走自主创新的发展之路，就要加大舆论导向，形成创新的宽松环境；改革技术创新的机制，加快科技成果的转化；改革人才管理制度，允许科技人员的合理流动；建立激励制度，体现科技创新价值。

8. 加大建立中国技术标准的力度

技术标准之争是未来最主要的竞争，制定符合我国国情的行业标准，既可以保护我国作为全球发展最快的市场，也可以引导我国科技发展。我国有 VCD、DVD 标准的教训，也有 3G 标准（TD－SCDMA）的经验。我们要加强各种标准委员会的建设和管理，紧跟国际最前沿技术，积极参与技术标准的研究和制定，保护民族工业发展，维护国家利益。

（本文系 2008 年全国政协十一届一次会议发言，主要内容于 2008 年 3 月 4 日在时任国务院总理温家宝参加的经济组与农业组联组会议上做口头发言，后发表于《管理科学》2008 年第 5 期）

加大政府干预力度，创新调控手段，纠正市场机制缺陷

一、问题的提出

改革开放以来，市场机制的引入对配置资源起到重要的作用，给国民经济带来了生机与活力，使我国经济获得持续多年的高速发展。然而，在快速发展的背后却隐藏着一些令人担忧的现象：贫富差距逐渐扩大；工业造成的环境污染日趋恶化，可用自然资源逐步减少；农民收入低下；城乡差距、地区性差异增大；受教育机会的不平等；生产安全事故的频频发生；假冒伪劣产品的屡禁不止；等等。这些现象许多是由于市场机制本身的缺陷引起的，并且是多年积累的结果。因此，在"十一五"期间，应加大政府调控干预的范围、力度，创新调控手段，着力纠正市场机制的缺陷。

二、市场机制本身存在的缺陷

市场机制本身既不能产生最佳经济效果，也不能产生完全为社会所需要的效果。市场机制的缺陷主要体现在分配的不等性、外部效果、在某些行业形成垄断的可能等方面。市场机制本身的缺陷在西方许多文献中早有大量论述，但在我国对其的介绍、讨论却相对滞后，远不够充分。由于在理论上准备不足、实践上缺乏借鉴，使得政府在进行政策的制定时对其考虑得不充分。在当前，分配的不等性（与公平和效率有关）与外部效果（如企业忽视社会责任、环境污染等）表现得尤为突出，甚至影响到社会的稳定。

三、政府调控、干预乏力

引入市场机制的同时，政府对市场机制本身的缺陷纠正乏力。进行干预、调控的范围和力度不够，政策制定时考虑得不够全面。在改革开放初期，针对"大锅饭""平均主义"带来的诸多问题，我国提出了"效率优先，兼顾公平"的原则，但最终的做法却是过分强调效率而忽视了公平。随着改革开放的不断深入，中国的综合国力不断增强，但同时贫富差距呈现扩大趋势，这是"十一五"期间发展面临的一个严峻问题。这种贫富差距伴随城乡差异而扩大，伴随着社会的不同阶层而扩大，伴随东西部地区的差异而扩大，已上升为一个亟待解决的社会问题。

四、加大政府调控、干预力度，纠正市场机制缺陷

1. 采取多种手段，缩小贫富差距

缩小贫富差距需要采用多种手段。

首先，我国的贫富差距体现为地区经济发展的差距日益扩大，包括东西部地区差异和城乡发展差距也在扩大。例如，在"十五"期间，城镇与农村家庭人均收入的差距比"九五"期间明显扩大，年人均收入增幅由5.7%：4.7%扩大到9.6%：5.3%。因此，在"十一五"期间，我国在资源配置上还应加大向经济落后地区上倾斜，使落后地区的经济增长速度能赶上发达地区的水平，使农村居民收入与城市居民收入差距缩小。《义务教育法》的方案正在修订过程中，它要求进一步加强农村教师的队伍建设，并特别提到，他们的工资水平应该不低于或者相当于当地公务员的工资水平。这是一个很好的干预措施，也是资源合理配置的一种手段。

其次，要缩小行业之间的收入差距，使企业之间的收入差距体现为企业效益的差距。我国不同行业的职工收入差距很大。有些垄断行业在享受事业单位的某些优越性的同时，又利用市场机制来提高产品价格，从而导致分配上的不公平。特别是这些企业提供的产品大多是一些生活必需品，定价不当直接影响了低收入人群的生活。对这些行业政府要加强规制，实行价格管制，对它们的服务质量进行规范。

再次，税收、财政政策要更有利于中低收入人群，使之能获取经济增

长带来的利益。对低收入人群实行补贴政策,要逐步提高最低生活保障和最低工资标准,解决低收入群众的住房、医疗和子女就学等困难问题。同时,要加大对高收入人群税收的征收力度。

最后,要在信息公开、财政政策、就业政策等方面,给予低收入人群平等的机会。我国应增加政府支出,加大对下岗工人、农村农民的培训,提高其就业技能,使他们的子女有更多的学习机会等。

2. 加大管制、调控力度,解决企业外部效应问题

在市场机制下,企业决策不会顾及外部效果,这为政府干预提供了依据。对于一些外部效果显著的企业,政府要加大管制、干预力度,要加快制定和完善法制、法规,加大执行力度。对于一些有负的外部效果的企业,政府要加强监控、管制,加大惩罚力度。政府应通过权利界定进行激励或监督,尽可能将一些突发事件变成可控制的、可防范的事件,起码是可及时、有效治理的事件,而不至于小事变大,最终酿成重大公共安全事故。对于一些有正的外部效果的企业,政府要加以扶持、补贴。

我们要调整产业结构,尽量减少高污染、高能耗的行业,发展循环经济,进行资源的回收再利用。同时,还要提高企业的社会责任意识、环保意识。

3. 防止企业形成垄断

在企业形成垄断上,国内企业表现得尚不突出,但随着中国市场的国际化进程的加快,跨国公司纷纷落户中国市场。一些实力强大的跨国公司利用其雄厚的资金实力、品牌效应以及对原料供应、关键技术的控制,形成对中国某些行业和市场的垄断。国家工商总局公平交易局调查资料显示,在感光材料行业,柯达公司的中国市场占有率超过50%,富士公司的中国市场占有率超过25%;微软公司在中国市场占有率达95%。从20世纪90年代中期开始,思科公司就一直稳坐中国交换机市场榜首的位置,其主要产品占据了中国市场2/3的份额。最近的权威资料显示,在中国的电信集线器、转换器和路由器市场,思科公司已牢固把持了60%的占有率。

对这种跨国公司在我国某些行业已形成垄断的情况,政府应该进行专门的研究,根据法律法规来约束这种垄断行为,从而形成健康有序的市场竞争氛围。同时,政府要加大对我国民族工业的扶植力度,加速技术进步与创新,实现对跨国公司产品的替代和赶超。

我国仍处于由计划机制向市场机制过渡的转型期,既要利用市场机制的优点,又要纠正其弊病,这的确是一个世界难题。目前,各国学者对于政府的干预范围、力度、作用等问题上存在不同观点,各国也有不同的倾向与实践,尽管这种干预也会付出成本,带来一些负面效应。对于政府的干预,我们应持管理理论中权变学派的观点,要因时期制宜、因国家制宜、因经济环境制宜。这本身就包含着创新。在实践中,政府干预的范围、力度也在不断地调整,干预手段、调控手段也在不断地创新。我国正处于经济转型期,在当前市场机制弊病未能加以系统纠正的情况下,加大政府调控、干预的力度,创新调控手段是必需的。同时,我们应当看到,虽然许多改革的举措在实施,许多政策也起到了重要作用,但是也有许多政策未能达到预期的目标,有的政策在执行中扭曲、走样。例如,中央与地方实际上存在某种博弈关系,这背后有诸如投资过度、重复建设、地区市场分割等深层次原因。中央与地方的关系中就存在政策制定缺乏系统性、缺乏政策实施预期的稳定性、实施不力等现象。因此,政府要提高政策研究、制定的水平,加强对政策实施的预期,创新调控手段,在纠正市场机制弊病的同时,尽可能减少对经济成长的负面影响。

（本文系2006年全国政协十届四次会议发言,主要内容于2006年3月4日在时任国务院总理温家宝参加的经济组与农业组联组会议上做口头发言,主要观点见诸2006年3月的《中国青年报》、搜狐财经等多家媒体）

关于深化中央与地方关系体制改革的建议

一、从电力项目投资过度透视中央与地方关系

最近,国家环保总局召开新闻发布会,宣布停建金沙江溪洛渡水电站等 13 个省市的 30 个违法开工项目。国家环保总局副局长潘岳在会上说,这些项目都是在环评报告书未获批准的情况下就已开工建设,有些工程已基本完成,属于典型的未批先建的违法工程。2005 年 3 月 2 日的国务院常务会议也要求对违规和不符合条件的电力投资项目进行全面清理。

这次叫停的项目大部分是电力建设项目,反映了我国电力供给不足。地方政府发展经济、企业谋求发展、增加电力供给本无可非议,但是不能以牺牲生态环境、破坏资源为代价,而且也必须在现有法制、法规的框架下来进行。这里的法制、法规当然包括环境保护方面的法规,也包括投资项目审批的规定等,对不符合上述法规的项目必须坚决停建。

电力项目投资过度表面上是市场、企业对电力供给不足的过度反应,但是这些投资行为包括违规行为,实际上都得到了当地政府的支持。这反映出深层次的经济体制与机制方面的问题,主要是中央与地方的分权和利益关系问题,以及中央对地方政府业绩的评价与激励问题。

类似电力项目投资过度的问题,其实是在不断发生的。例如,2004 年的钢铁、水泥、房地产等投资过热,是 2004 年实行宏观调控的主要原因。又如,前几年各地(省、市、县等)争相划出大片土地建设经济开发区,致使中央再次对"开发区热"进行全面整顿;各地竞相采用优惠政策,不区分行业性质、项目特点、当地资源承载能力,不加选择地引进外资;地方政府举荐本地公司上市,以及地方保护主义,以行政区划为特征的市场分割;等等。这些都造成投资过度、重复投资,致使经济效率低下与资源浪费。

改革开放 20 多年来,由中央集权向中央与地方分权的改革取得了成效,地方政府具有发展地方经济的积极性。但是,中央与地方之间的关

系、地方与地方之间的关系并未理顺,并逐渐积累和暴露出以上许多问题,并造成许多政策在执行中扭曲、走样,达不到预期目标。对此,如不从体制和制度层面加以解决,不仅严重影响大局,制约社会主义市场体系的建立和完善,而且会陷入投资过度、整顿、调控,再次出现诸如投资过度、重复投资,再次整顿、调控的怪圈。

二、建议与措施

为了进一步深化经济体制改革,加快转变政府的职能,体现温总理在政府工作报告中提出"把领导精力更多地放在促进社会事业发展和建设和谐社会上"的精神,有必要对20多年的经验进行总结,在政策、制度层面,梳理和解决好中央与地方关系问题,具体建议如下:

(1) 由国务院或发改委组织专门队伍就改革开放以来中央与地方关系的历史、现状、经验、教训以及地区性发展的需求进行一次专题性的调研、梳理、总结,调研中也应包括对国外经验的借鉴。

(2) 在调研的基础上,围绕处理中央与地方关系中的集权与分权的范围与程度、利益分配(包括税收、转移支付等)提出系统的制度、政策、法规、建议、方案。

(3) 建立全面、科学的对地方政府、官员的业绩评价体系。评价体系中,要增大有关经济效率、效益的权重,引入体现科学发展观和对构筑和谐社会的指标;并在评价过程中考虑引入社会评价方式,给予一定权重。

(4) 在中央建立重大投资项目实时信息管理系统和相应的投资监管制度,用科学手段进行有效监控。

(本文为2005年3月在全国政协十届三次会议经济组联组会议上的发言,主要内容发表于《决策与信息:财经观察》2005年第3期)

第二部分 学术论文

毛蕴诗自选集

论国际分工市场失效与重构全球价值链
——新兴经济体的企业升级理论构建[①]

一、问题提出

在经济全球化背景下,新兴经济体企业如何融入世界经济并发挥作用,是一个极其重要并影响未来世界经济格局的问题。长期以来,受国际直接投资的比较优势理论、全球价值链等理论的影响,与之相关的由发达国家企业主导的国际分工观点认为,发展中国家企业主要从事附加值低的业务,而发达国家大企业则承担研发、关键零部件制造、销售、品牌管理、服务等附加值高的业务,其实质在于发达国家跨国公司在全球承担着价值管理的职能。在全球经济格局中,美国耐克公司、德国阿迪达斯公司、苹果公司以及其他的许多跨国公司的实践都是如此。它们在其整合全球资源的商业模式下主导国际分工,发展中国家企业只能获得极其微薄的收入。例如,世界知名品牌包售价3000元,由中国十大代工厂之一东莞慧达手袋厂卖给香港贸易公司的价格仅为120元,扣掉45元的材料费、20元的人工费以及35元的水费、电费、租金等,每个包只有20元可赚,如成本没控制好可能只赚5块钱。[②]

但是,许多新兴经济体的优秀企业充分利用自己的优势,迅速成长,甚至从代工企业成长为世界第一的品牌企业;或者通过收购发达国家企业、品牌、技术等方式,整合全球资源。它们的成功实践,打破了发达国家企业在所谓国际分工中的主导地位,成为在全球范围整合资源的主导企业。它们的实践、创新不仅为新兴经济体企业转型升级的研究提供了宝贵而独特的素材,而且在理论上向基于比较优势理论、全球价值链等理论,

---

[①] 本文受国家社会科学基金重点项目"我国传统产业向中高端转型升级的动因、路径与对策研究"项目资助,批准号15AZD003。
[②] 《大陆工厂代工上万元名牌包利润仅5元》,新华网,http://news.xinhuanet.com/cankao/2013-05/17/c_132389774.htm。

并与之相关的由发达国家企业主导的国际分工观点提出了挑战。

上述新兴经济体企业实践是对现有理论的挑战，引导笔者对重构全球价值链的理论根基、动因、过程与结果进行研究。具体而言，本文先利用企业实践和理论探讨，初步提出重构全球价值链概念的理论和分析框架，分析新兴经济体企业重构全球价值链的动因、路径、效果等层面，为我国企业主导国际分工提供一个全景的理论分析框架。

本文在重新认识全球价值链理论的基础上，提出重构全球价值链的概念并进行理论构建，探讨重构全球价值链的背景、动因、行为与效果，建设新兴经济体企业转型升级的分析框架与理论体系。

二、研究文献回顾

（一）研究文献概览与研究类型、研究内容分布

在经济全球化的背景下，生产过程的分割化与生产任务、活动的国际离散，导致无国界生产体系逐步形成（UNCTAD，2013），在参与生产组织的各国或地区之间形成一个全球生产网络（Ernst，2002、2004），同时也形成了一个基于产品的价值创造和实现的全球价值链（global value chain，GVC）（Gereffi，1999；Humphrey & Schmitz，2000）。

价值链重构（value chain restructuring）的概念最初由 Beck et al. (2001) 提出，用来描述网络作用于价值链各个环节导致价值链重组的现象，后来被应用于组织行为层面，指出企业为向价值链的更高位置移动，用各种信息技术方法增强其在价值链上的协调功能（Ramioul，2008）。全球价值链重构对发达国家能做出积极的贡献，因为价值链在全球范围内的延长，有利于发达国家就业人数的增加（Huws et al.，2009；Meil et al.，2009）。也有一些学者关注到全球价值链重构可能为发达国家或发展中国家及其企业带来一些组织与人力资源方面的变革和冲击，包括对特定群体的冲击（Khara & Lund-Thomsen，2012），比如高技能专业工人被淘汰（Huws & Dahlmann，2009）。

重构全球价值链对于发展中国家及其企业存在哪些作用和影响，对此仅有一些初步的探讨。UNCTAD（2013）指出发展中国家参与全球价值链分工的增长速度越快，出口产品中的国内价值增值越高，该国人均 GDP

的增长率就越高。例如，中国和其他的亚洲供应商在全球服装供应链的重构中成为赢家（Frederick & Gereffi, 2011）。

笔者团队对2000—2015年的CSSCI和SSCI的文献进行统计分析，从检索结果发现，尽管对制造业在全球价值链转型升级方面有一定的研究，有110篇论文，但并没有聚焦本文研究主题"重构全球价值链"。锁定"重构价值链"或"重构全球价值链"研究主题的国内外论文，统计结果如表1所示，有以下主要特点：一是国内外文献非常少，关于全球价值链的研究中，仅有35%即38篇论文提及或关注到重构价值链或重构全球价值链的现象，相关的国外文献更是寥寥无几，仅6篇论文；二是缺乏综述性、体系性的研究文献，目前关于重构价值链或重构全球价值链的研究类型主要是案例，占37%，理论与实证文献各占26%，没有综述文献；三是侧重微观层面的方式和路径，占40%，对概念、动因等基本问题的研究仅占16%。

表1 2000—2015年国内外重构全球价值链论文概览、研究类型和内容分布

类 型	内 容	国 内	国 外	合 计
论文领域	重构价值链	24	5	29
	重构全球价值链	7	1	8
	重构价值链与转型升级	1	0	1
	合计	32	6	38
论文内容	概念	2	0	2
	动因	3	1	4
	方式	13	2	15
	绩效/影响	4	3	7
	其他	10	0	10

（二）研究述评和理论缺口

1. 从研究规模来看，目前关注重构全球价值链现象的学者和文献还比较少，且没有明确的定义和内涵

从上述研究可以看出，在CSSCI和SSCI刊物中，对全球价值链的研

究论文很少，而在管理学的顶尖刊物中则几乎没有。尽管重构全球价值链与转型升级之间有密切的联系，但当前转型升级研究主要聚焦于过程的角度，如着重在战略选择和路径，而缺少对其背后的理论加以探讨。现有文献对于"重构全球价值链"这一概念并没有明确的定义。目前，关于这个概念的定义大概有三种：一是立足于组织行为层面的公司结构变化（WORKS，2005）；二是主要关注国际分工带来的价值链在全球分布而导致的各种宏观的就业问题，或微观的组织与人力资源变化（Ramioul，2008；Huws & Dahlmann，2009）；三是局限在价值链环节移动的层面来理解全球价值链的重构，将其理解为通过国际扩张而向价值链的高端位置移动（Pananond，2013）。也有学者将供应链重构和价值链重构结合在一起来探讨。本文认为，上述三种类型的定义都未能体现新兴经济体及其企业的能动性，也未能反映这些企业对全球价值链进行结构性的改变所起的重大作用，甚至在国际分工中掌握了主动权。因此，有必要对此进行深入的探讨。

2. 在研究范畴方面，侧重组织结构与人力资源层面，未能与全球价值链的结构性变动联系起来

目前在重构全球价值链方面为数不多的研究，主要专注于经济一体化和技术变革背景下，处于全球价值链中的企业的组织结构如何变化（WORKS，2005）、员工就业与工作环境（Ramioul，2008；Meil et al.，2009；Huws et al.，2009）、对特定群体如高技能专业工人的影响（Huws & Dahlmann，2009）。这些研究主要集中在组织行为的层面。尽管也有一些学者开始关注企业沿着全球价值链移动并改变地位的现象，但仍然基于原有的全球价值链来分析问题，未能与全球价值链的结构性变动联系起来。

3. 在研究对象方面，主要是欧美发达国家及其企业，对新兴经济体及其企业作用的研究还比较少

尽管已有学者对新兴经济体的跨国生产企业尝试改变特定行业的全球价值链结构开展了有益的探讨（Azmeh & Nadvi，2014），但总体而言，这种关注仅仅停留在从"配合"到"共同领导"的转变，还没上升到"主导地位"的层面。正如本文引言所提及的，不少新兴经济体的优秀企业充分利用优势，成功地实现转型升级，甚至从代工企业成长为世界第一的品牌企业，或者通过反向收购等方式，整合全球资源，并主导了国际分工。这些实践在理论上向基于比较优势理论、全球价值链等理论,并与之相关的由发达国家企业主导的国际分工观点提出了挑战。

综上所述,在新兴经济体中出现不少转型升级的重大实践,但对转型升级的许多研究未能上升到理论层面,缺乏理论框架。许多研究描述升级过程、行为,但未能加以深入解释。例如,基于升级的OEM企业反向收购。因此,有必要立足于新兴经济体的实践,结合全球价值链的结构性变动这一本质变化,重新认识全球价值链理论。更具体地说,研究中需结合新兴经济体企业的崛起,打破由发达国家跨国公司所主导的全球价值链及由它们主导的国际分工,将两者联系起来,才符合当代企业发展的趋势。

三、研究方法

本文主要采用理论构建法,围绕"重构全球价值链"问题明确概念、提出命题和搭建框架,属于中层理论的构建(Merton,1968)。命题和假设要建立在可靠的理论基础之上(李怀祖,2004)[①],本文研究的重构全球价值链的相关文献非常缺乏,必须从更上一层次的理论出发加以支持。提出"重构全球价值链"是笔者自2006年以来对中国企业升级的经验总结和理论探讨,是长期思考的结果,也是顿悟。很难说存在一种划一的理论构建方法,但是有一个前提是必不可少的,那就是长期的观察、调研思考与研究积累。就此而言,笔者早期对跨国公司、企业成长与重组的研究也渗透到了目前对重构全球价值链的研究之中。笔者首先基于新兴经济体企业的新视角,对现有全球价值链理论提出挑战;其次,在已有全球价值链理论的基础上,对发达国家跨国企业与新兴经济体企业之间的关系进行探讨,为现有理论添加新的成分;再次,借鉴国际分工、市场失效、利害相关者权益、权变理论等其他领域理论,将它们应用到新兴经济体企业重构全球价值链的新现象之中;最后,采用整合的方法,基于多个理论根基提出新的"重构全球价值链"理论,明晰概念、命题和机制。

在命题提出的过程中,本文使用演绎和归纳相互印证的手段。笔者团队在2006—2014年多次对台湾的台南科学园区、工业技术研究院以及十多家代表性企业进行考察访问,包括对捷安特、阿托科技、台积电、台联

---

① 李怀祖:《管理研究方法论》(第2版),西安交通大学出版社2004年版。

电、宏基、华硕等企业的调研,以及在2006—2015年对珠三角几十家企业进行调研,如顺德东菱凯琴、佳士科技、龙昌玩具、哈一代、珠江钢铁、广州互太等。大量的企业实地调研为理论构建积累了素材。

四、理论探讨与构建:重构全球价值链的基本含义与基本命题

(一)重构全球价值链及其基本含义

笔者通过观察发现,随着经济全球化进程的加快、新兴经济体企业的崛起,国际竞争格局发生了深刻的变化。具有创新精神的新兴经济体企业家冲破了由发达国家跨国公司主导的国际分工及其在全球配置资源的格局。因此,根据上述文献研究基础,本文提出"重构全球价值链"的概念,即处于价值链低中端的新兴经济体制造性企业基于创新驱动,通过积累能力、寻求能力,打破由发达国家企业主导的国际分工格局,立足全球配置资源,向价值链中高端发展,促使全球竞争格局发生结构性变化的过程。这一概念主要包含以下四方面的含义。

首先,重构全球价值链的主体是新兴经济体企业,而且是原本处于全球价值链低中端的制造性企业。这实际上也界定了问题的边界。这与当前主流研究文献有所不同。无论是从全球价值链的形成,还是从全球价值链的发展演化来看,欧美等发达国家及其企业一直占据着主导地位,尽管有相关文献关注到新兴经济体企业尝试改变特定行业的全球价值链结构的现象(Azmeh & Nadvi, 2014),但对这种作用的进一步研究还非常缺乏。

其次,重构全球价值链是新兴经济体企业转型升级的结果。该概念强调企业从全球价值链低中端向中高端移动,本质上是企业的转型升级行为。它是对原有全球价值链的改造和重置。

再次,该概念强调重构全球价值链是一个过程,包括驱动因素、行为过程和效果。它也体现了新兴经济体企业打破现状、改变地位、重置资源、扭转格局的过程。

最后,这一概念强调了重构全球价值链的效果。一是打破由发达国家企业主导的国际分工格局;二是立足全球配置资源,向价值链中高端发展,在这两者基础上实现全球竞争格局发生结构性变化的过程。

（二）由重构全球价值链的定义与基本框架所提出的基本命题

1. 全球价值链与发达国家企业所主导的国际分工

全球价值链的形成，反映了价值链的空间分化和延伸，体现了垂直分离和全球空间再配置之间的关系（Kogut，1985；Krugman，1995）。在各参与国（地区）之间同时也形成了一个基于产品的价值创造和实现的全球价值链（Gereffi，1999；Humphrey & Schmitz，2000）。因此，全球价值链是国际分工的结果。

从参与主体来看，全球价值链涉及跨国品牌商、供应商、竞争对手、合作伙伴、客户等众多参与者，体现了全球范围内的国际分工。而发达国家跨国公司是全球价值链和国际分工中的主导者。跨国公司在跨国经营中基于绕过贸易壁垒、适应当地市场特点、降低运输成本等原因，将价值链的部分环节转移出去，而直接组织、主导了全球价值链的分工协作体系。比如，苹果公司主导国际分工，在全球范围内寻找最有生产成本优势的工厂进行代工，以获得最低成本和最高效率，代工组装价仅占市场售价的1%，而高附加值的环节主要在于美、日、韩，比如IC、分立器件的生产等。

发达国家跨国公司的主导作用，具体可以从以下两个方面得以体现。

一是从全球价值链的组成部分来看，发达国家企业占据了重要战略环节。Kaplinsky 和 Morris（2001）认为，并不是全球价值链上的每一个环节都创造价值，价值链上的战略环节才是最重要的环节，才可能产生丰厚的价值。全球价值链是指在全球范围内为实现产品或服务的价值而连接生产、销售、回收处理等过程的全球性跨国企业网路组织，涉及从采购和运输原材料、生产和销售半成品与成品直至最终在市场上消费和回收处理的整个过程（UNIDO，2002）。它包括所有参与者以及生产、销售等活动的组织及其价值和利润分配机制，并且通过自动化的商业流程，以及通过供应商、竞争对手、合作伙伴以及客户的互动，来支持企业的能力和效率。全球价值链的提出提供了一种基于网络的、用于分析国际性生产的地理和组织特征的分析方法，揭示了全球产业的动态性特征，考察价值在哪里、由谁创造和分配的（汪斌、侯茂章，2007）。

二是从全球价值链的驱动方向来看，无论是生产者驱动型和购买者驱动型，发达国家企业均处于主导的地位。Gereffi（1994，1999）根据全球价值链驱动方向的不同，将企业嵌入价值链，分为生产者驱动型和购买者驱动型两种类型。一方面，在生产者驱动型之中，价值链的主要战略环节在研发和生产领域，是以发达国家跨国制造商为代表的生产者通过投资形成全球生产网络的纵向分工体系，而发展中国家企业则是通过合资、合作或并购等方式参与到生产制造环节中。另一方面，在购买者驱动型之中，以国际品牌制造商、国际零售商为代表的购买者通过全球采购或OEM、ODM等方式来组织国际商品流通网络。在国家产业分工体系中，发达国家主要处于价值链的上、下游，掌握着高附加值的研发和营销环节。而大部分发展中国家则利用廉价的劳动力和低成本制造的能力，通过参与低端产品的制造参与全球价值链。因此，本文提出如下命题：

命题1 全球价值链是由发达国家企业所主导的国际分工的表现形式。

2. 发达国家企业所主导的国际分工的市场失效问题

尽管表面上看来国际分工是全球市场行为，但是由于这一分工是由发达国家企业（跨国公司）所主导，因此国际分工市场存在严重的不完全性。市场的不完全性为发达国家企业在国际分工中掌握主导权和获利提供了重要的前提与机会。最典型的例子是跨国公司基于市场不完全性和垄断优势在对外直接投资中获取较高利润（Hymer，1960）。

实际上，国际分工失效本质上是市场失效的体现。发达国家企业所主导的国际分工市场的不完全性问题，主要体现在以下三个方面。

（1）市场并不是万能的，并不能对所有商品进行合理定价。例如，技术作为一种特殊商品，要进行合理定价是十分困难的。技术商品的取得需要投入有形的试验设备、原料、人力资本与许多看不见的知识、智力、思想等无形资源。技术商品一旦形成，进行再复制时，生产的边际成本主要来自于边际固定资产，并随着数量的增加而趋近于零。与此同时，技术的不确定性与易变性所带来的风险也极大。因此，这些因素均大大增加了技术产品定价的难度（毛蕴诗、周燕，2002）。事实上，形成技术产品所需要的有形、无形资源的定价本身也十分困难。也有学者认为，由于技术商品的特殊性，因此目前学术界还没有一个为大家所公认的定价理论。关于技术商品的定价理论，主要有两种观点：一是根据马克思的劳动价值理论，在劳动成本与利润的基础上对技术商品进行定价。这种定价方式在操作上非常便捷，但其仍然缺乏较强的理论支撑（郑雨，2007）。上述困难与不确定性为拥有技术产品的发达国家企业对与之有关的最终产品定价提供了巨大的浮动空间。

并且由于信息不对称和信息不完备，发达国家企业可对生产过程的各个环节进行定价。这种不完全性可以明显体现在国际分工中不同国别企业获得全球价值链上不同水平的附加值。R. Tempest（1996）详细描述了芭比娃娃玩具的产品内国际分工和价值链分布情况。在芭比娃娃玩具的生产流程中，美国公司提供产品模板并承担市场销售业务以及彩绘业务，印尼、马来西亚、中国等国家的企业承担部件组装业务并提供棉布等原材料。芭比娃娃玩具在美国的零售价约为10美元，其中美国公司获得了8美元的价值，而由中国劳动力所产生的增加值仅有0.35美元。由此可见，全球价值链上的高附加值环节往往集中在发达国家企业，这是发达国家企业拥有对生产过程各个环节的定价权的必然结果。发达国家企业通过掌握产品的关键技术、核心零部件、专利或品牌等关键资源，从而掌控了全球价值链各个环节的定价权。其他国家企业由于信息不对称和信息不完备，只能按照发达国家企业的定价来参与国际分工。

（2）国际分工市场并非一个完全竞争的市场。随着国际分工从产业间，发展到产业内，再到产品内（朱有为、张向阳，2005；张纪，2007），在全球价值链中处于非战略环节的参与企业，仅能提供零部件、半成品或组装、运输等生产服务，难以为市场提供完整的产品。只有掌握主导权的发达国家企业方可通过全球生产体系，为市场供应完整的产品。此外，新兴经济体企业在代工过程中，还面临被发达国家跨国公司随时撤单的风险。

（3）国际分工市场存在严重的市场外部性。发达国家企业主导国际分工、掌握全球价值链战略环节的行为和决策，影响了其他国家的经济主体，但并没有做出相应的补偿或让它们取得相应的报酬，这种国际市场外部性也被称为国际外部性（俞海山、杨嵩利，2005）。而发达国家企业的不完全竞争行为，往往使代工企业及其东道国的利益（如生态环境）受到了损害，因此，对于发达国家企业之外的企业及其东道国而言，这种外部性是负外部性。

由此可见，国际分工市场并非一个完全竞争的市场，存在严重的市场外部性，由于信息不对称和信息不完备，发达国家企业对生产过程的各个环节进行定价。因而，由发达国家企业主导的国际分工，存在严重的市场失效。因此，本文提出如下命题：

命题2　由发达国家企业主导的国际分工存在严重的市场失效。

3. 由发达国家企业主导的国际分工的市场失效对新兴经济体及其企业的损害

发达国家企业主导的国际分工，造成严重的市场失效，有悖于利害关系者权益，使全球价值链中所处位置低下的企业、东道国政府具有改变其所处地位的动机。利害关系者权益理论认为公司有重要的义务来平衡股东与其他利害关系者，包括员工、供应商、客户和更广泛的社区之间的利益。利害关系者是那些为公司专用化资产做出贡献而这些资产又在公司中处于风险状态的人和集团（Blair，1995），而在全球价值链中，发达国家企业的利害关系者，包括广大的代工企业及其员工以及东道国政府。

一方面，国际分工市场失效严重损害了代工企业及其员工的利益。有数据显示，东莞贴牌衬衫的出厂价，仅为西方市场最终售价的百分之几。国际分工被发达国家企业所主导而造成的市场失效，具体表现在全球价值链中，研发设计、营销服务等高附加值环节都由发达国家企业掌控，而我国许多行业和企业的核心技术受制于人，缺乏自主创新，企业利润不断降低。笔者调研的广东东菱凯琴集团从事OEM的销售人员反映，95%的利润被跨国大卖场赚走了，生产成本为几美元的产品，到了跨国公司手上就卖到几十美元。从事OEM业务的深圳佳士科技公司的副总经理也表示，在我国售价为100美元的产品，由跨国公司贴牌后到了印度居然能卖超过300美元。由此可以看出，品牌采购商掠去了绝大部分的利润，广大OEM企业仅赚取微薄的收益。另一方面，国际分工市场失效也不同程度地损害了东道国利益。具体表现为：一是在生态、环境等方面受到不同程度的破坏，二是以牺牲环境为代价的生产模式难以获取相应的收益回报。《纽约时报》曾撰文批评苹果公司一味攫取利润，漠视其供应商让工人们在极端严酷的环境下工作，甚至发生过137名工人因用有毒物质清洗苹果手机屏幕使神经系统受损、4名工人在两次iPad工厂爆炸中遇难等安全事故。这实际上是国际分工市场失效所导致的代工企业及其员工的利益受损。苹果公司立足全球配置资源，中国是其全球第二大市场，但是苹果公司并没有承担相应的社会责任。苹果公司并没有出台相应的废弃手机回收制度，苹果手机具有电子内置封闭性的特点，随意丢弃废弃手机更是会对环境造成严重的污染。

更有甚者，一些跨国公司如日本公司专门制造卖给中国和亚洲市场的产品，如丰田公司就有典型的"丰田卖给中国的车"。日本人曾说过一句话："一流产品在国内，二流产品往欧美，三流产品销亚洲，压仓底的产品高价卖给中国人。"① 这是最为典型的恶意的市场分割行为。

Pananond（2013）分析跨国公司在泰国的子公司的发展案例，指出位于发展中国家的跨国公司子公司不愿意永远停留在价值链的最低点，在本国不断地积累研发经验和创新，通过在更加发达的国家直接投资进行国际扩张，不断向价值链的高端位置移动。相似地，作为发达国家企业的利害关系者，新兴经济体及其企业（尤其是代工企业）由于自身的利害关系者权益未能得到保护，不甘心停留于全球价值链的低下环节，同样具有向高端位置移动的动机。因此，本文提出如下命题：

命题3 由发达国家企业主导的国际分工，损害了利害相关者的权益，使全球价值链中所处位置低下的企业、东道国政府具有改变其所处地位的动机。

4. 全球价值链高端环节存在巨大的利润空间

从全球价值链各个环节的利润分配上来看，全球价值链高端存在巨大的利润空间，而其他环节则利润薄弱。有些学者基于不同国别企业在全球价值链中处于不同环节，具有附加值与利润差异，解释了全球价值链高端为何存在巨大的利润空间。Kaplinsky（1993）认为发达国家和发展中国家在全球价值链中的利润分配存在不公平，这是因为领袖企业对全球价值链的治理能力来源于研发与设计、品牌和营销等竞争力资源，而这些环节进入壁垒高、利润丰厚。与之相反，发展中国家基本处于进入壁垒低、利润低、竞争激烈的生产环节。

一方面，全球价值链高端巨大的利润空间，为新兴经济体企业转型升级提供了机遇与空间；另一方面，也有学者基于国别利益分配变化，指出发展中国家及其企业不进则退，在全球价值链中所处的位置低下的企业，具有改变其所处地位的动机。例如，张二震等（2004）提出，发达国家多以资本、技术和知识参与分工，在利益分配中处于主导地位，而发展中

---

① 《丰田员工谈不买日本车的四大理由》，环球网，http://auto.huanqiu.com/roll/2015-08/7214035.html。

国家常以劳动力、土地等要素参与分工,在利益分配中处于不利地位,并且发达国家的跨国公司还会通过转移价格进一步剥夺发展中国家的利益①。

Arndi (1997) 证明了全球价值链分工在提高其最终产品国际竞争力的同时,改善了资本丰富的发达国家的福利。这从一定程度说明了全球价值链高端环节不仅为企业带来了巨大的利润空间,还提升了国家福利。比如,仅次于富士康公司的全球第二大电脑代工企业苏州伟创力公司,代工利润率早年是3%,通过很多努力目前才上升到15%,而惠普、柯达、爱立信、飞利浦等跨国公司下单客户却可获得50%~60%的毛利率。②正是在利润空间的推动因素作用下,新兴经济体企业具备了改变其所处地位的动机。因此,本文提出如下命题:

命题4 全球价值链高端巨大的利润空间为新兴经济体企业转型升级提供了机遇与空间。在全球价值链中所处位置低下的企业,具有改变其所处地位的动机。

5. 新兴经济体迅速成长的经济与巨大市场与企业转型升级

随着经济全球化,许多新兴经济体的经济发展突飞猛进,形成了巨大消费市场。新兴经济体以其经济快速发展和经济自由度高为特征(Hoskisson et al., 2000),引发全球经济重心向其转移,新兴经济体如"金砖四国""钻石11国"所开创的新兴市场成为世界经济发展的主要引擎(陈凤英,2009)。中国是近30年来世界上最大的新兴经济体和增长最快的市场,以中国大陆、台湾和香港组成的中国经济区,从20世纪80年代末以来日益取代日本成为亚洲经济中心(Wang & Schuh, 2000),一个明显表现是从"中国制造"(made in China)到"市场在中国"(sold in China)的转变。

新兴经济体迅速成长的经济与巨大市场,为其产业和企业在全球价值链上往高端环节转移、实施转型升级,提供了机遇与空间。经济迅速发展带来了巨大的市场空间,新兴经济体企业可以通过几种手段来实现升级:一是通过市场培育品牌,二是通过市场培育技术,三是积累转型升级所需

---

① 张二震、马野青、方勇:《贸易投资一体化与中国的战略》,人民出版社2004年版。
② 《"中国制造"赢粒糖 跨国公司赚间厂 中国贸易数据背后的现实》,新华网,http://news.xinhuanet.com/politics/2011-01/01/c_12938198.htm。

要的资金，四是国内外市场互动、优势互补。发展中国家可以凭借国内市场的发育，从而进入区域或全球市场的价值链分工生产体系中，本土企业在此期间能够表现出较强的功能与产业链的升级能力（Schmitz，2004）。刘志彪、张杰（2007）认为，如要摆脱被俘获的地位并自主发展，需要转向国内市场空间，培育国内价值链。事实上，发展中国家的制造企业在为跨国企业代工的过程中，实现了产品和工艺两方面的升级（Schmitz，2004）。Gereffi（1999）、Kaplinsky和Morris（2001）的研究也提及，从OEM到OBM的升级路径之中，关键能力就是品牌营销能力。杨桂菊（2010）的研究也表明，在OBM和OBM两个阶段，市场营销能力起着关键作用。在实证方面，Schmitz（2004）通过对印度和巴西的研究，发现本国市场专业化的企业，将更愿意发展设计、品牌以及市场渠道等附加值较高的服务职能，而在本国市场获取上述能力后，它们开始国际化，进入周边国家市场甚至在全球区域内进入多个市场。

中国经济体拥有世界上最大的产业集群，比如广东省的中山灯饰、佛山照明、佛山乐从家具、东莞玩具以及台湾的自行车和纺织。尽管有一些产业集群及其企业，因无法突破发达国家和跨国公司的钳制而遭遇到发展瓶颈（Schmitz，2004），但也有一些产业集群在转型升级方面获得了成功。比如，台湾自行车产业集群通过两次重大调整与转型，实现产业整体升级。近12年来，台湾自行车出口平均单价年均增幅达12.1%，其2012年的出口平均单价是大陆的7.5倍，是台湾12年前的近4倍。台湾的自行车企业美利达公司通过入股投资的方式获得美国自行车第一品牌Specialized的股权与德国Centurion的品牌、技术和销售渠道等战略性资产。更早的案例还可以追溯到台湾联华电子（UMC）于1998年收购日本新日铁半导体公司并更名为联日半导体（UMCJ），2009年又斥资69亿日元公开收购联日半导体（UMCJ），其所持股份已达50.09%，从而获取日本整合组件大厂，实现了在OEM基础上向OBM升级。因此，本文提出如下命题：

命题5 新兴经济体迅速成长的经济与巨大市场也为其企业转型升级提供了机遇与空间。

6. 新兴经济体的优秀企业家的创新创业精神

新兴经济体的经济发展与市场成长，离不开优秀企业家的创新创业精神。在企业家精神和创新驱动下，不少优秀的中国地区企业实现转型升级，积极参与全球竞争，提升了竞争能力。深入剖析新兴经济体企业重构全球价值链的动因，可以结合企业的异质性和能动性来考察。新兴经济体企业要打破现有国际分工，并立足于全球来配置资源，甚至改变全球竞争格局，离不开新兴经济体企业的核心竞争力（Bell & Albu，1999）和动态能力（Teece et al.，1997）。现有文献认为新兴经济体企业的链内或链间升级，关键是培养创新能力，同时优化产品、改进工艺流程，以获取更高的附加值。企业进行创新活动取决于核心能力和动态能力，核心能力和动态能力对促进企业的流程升级和产品升级发挥着重要作用（Kaplinsky & Morris，2001），因为拥有更强的核心能力和动态能力将比竞争对手更快地获取升级绩效。Morrison等（2007）从创新的角度来研究企业升级，认为创新能够带来附加值提升。从新兴经济体企业的创新实践来看，主要表现在以下几个方面。

一是自创品牌意识强，成立不久就自创品牌。如位于东莞的台升家具公司成立初期为美国客户做OEM，4年后决定进入美国品牌家具市场，创立Legacy Classic品牌，以中低端产品切入美国市场并确立品牌知名度。

二是维护品牌意识强，拒绝外资收购。如位于东莞的佳士科技公司潘磊总经理，在美国林肯电气公司开出其10年也可能赚不到的收购价格的诱惑下，力挽狂澜，做通了众多股东的思想工作，化解了收购风波，目前已在28个国家和地区成功注册了"JASIC"佳士商标。

三是创新研发投入大，成立研发中心，长期保持高比例研发投入。例如，佳士科技公司于2001年成立工业设计部，在当时资金吃紧的情况下引进了专业的设计师团队，推动企业迅速由单纯的OEM经营模式过渡到OBM模式。即使在金融危机的2008年，潘磊总经理在全国也率先推出了ITPT半导体管，这种产品环保节能，当时就作为推广重点，现在市场走向非常好。又如，广州互太纺织公司年研发经费投入约占年销售总额的3.3%，人均产值50多万元，远高于同行业平均水平。再如，台湾阿托科技公司注重研发投入，先后建成桃园、高雄先进技术研发中心，在十多年内成为市场的领导品牌，营收成长将近30倍。因此，本文提出如下命题：

命题6 处于全球价值链低中端的新兴经济体的优秀企业基于创新驱动，通过积累能力、寻求能力，实现转型升级，从而打破由发达国家企业主导的国际分工。

7. 权变理论、升级路径与重构全球价值链

新兴经济体的优秀企业打破原有国际分工格局，立足于全球配置资

源,向价值链中高端发展,具体表现为企业升级。由于重构全球价值链可能受到多种因素的影响,因此不同企业可能采用不同的升级路径,以改变在全球价值链中的地位。如 Ramioul 和 De Vroom (2009) 发现知识在欧洲服装、食品、软件开发、信息技术研发等行业的价值链重构中的关键驱动作用。UNCTAD (2013) 指出,发展中国家在全球价值链中主要有 6 种发展路径。第一,参与全球价值链,即和跨国公司签订制造合同,进料加工出口。第二,为全球价值链做好准备,即暂时放缓全球价值链的融入度,优先致力于提高产品在国内的附加价值,替代进口。第三,在价值链上升级,即全球价值链融入度已经很高的国家,增加出口产品中的国内附加值或者参与价值链上更多的业务功能。第四,在价值链上竞争,即一些发展中国家通过出口附加值高的产品参与全球价值链的竞争,国外公司通过并购将其纳入全球生产网络中。第五,转换全球价值链,即放弃出口产品生产,而转向进口成分更多的加工行业,提高全球价值链的融入度。第六,在价值链中飞跃,即少部分发展中国家通过吸引外国直接投资,快速实现了本国高附加值产品的出口。因此,新兴经济体的不同企业采用不同的路径来重构全球价值链。

基于权变理论,新兴经济体企业要重构全球价值链,可能受到外部环境变化和内部企业家理念的影响。市场空间日益广阔和竞争秩序逐渐规范 (王一鸣,2005),政府大力营造良好技术创新环境,有利于推动企业快速实现升级 (Gans & Stern, 2003; Vergrat & Brown, 2006)。企业家精神与品牌意识能加速企业建立自主品牌进程 (Cyert & March, 1963)。而勇于创新、积极进取、富于激情、坚持不懈的企业家精神,对民族和员工强烈的责任感,强烈的自主知识产权和品牌意识 (Winter, 2000; 胡钰,2007),对新兴经济体企业在重构全球价值链中选择不同升级路径有不同的影响。此外,与合作企业的良好关系有利于低端制造企业"干中学"和"用中学"的开展 (Carayannis, 2004; 毛蕴诗、汪建成,2006),为企业实施升级提供了不同模板和不同路径选择。

在经济全球化、信息技术和互联网迅速发展的时代,基于重构全球价值链的多种驱动因素,权变理论更加适用于分析动态环境下的企业升级,因此具有越来越大的影响力。毛蕴诗、郑奇志 (2012) 通过对中国大陆、台湾几十家企业的实地研究,综合企业资源与能力、动态能力理论和权变理论的分析,提出了企业升级路径的选择模型,认为企业根据其自身资源

与能力和对环境变化的判断,会采取不同的升级路径。因此,本文提出如下命题:

命题7 新兴经济体企业在升级过程中,通过多种升级路径,重构全球价值链。

8. 重构全球价值链与全球竞争格局结构变化

新兴经济体的一些优秀企业打破了由发达国家企业主导的国际分工,全球竞争格局也随之发生结构性变化,主要体现在三个方面:一是新兴经济体企业立足于全球配置资源,由代工走向全球价值链的高端环节,体现为附加值的提升;二是新兴经济体企业在国际市场逐渐具有话语权,可与发达国家跨国公司较为平等地对话;三是一些新兴经济体企业的产品替代发达国家跨国公司产品。

Frederick 和 Gereffi（2011）利用全球价值链的方法,分析全球服装供应链的重构,认为中国和其他亚洲供应商在供应链重构中成为赢家,终端市场多元化、亚洲新兴经济体旺盛需求以及区域整合的生产网络让中国的服装供应商不断升级和扩大全球市场份额。Azmeh 和 Nadvi（2014）提出亚洲跨国服装生产企业正在改变服装行业的全球价值链结构。来自新兴经济体尤其是"大中国"和南亚的一级供应商逐渐参与更大范围、更多功能的价值链上的活动。亚洲跨国制造商在全球价值链中的地位,由原来的配合西方领导企业逐渐转变为和领导企业合作,形成共同领导,在全球价值链的地理分布及组织结构调整中发挥重要的战略作用。

笔者对国内企业调研发现,始建于1992年的广东东莞台升家具集团以从事代工（OEM）起家,自2001年起,通过并购和开拓海外市场等产业链延伸策略,完成了从 OEM 到 ODM/OBM 的转变,成功实现了转型升级,目前是亚洲最大的家具企业。又如,深圳大族激光科技股份有限公司通过产品功能替代或功能拓展,进入传统产品市场的同时,又创造许多新的市场,大幅提升产品附加值,也实现了企业升级,目前已发展成为亚洲最大、世界知名的激光加工设备生产厂商。位于广东东莞的 OEM 企业龙昌国际控股有限公司通过两次收购,先后获取了设计研发配套企业,以及品牌企业的技术、销售网络等战略性资产,从 OEM 向 ODM 再向 OBM 升级。广州国光电器股份有限公司通过收购获得"爱浪""威发"和"爱威"等多个音响品牌,实现了在 OEM 基础上向 OBM 升级。广州互太纺织控股有限公司基于全产业链的绿色运作,包括环保采购、节能技术研发、节能清洁生产、资源回收再利用等，降低投入与提升产品附加值，实现升级。以小家电制造起家的广东珠海德豪润达公司，通过打通 LED 制造上、中、下游的全产业链，收购研发或品牌企业，获取 LED 的核心技术和专利、制造能力、品牌与销售渠道等战略性资产，实现了在提升传统小家电的技术含量和附加值的同时，向战略性新兴产业的跨产业升级。与此类似，广东东莞的勤上光电有限公司通过识别机会，迅速对环境变动做出反应，整合资源获取动态能力，在 18 年的发展历程中进行 6 次变革，实现技术、产品、服务、市场四个维度的持续转型升级，现已成为我国乃至全球 LED 照明应用领域的领先企业。因此，本文提出如下命题：

命题 8　新兴经济体企业重构全球价值链导致全球竞争格局发生结构变化。

（三）重构全球价值链的基本理论框架

根据上述文献分析与命题，本文进一步提出新兴经济体企业重构全球价值链的基本理论框架，见图 1。首先基于 GVC 理论、市场失效理论、利害相关者权益理论等理论基础，围绕全球价值链的基本范畴提出命题 1、2 和 3，在此基础上分析了重构全球价值链的三大动因，形成了命题 4、5 和 6，然后结合权变理论提出重构全球价值链的路径选择，即命题 7，最后分析重构全球价值链的效果，提出命题 8。

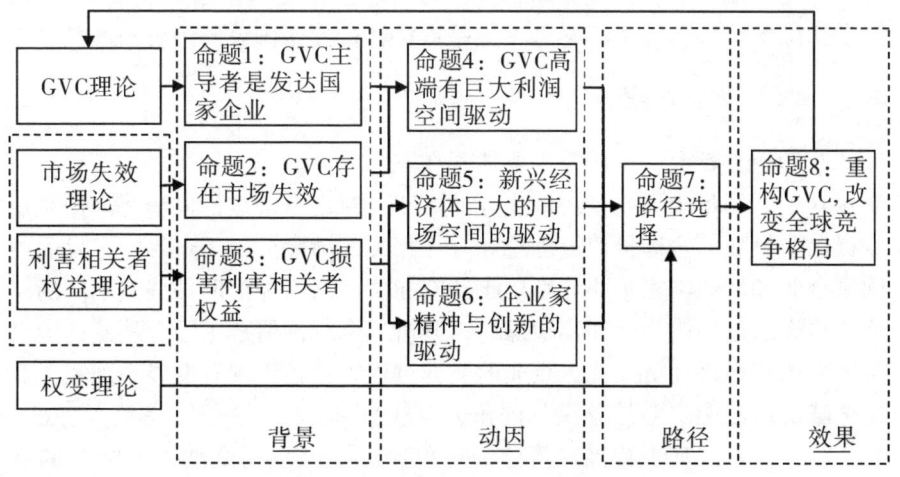

图 1　重构全球价值链的基本理论框架

五、结论与展望

（一）研究结论

本文基于理论探讨与构建，搭建并初步检验了"重构全球价值链"的理论框架，见图1。

首先，全球价值链的主导者存在角色演变过程。本文结合多个新兴经济体企业实践，发现在全球价值链中存在一个从初期由发达国家跨国公司主导，到新兴经济体优秀企业逆袭主导的演变过程。

其次，新兴经济体企业重构全球价值链，存在多种内外部驱动因素，外部驱动因素主要有全球价值链高端存在巨大的利润空间，以及新兴经济体自身巨大的市场空间；内部驱动因素主要有新兴经济体企业的企业家精神与创新驱动。

再次，新兴经济体企业通过多种路径来重构全球价值链，不仅可以从全球价值链低端的生产制造环节延伸到品牌营销、研发设计等高端环节，而且还能提高原本生产制造环节的附加值水平，从而改变全球价值链。

最后，新兴经济体企业重构全球价值链，导致全球竞争格局发生结构变化，体现出三方面的效果：一是立足于全球配置资源，由代工走向全球价值链的高端环节，体现为附加值的提升；二是在国际市场具有话语权，与发达国家跨国公司平起平坐；三是直接替代发达国家跨国公司产品。

（二）理论贡献

在理论贡献上，本研究主要体现在三个方面。

其一，立足于新兴经济体企业的实践，对现有全球价值链等理论和观点提出了挑战。全球价值链理论和与之相关的国际分工观点界定了发展中国家企业和发达国家企业分别处于低附加值、高附加值两种截然不同的环节。本文通过理论构建和实践探讨，分析了全球价值链主导者从发达国家跨国公司到新兴经济体优秀企业的演变过程，打破了现有发展中国家企业在全球价值链中"被俘获说"的角色定位。

其二，首次基于新兴经济体的视角提出了"重构全球价值链"的概念，为企业升级实践搭建了新的理论基础，提供了新的研究视角。企业转型升级实践的背后缺乏深层次的理论基础，本文界定了研究边界，明确重构全球价值链的主体是新兴经济体企业，认为企业从全球价值链低中端向中高端移动，本质上是企业的转型升级行为，是对原有全球价值链的改造和重置，搭建了企业升级实践与全球价值链理论之间的桥梁，这也是对企业升级理论的扩展。

其三，在长期观察、思考和调研的基础上，通过演绎和归纳相结合的方法，初步构建了"重构全球价值链"的理论，对转型升级提供了一个全面的理论解释。当前，国内外对于全球价值链和转型升级问题的研究，主要基于战略选择和路径方法等过程的角度，缺乏对该现象背后深层次理论的探讨，缺乏对新兴经济体企业重构全球价值链、转型升级的动因及效果等深层次问题的分析。本文通过明确概念、确定边界、提出命题、搭建框架，初步构建了"重构全球价值链"的理论体系，为新兴经济体企业重构全球价值链、转型升级提供一个体系化、逻辑性的全面分析框架。

（三）启示与展望

本文对新兴经济体企业来说，具有以下三个方面的实践启示：一是要树立国际分工主导者的意识，通过企业家精神和创新驱动来争取国际市场话语权，实现重构全球价值链；二是选择适合自身情况的路径或路径组合，避免走进盲目追求自有品牌、放弃代工而断了资金链的误区；三是在改变全球竞争格局的过程中，要处理好与发达国家跨国公司的关系，协调兼顾 OEM、ODM、OBM 的业务组合。

本文主要通过实践与理论初步构建分析框架，还需进一步通过案例分析或大样本统计来进行验证结论的可复制性。此外，本研究对新兴经济体企业的微观层面的动态能力、组织学习等维度尚未深入探讨，后续研究将对以上维度进行有益的探讨。

参考文献

[1] 胡钰．创新型城市建设的内涵、经验和途径［J］．中国软科学，2007（4）．

[2] 刘志彪，张杰．全球代工体系下发展中国家俘获型网络的形成、突破与对策：基于 GVC 与 NVC 的比较视角［J］．中国工业经济，

2007（5）.

[3] 毛蕴诗，汪建成. 基于产品升级的自主创新路径研究 [J]. 管理世界，2006（5）.

[4] 毛蕴诗，郑奇志. 基于微笑曲线的企业升级路径选择模型：理论框架的构建与案例研究 [J]. 中山大学学报（社会科学版），2012（3）.

[5] 汪斌，侯茂章. 经济全球化条件下的全球价值链理论研究 [J]. 国际贸易问题，2007（3）.

[6] 王一鸣，王君. 关于提高企业自主创新能力的几个问题 [J]. 中国软科学，2005（7）.

[7] 杨桂菊. 代工企业转型升级：演进路径的理论模型——基于3家本土企业的案例研究 [J]. 管理世界，2010（6）.

[8] 俞海山，杨嵩利. 国际外部性：内涵与外延解析 [J]. 宁波大学学报（人文科学版），2005（5）.

[9] 张纪. 产品内国际分工的内在动因：理论模型与基于中国省际面板数据的实证研究 [J]. 数量经济技术经济研究，2007（12）.

[10] 张向阳，朱有为，孙津. 嵌入全球价值链和产业升级——以苏州和温州两地为例 [J]. 国际贸易问题，2005（4）.

[11] Arndt S. Globalization and the Open Economy [J]. North American Journal of Economics and Finance，1997（8）：71-79.

[12] Beck M, Costa L, Hardman D. Getting Past the Hype: Value Chain Restructuring in the E-Economy [M]. New York: Booz-Allen and Hamilton, 2001.

[13] Bell M, Albu M. Knowledge Systems and Technological Dynamism in Industrial Clusters in Developing Countries [J]. World Development, 1999, 27 (9): 1715-1734.

[14] Cyert R M, March J G.. A Behavioral Theory of the Firm [M]. New Jersey: Englewood Cliffs, 1963.

[15] Ernst D, Kim L. Global Production Networks, Knowledge Diffusion, and Local Capability Formation [J]. Research Policy, 2002, 31 (8): 1417-1429.

[16] Ernst D. Pathways to Innovation in the Global Network Economy: Asian

Upgrading Strategies in the Electronics Industry [M] // East-West Center. Economics Study Area, 2004.

[17] Frederick S, Gereffi G. Upgrading and Restructuring in the Global Apparel Value Chain: Why China and Asia Are Outperforming Mexico and Central America [J]. International Journal of Technological Learning: Innovation and Development, 2011: 67-95.

[18] Gans J S, Stern S. The Product Market and the Market for "Ideas": Commercialization Strategies for Technology Entrepreneurs [J]. Research Policy, 2003, 32 (2): 333-350.

[19] Gefeffi G. International Trade and Industrial Upgrading in the Apparel Commodity Chains [J]. Journal of International Economics, 1999, 48: 37-70.

[20] Gefeffi. A Commodity Chains Framework for Analyzing Global Industries [J]. Working Paper for IDS.

[21] Gereffi G, Korzeniewicz M. Commodity Chains and Global Capitalism [M]. London: Praeger, 1994.

[22] Hoskisson R E, Eden L, Chung M L. Strategy in Emerging Economies [J]. Academy of Management Journal, 2000, 43 (3): 249-267.

[23] Humphrey J, Schmitz H. Governance and Upgrading: Linking Industrial Cluster and Global Value Chain Research [R] // IDS Working Paper 120. Brighton: Institute of Development Studies, 2000.

[24] Humphrey J, Schmitz H. How Does Insertion in Global Value Chains Affect Upgrading in Industrial Clusters? [J]. Regional Studies, 2002, 36 (9): 27-101.

[25] Hymer S H. The International Operations of National Firms: A Study of Direct Foreign Investment [M]. Cambridge, Mass: The MIT Press, 1976.

[26] Kaplinsky R, Morris M. A Handbook for Value Chain Research [R] // Report Prepared for IDRC, 2001.

[27] Kaplinsky R. Export Processing Zones in the Dominican Republic: Transforming Manufactures into Commodities [J]. World Development, 1993, 22 (3): 1851-1865.

［28］Kogut B. Designing Global Strategies：Comparative and Competitive Value-added Chains［J］. Sloan Management Review，1985，26（4）：15－28.

［29］Merton R K. Social Theory and Social Structure［M］. New York：Free Press，1968.

［30］Schmitz H. Local Enterprises in the Global Economy：Issues of Governance and Upgrading［J］. Edward Elgar，2004（6）：37－70.

［31］Shuen T P. Dynamic Capabilities and Strategic Management［J］. Strategic Management Journal，1997（18）：7.

［32］UNCTAD. Global Value Chains and Development［R］. United Nations Publication，2013.

［33］UNIDO. Industrial Development Report 2002/2003：Competing through Innovation and Learning［R］. Vienna，2002.

［34］Wagner D G，Berger J. Do Sociological Theories Grow?［J］. American Journal of Sociology，1985，90（4）：697－728.

［35］Wang Z S，Edward G. Economic Integration Among Taiwan，Hong Kong and China：A Computable General Equilibrium Analysis［J］. Pacific Economic Review，2000，5（2）：229－262.

［36］Winter S G. The Satisfying Principle in Capability Learning［J］. Strategic Management Journal，2000，21（10－11）：981－996.

［37］Work Organization and Restructuring in the Knowledge Society［EB/OL］. WORKS project-Project Number：CIT3－CT－2005－006193，http：//www.worksproject.be.

［原载《中山大学学报》（社会科学版）2016年第2期，与郑奇志合著］

企业升级路径测量量表开发
——基于制造性企业的实证研究

一、引言

改革开放以来,中国制造业的不断发展推动了经济的高速增长。但在国际产业分工背景下,中国许多制造企业依靠劳动力成本优势从事代工生产(OEM)。这些企业以生产劳动密集型产品为主,处于"微笑曲线"底部的制造、组装等低端环节,很多出口产品附加值和技术水平都比较低。据国家发改委宏观经济研究院研究员高梁提供的数据显示,中国工业附加值低,进口一箱 Intel 芯片的价值等于一列车钢材的价值,我国工业平均增加值率为 26%(美国为 45%、英国为 33%、日本为 34%),销售利润率仅为 5%(Intel 的利润率在 30% 以上),中国的经济总体处于全球产业链"微笑曲线"的中低端位置[①]。

全球产业链研发设计、营销服务等高附加值环节大都由跨国公司掌控,我国许多行业和企业的核心技术受制于人,缺乏自主创新,企业利润不断降低。据第三方报告数据显示,2013 年华为、中兴和联想的手机利润率分别仅为 1.2%、-0.3% 和 0.4%,均值不足 0.5%[②]。与此同时,

---

[①] 高梁:《以产业升级转变发展方式》,载《南风窗》2013 年第 19 期。
[②] 冯海超、叶书利:《高通"垄断门"背后:4G 时代的预热站?》,载《每日经济新闻》2014 年 7 月 29 日。

美国高通公司①2014年第三季度财报显示，其净利润为22.4亿美元，净利润率为32%，其中84%的净利润来自授权和专利费②，中国手机企业需要向高通公司支付手机零售价的5%的专利许可费率，对企业造成了极大的成本压力。另据广东东菱凯琴集团国内销售人员分析："95%的利润被那些跨国大卖场赚走了，几美元的产品，到了他们手上就卖到几十美元。"而佳士科技公司的副总经理也表示："在我国售价为100美元的产品，到了印度居然能卖超过300美元。"由此可以看出，品牌采购商掠去了绝大部分的利润，广大OEM企业仅赚取微薄的收益，投入产出比非常不合理。

在新一轮全球经济结构调整中，中国制造业如果不能有效地向产业链的高端移动，则只能继续成为跨国公司的"组装车间"和"加工基地"，仅获取低微的加工收入。一个重要的理论和实际问题是，面对嵌入全球价值链的发展中国家低端制造企业，如何选择合适的企业升级方式和路径来提高产品附加值与竞争力？越来越多的学者和企业关注到企业升级的重要性，并且很多企业也有成功的实践。

笔者研究团队对国内企业调研发现，许多代工企业通过努力都实现了从OEM到ODM再到OBM的升级，如生产电焊机的深圳市佳士科技发展有限公司、生产小家电的（广东顺德）东菱凯琴集团。又如，广东昭信灯具有限公司在从传统家居灯具的OEM到ODM再到OBM的升级过程中，还实现了向新兴的LED行业转型；以小家电制造起家的广东珠海德豪润达公司，在提升传统小家电的技术含量和附加值的同时，通过打通LED

---

① 冯海超、叶书利：《高通"垄断门"背后：4G时代的预热站？》，载《每日经济新闻》2014年7月29日。美国高通公司是全球移动芯片领域的领跑者，在3G乃至4G时代的移动通信技术领域占据绝对核心地位。公司主要通过销售移动设备芯片以及收取技术专利授权费用来获得利润。2013年财年，高通公司营收达243亿美元，其中49%（即120亿美元）来自中国，公司全年净利润68.5亿美元，净利润率达32%。具体来看，其许可业务营收占总收入的30%，但许可业务税前利润却高达88%，为66亿美元，占到高通总利润的近70%。在2013年12月18日举行的2013年中国移动全球合作伙伴大会上，中国移动董事长奚国华曾公开表示，2014年中国移动预计销售超过1亿部TD-LTE终端。即使以每部TD-LTE终端出厂价1000元计算，高通公司按照5%的标准收费，这部分就将新增50亿元专利费用支出。如果加上芯片、服务方面的费用，总计或超过200亿元。

② 康钊：《高通净利润高达32%：超苹果公司》，新浪科技网，http://tech.sina.com.cn/t/2014-07-25/03209515881.shtml。

制造上、中、下游的全产业链,收购研发品牌企业,获取 LED 的核心技术和专利、制造能力、品牌与销售渠道等战略性资产,实现了向战略性新兴产业的跨产业升级。再如,台湾自行车行业通过战略联盟和建立新型竞合关系,经过两次重大调整与转型,实现产业整体升级。近 12 年来,台湾自行车出口平均单价年均增幅达 12.1%,其 2012 年的出口平均单价是大陆的 7.5 倍,是台湾 12 年前的近 4 倍[①]。台湾的"巨大机械股份有限公司"从代工发展到自创品牌,经过几十年的努力培育出全球自行车第一品牌"捷安特"。

同时,还有不少非代工企业也通过各种努力、不同方式实现了转型升级。例如,浙江的万向集团是从乡镇企业成长起来的跨国集团。万向集团在国内市场一直以自主品牌经营,在多年的企业成长中,逐步增长自己的销售实力。在国外市场,万向集团经历了从 OEM 厂商到 OBM 厂商的蜕变。从 1997 年开始,万向集团通过大量国际收购获得销售渠道和多个国际知名品牌,并同步推广自己的"QC"品牌,其产品已覆盖世界 60 多个国家和地区。广州互太纺织控股有限公司基于全产业链的绿色运作,包括环保采购、节能技术研发、节能清洁生产、资源回收再利用等,从而降低投入与提升产品附加值,实现升级。又如深圳大族激光科技股份有限公司通过产品功能替代或功能拓展,进入传统产品市场的同时,又创造许多新的市场,大幅提升产品附加值,也实现了企业升级,目前已发展成为亚洲最大、世界知名的激光加工设备生产厂商。

从国内外有关企业(转型)升级文献的检索表明,国内外对企业转型升级的研究论文数量明显偏少,特别是国外研究论文数量明显少于国内研究。如表 1 所示,在 2002—2013 这 12 年间,国内在 CSSCI 期刊上共有 178 篇论文是以企业转型升级为研究主题,平均每年 14.8 篇;国外在 SSCI 期刊上共有 87 篇论文是以企业转型升级为研究主题,平均每年 7.3 篇。由此可见,从数量上看,关于企业转型升级的研究显然还远不够充分。尽管国内对企业转型升级方式的研究最多,共有 113 篇,而国外仅有 27 篇,但国内外实证研究方面的论文明显偏少,国内仅有 9 篇,而国外仅有 7 篇。这些文献研究表明,对于企业升级方式的研究仍停留在定性的

---

① 根据中经网统计数据库、台湾"经济部贸易局"、台湾地区自行车输出业同业公会的数据整理。

探索阶段,并没有提供企业升级路径的操作化定义。虽然有些学者围绕企业升级方式提出了一些分类或衡量标准(Kaplinsky & Morris,2001;毛蕴诗,2009),但他们并未进一步进行实证研究。迄今为止,仍缺乏一套系统的量表包括升级方式的量表可用于企业升级的研究。

表1 2002—2013 国内、国外企业转型升级论文概览、研究类型、研究内容分布

论文类型 (转型/升级)	国内	国外	论文内容 (转型/升级)	国内	国外
理论	71	15	概念	2	4
实证	9	7	动因	35	28
案例	40	45	方式	113	27
综述	4	2	绩效/衡量	3	6
其他	54	18	其他	25	22
合计	178	87	合计	178	87

资料来源:作者根据对国内外有关企业(转型)升级文献的检索结果整理。

企业升级是一个过程,其升级方式也可理解为升级路径、升级模式,有的研究还将其按不同类别加以区分研究。本研究从转型升级背景下我国大陆和台湾地区企业实践出发,开发企业升级路径的测量量表,包括:①运用扎根理论的一般流程,使用Nvivo 8.0质性分析软件对多行业、多地区的企业管理人员的半结构化访谈材料进行编码和提炼,开发企业升级路径构想的测量量表;②利用企业升级路径测量量表进行预测试和复测试;③通过验证性因子分析对测量量表的信度和效度进行相关检验。最后,归纳总结本文的研究结果,讨论本研究的结论与理论贡献。

二、理论基础

(一)企业升级

Gereffi(1999)最早将升级的概念引入全球价值链(global value chain,GVC)分析模式。他从商业活动视角进行定义,企业升级是一个

企业或经济体迈向更具获利能力的资本和技术密集型经济领域的过程。Poon（2004）也指出，企业升级就是制造商成功地从生产劳动密集型低价值产品向生产更高价值的资本或技术密集型产品这样一种经济角色转移过程。Avdashsheva（2005）将升级解释为旨在改进流程效率、引入新产品或改进现有产品、改变价值生产活动区域范围和转换到新的价值链的行动。YungKai Yang（2006）则从学习的视角，认为升级是指本地企业嵌入生产网络、向国际企业学习以提高在全球生产网络或全球价值链中的地位。

从技术能力的角度，Brach & Kappel（2009）认为，企业升级主要是指技术技能和组织能力的增加，以及企业在全球价值链里的升级。Humphrey & Schmitz（2000）指出，从企业层面来讲，升级是企业通过获得技术能力和市场能力，改善其竞争能力以及从事高附加值的活动，概括来说，企业升级就是企业提高竞争能力与提高产品和服务附加值的过程。同时，升级代表企业创新与提升产品和流程的附加值的能力（Kaplinsky & Readman, 2001; Humphrey & Schmitz, 2002）。

我国学者毛蕴诗和吴瑶（2009）则从经济学角度定义企业升级，指出"企业升级就是企业提高竞争能力和提高产品、服务的附加价值的过程，是产业升级的微观层次"。

虽然现有研究对企业升级存在不同视角的定义，然而，这些定义具有同一内涵，即企业升级的目标是促使企业向价值链高端攀升，攫取最大比例的产品增加值。上述关于企业升级的定义也为升级路径或升级方式的研究提供了出发点。

（二）企业升级路径及其衡量

文献研究表明，有关企业升级路径及其衡量的研究都是以全球价值链为基础，并围绕由简单的委托加工（OEM）到研发设计（ODM），并最终建立自主品牌（OBM）展开。例如，Gereffi（1999）对东亚服装生产企业在全球价值链的升级演化过程的研究就是如此。同时，Gereffi（1999）还从配置角度将升级分为四个层面：①企业内部的升级——从生产低价到高价的商品，从简单到复杂的产品，从小量需求到大量订单；②企业间的升级——从生产标准化的产品到生产个性化的产品；③本土或国家内部升级——从简单的组装到更加复杂的OEM甚至是OBM，在当地或者国内有更多的前向联系或者后向联系；④国际性区域升级——从双边的、非对称的、区域内的贸易到充分的区域间合作，在商品价值链上的各个环节都有充分的劳动合作。

在企业升级研究中较为广泛引用的是 Humphrey & Schmitz（2000）提出的四种升级分类：①过程升级，即通过对生产体系的重组或采用更高的技术，更有效率地将投入转化为产出；②产品升级，即引进先进生产线，更快推出新产品，增加产品附加值；③功能升级，即获取新功能或放弃现存功能，比如从生产环节向设计和营销等环节跨越；④跨产业升级，即将一种产业的知识运用于另一种产业。Kaplinsky 和 Morris（2001）也认可了这四种企业升级类型的划分，并且将其与 OEM 企业的升级过程联系起来，如图1所示。

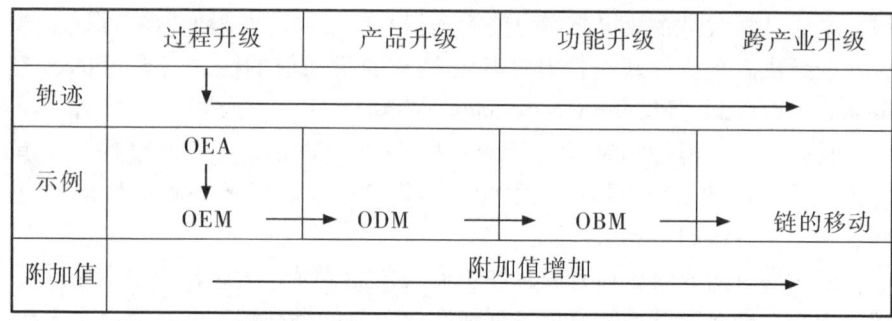

图1　企业升级的过程

资料来源：Kaplinsky R，Morris M. *A Handbook for Value Chain Research*. Research Prepared for the IDRC，2001.

不少学者从技术能力和市场能力的视角对 OEM—ODM—OBM 企业升级路径进行了解释（Amsden，1989；Gereffi，1999；梅丽霞等，2005；朱海静等，2006；毛蕴诗，2007；杨桂菊，2010）。例如，OEM—ODM 是技术路线，而 OEM—OBM 是品牌和市场路线。这种升级路径研究表明，企业在升级过程中从低成本导向转变为创新导向，从资本、技术的积累逐步向价值链的高端环节攀升，最终实现产品和工艺流程升级到功能升级的转换（梅丽霞等，2005）。

聂正安等（2010）认为，企业应该走以工艺和产品创新为基石、从 OEM 初级生产到 OEM 深化的 OEM 阶段内升级路径。也有一些学者认为可以做大 OEM，实现规模经济性，并向配套产业的方向发展（胡军等，2005）。杨桂菊（2006）认为本土代工企业可以通过 OEM 业务的延伸和拓展实现升级。毛蕴诗（2009；2012）借鉴"微笑曲线"和"对偶微笑曲线"工具，从企业所处价值链的附加值和成本的角度，分析了企业升级的多种路径，升级的研究对象由 OEM 企业扩展到一般类型企业。

从上述文献研究来看，现有研究对企业升级路径的内涵探讨不够，并且对企业升级路径的理解过于狭窄，研究对象大多集中在 OEM 企业。现有一些学者（Kaplinsky & Morris, 2001；毛蕴诗，2009）虽然结合升级过程提出了一些实践指标（见表2），但缺乏进一步的实证研究支持。特别是在这一研究领域还没有进行有关企业升级与升级路径测量量表的开发。这在很大程度上限制了企业升级研究的深入开展和理论的总结、提升与形成。本研究将在多行业、多地区的升级企业管理人员的半结构化访谈的基础上，界定企业升级路径的概念，借助 Nvivo 8.0 质性分析软件，运用扎根理论的一般流程，开发企业升级路径构想的测量量表，并通过对大规模调研数据的实证研究来验证多维度的企业升级路径测量量表。

表2　企业升级实践和衡量

升级类型	升级实践（1）		升级衡量（2）
过程升级	价值链环节内	R&D，物流或质量改进；引进新机器	生产效率提高，产品质量提高
	价值链环节间	R&D，供应链管理流程改进和学习，电子商务能力提升	
产品升级	价值链环节内	扩展设计和营销部门，建立或加强跨部门小组进行新产品开发	对旧产品的改进和新产品的快速推出，产品生命周期缩短，产品技术含量增加，产品功能增强，产品单价提高
	价值链环节间	和供应商、客户一起合作共同开发新产品	

(续表2)

升级类型	升级实践（1）		升级衡量（2）
功能升级	价值链环节内	价值链内吸收新的更高附加值价值链的功能，将低附加值活动进行外包	向生产设计和营销等利润丰厚的环节跨越，如 OEM 到 ODM 再到 OBM
	价值链环节间	进入新的附加值较高的活动当中	
跨产业升级	进入新价值链进行生产，在新价值链增加新功能		产品功能增加，产品技术含量增加，产品单价提高

资料来源：

（1）Kaplinsky R, Morris M. *A Handbook for Value Chain Research*. Research Prepared for the IDRC, 2001.

（2）毛蕴诗、吴瑶：《企业升级路径与分析模式研究》，载《中山大学学报》（社会科学版）2009年第1期。

三、企业升级路径的界定及构成维度

（一）研究方法

由于目前没有能够真实反映企业升级实践的相关量表，本研究在量表开发过程中借鉴了扎根理论思想。社会学者Galsser和Strauss在1967年提出扎根理论（Grounded Theory），并被广泛应用于社会科学研究的各个领域。扎根理论的基本研究逻辑是通过搜集数据和资料，并对数据和资料进行编码，不断比较，进行抽象化、概念化的思考和分析，从数据资料中归纳提炼出概念和范畴，并以此为基础构建理论（Strauss, 1987；Charmaz, 2009；贾旭东, 2009），它以质性手段进行研究设计与资料收集，而以量化分析手段进行资料分析。在数据编码的操作上，Strauss & Corbin (1990) 把数据资料的编码分为开放式编码、关联式编码和核心式编码三个不同层次的编码方法。陈向明（1999）对这三种编码进行了概括，她认为开放式编码是将收集的资料打散,赋予概念,然后再以新的方式重新组合起来的操作化过程。关联式编码是发现和建立概念类属之间的各种联系,以表现资料中各个部分之间的有机关联。核心式编码是在所有已发现的概念类属中经过系统的分析以后选择一个"核心类属",分析不断地集中到那些与核心类属有关的码号上面。

如果精确的假设不存在,或精确的假设存在但太过抽象,不好用演绎方法来验证时,最好采用扎根理论研究方法(Martin & Turner,1986)。现有研究对企业升级路径的认识比较抽象,大多围绕 Humphrey 和 Schmitz(2000)提出的四种升级分类而展开,停留在定性阶段,在量化方面难以操作,相关实证研究比较缺乏,在企业实践中也没有得到很好的解释,因此利用扎根理论较为合适。目前有不少学者利用扎根理论思想进行量表开发(魏钧,2008;柯江林等,2009;丁瑛等,2010;单标安等,2013),并证明了这是进行量表开发的有效方法。

本研究思路如下,第一步:进行开放式编码,利用 Nvivo 8.0 质性分析软件对企业管理人员的深度访谈资料进行开放式编码分析;第二步:对开放式编码进行分类和总结,进行关联式编码;第三步:根据关联式编码,提炼企业升级路径的维度,明确各维度的概念和内涵,并参照原始资料和开放式编码,进一步提炼出各维度测量题项。

(二) 编码及初步量表

本研究对中国大陆、中国台湾地区开展企业升级实践的企业管理人员进行半结构化访谈,每次访谈前设计好访谈大纲,访谈中均有录音,随后把访谈录音整理成文本材料,使用 Nvivo 8.0 质性分析软件进行编码处理,提炼题项,形成初步的企业升级路径测量量表。

在正式的访谈前,本研究在文献研究基础上,确定以下访谈内容:①公司如何获取技术能力和市场能力以从事高附加值的活动?②公司如何提升在价值链中的位置?③哪些因素有利于或不利于企业升级?请举事例说明,等等。

本研究的访谈对象以"目的性抽样"为原则,即选取能够为本研究提供最大信息量的研究对象(Patton,1990)。笔者于 2013 年 1 月 15 日—2013 年 1 月 21 日,对台湾的一些有代表性的企业和协会的管理人员进行了半结构化访谈,之所以选择中国台湾地区是因为中国台湾地区比大陆地区更早进行工业化，进行产业升级的时间也早于中国大陆，积累了丰富的实践经验，如台湾巨大机械（Giant）股份有限公司以OEM起家并成长为国际知名品牌，是企业升级的典范。访谈对象包括台湾电路板协会（TPCA）3人、台湾阿托科技公司1人、台湾丽登纺织厂2人、台湾FOX企业1人、巨大机械股份有限公司2人、台湾高雄美浓区农会1人，以了解企业进行企业升级的详细过程。每例访谈大约持续2～3个小时，访谈都是在公司现场进行，并通过随后的电话沟通和电子邮件进一步确认和获取更多信息。另外，笔者于2006—2011年对珠三角的一些企业进行了调研和访谈，包括东菱凯琴、佳士科技、龙昌玩具、哈一代玩具、广州互太纺织印染有限公司、台升国际集团，积累了丰富的访谈资料；也于2013年3月5日—2013年3月26日对这些企业通过电话和电子邮件进行了回访和联系，以丰富访谈资料。从受访企业所在行业分布来看，主要涉及化工、纺织、家电、自行车、玩具、家具、焊接等行业，访谈企业的特征如表3所示，具体访谈情况见附录1。

表3 访谈企业的基本情况

企业名称	企业类型	主营行业	企业规模	成立时间	企业情况介绍
巨大（Giant）机械股份有限公司	民营企业	自行车制造	大型	1972	以OEM起家，在1981年自创品牌，产品销售到50多个国家，共有12000多家销售据点，2012年销售收入为535亿新台币
台湾FOX企业	外资企业	自行车零部件	中型	—	提供自行车前叉等零部件生产及服务
台南丽登纺织厂	民营企业	纺织	中型	2001	生产运动休闲的布料
台湾电路板协会（TPCA）	行业组织	服务部门	小型	1998	增进成员企业共同利益，提高整体对外竞争力
台湾阿托科技公司	外资企业	化工	中型	1994	为众多产业提供表面处理流程技术、化学品、设备和服务

(续表3)

企业名称	企业类型	主营行业	企业规模	成立时间	企业情况介绍
台湾高雄美浓区农会	行业组织	服务部门	小型	1920	提供农业金融、营销、社区服务
广州互太纺织印染有限公司	民营企业	纺织	大型	1997	中国对外贸易50强，2010年营业收入45.65亿元人民币，职工近6000人
台升国际集团	民营企业	家具制造	大型	1995	公司最初为美国的客户做OEM，生产家具配套及小巧家具组件，其后业务扩展至品牌家具市场
东菱凯琴	民营企业	小家电	大型	1998	生产电热水壶等西式小家电和洗衣机等大家电，成长以ODM为主导
佳士科技	外资企业	焊接	中型	1993	立足逆变焊机的生产和研发，成长以OBM为主导
龙昌玩具	民营企业	玩具	大型	1994	主营交通类玩具，2002年开始OBM业务
哈一代玩具	民营企业	玩具	中型	1999	主营毛绒玩具，坚持自主品牌

1. 编码分析

郭玉霞（2009）认为，把扎根理论研究的一般流程和Nvivo 8.0质性分析流程进行比较，可以发现在Nvivo 8.0中将原始资料编码成自由节点的步骤属于开放式编码阶段，在这阶段主要形成初步的范畴；将自由节点归类到树节点中属于关联式编码阶段，在这阶段要归类出适当的范畴，并形成范畴间的连接。结合Strauss & Corbin（1990）、陈向明（1999）和郭玉霞的方法，本研究首先将访谈资料导入Nvivo 8.0质性分析软件中，首先把原始资料编码成自由节点，然后再对相似或相同的自由节点进行合并，建立树节点。

自由节点——开放式编码阶段。根据访谈的文本资料进行逐一编码分析，尽量用能够反映行动的词语来编码，并与之前的编码不断进行对比。为保证开放式编码的信度，访谈资料由本文两位作者分别进行编码，待所有文本编码完毕后，再进行核对。如有存在类属不清晰的编码，两位研究者根据相关文献讨论决定。在这步分析中，以开放的心态对每位管理人员的访谈进行文本分析和编码处理，直到访谈资料已经完全提炼不出新的编码，即达到"理论饱和"状态时不再编码，初步产生 328 个编码。

树节点——关联式编码阶段。本研究对出现最频繁的初级编码进行归类，并反复回到原始文本材料，不断对比和分析材料与开放式编码，形成相应的关联式编码，最终从开放式编码中的 328 个编码中提炼出 12 个范畴，参照毛蕴诗（2012）的研究成果，分别命名为产品升级（CU）、功能升级（FU）、跨产业升级（SP）、替代跨国公司产品（SI）、"分拆重组、OEM、ODM、OBM 方式并存"（FC）、突破关键部件壁垒（TC）、加大对生产服务投入（PS）、降低成本（RC）、"低碳运作、提升环保标准"（LC）、收购 OBM 企业品牌（MB）、形成战略联盟和新型竞合关系（SA）、流程升级（PU）。限于篇幅，具体开放式编码及其举例如表 4 所示，关联式编码如表 5 所示。

表 4　开放式编码及其典型编码示例

开放式编码	开放式编码示例
拓展产品线；扩大产品应用领域；拓展产品功能；加快新产品开发速度	我们已开发出许多满足不同法规要求如 ELV、WEEE/RoHS、REACH 等的产品（AT-H）；不断开发新产品，订定新产品销售额必须占每年总营业额的 1/4 以上，以丰富产品线，开拓市场新领域（AT-H）；研制出超细纤维、多种纤属纤维、加香、抗菌、排汗、防紫外线等新型纺织面料，满足世界范围内的中高档品牌服装市场对面料的需求，国际市场占有率达 5%（HT-R）；研发人员必须创新，每年都推出新产品，每年推出 300 多个不同车种，不包括不同尺寸和颜色（JD-X）；以前一个样品可以做 2 周，量很大、种类不多，但现在一天可以做十几样产品（JD-X）

(续表4)

开放式编码	开放式编码示例
加强研发设计；创立自有品牌；扩大研发和市场部门；自建营销渠道	现在是采用ODM的生产方式，我们有很强的研发能力，只要告诉我们希望产品长什么样子，需要具备什么功能，我们的人就能画出设计图，再与客户确认是否可行（JD-X）；相对于IT产业，我们有比较大的优势是：已经有70%自有品牌销售额，剩余30%的OEM，有最好，没有也不会让我们没法生存，因此可以选择客户（JD-X）；并购环美家具以后，我们把它的制造部门关掉了，只留下销售和研发的部分，并将这些部分转移到公司（TS-Q）
企业原有的技术应用于新的业务领域；电子产品与传统玩具进行结合	阿托科技公司以其在封装载版设备制作的多年经验，成功复制到半导体领域（AT-H）；农会从卖生鲜的部分开始慢慢地转型，后来也做加工，另外要从传统农业跨足到旅游（MN-Z）；将传统玩具与电子产品融合生产电子玩具（LC-D）
在国内市场以低端产品替代进口商品，然后替代中端产品、高端产品	我们台湾这个产业一直不断地发展，从引进、模仿技术，逐步实现技术、产品升级，并开始打败欧洲、取代美国、超越日本，所以现在是名副其实的第一（TPCA-H）；台湾占有笔记本电脑最大的市场份额，现在也是有效替代进口电脑，10台里有6、7台都是我们做的（TPCA-L）
将附加值低的活动进行外包；转向高附加值环节的创新产品供应	你的产能负荷不了的话，就要让外包厂来做，比如比较困难的东西，我就放在我厂内做，比较大宗、比较容易做的就给外包厂做（LD-L）；我们有部分产品是用机器雕刻的，但是机器雕刻的纹路比较浅，变化比较少，因此雕刻大部分都是外包的（TS-S）
保证关键零部件的供应；突破关键技术和材料的研发	首次针对半导体产业发表的制程设备，突破传统晶元电镀思维，直接开发应用于晶元双面电镀的系统，包含完整的硬体制程系统及药业，并引起Intel等国内外大厂的青睐（AT-H）；碳纤维也是独到的，1985年开始研发碳纤维。公路竞赛车，轻薄短小，让车架尽量简洁，让人在上面踩动的每一个力量得到最大的发挥（JD-T）

(续表4)

开放式编码	开放式编码示例
从产品提供商向产品和服务集成商转变；增加了在生产服务如物流、售后服务等方面的投入	在专业领域累积了数十年的生产经验，以及专业的工程师技术团队，提高现场服务的质量，确保客户的制程与产品保持在最佳状态（AT-H）；生产及后勤补给系统以最快速度进行，准时将产品交到顾客手中，让顾客无后顾之忧（AT-H）；业务模式因全面的物流体系和交货能力进一步提升，可以灵活处理货运，将不同家具系列混合装船交付客户（TS-Q）
物流成本等都在不断下降；生产投入和消耗在不断下降	让油漆供货商直接把管道接到家具厂，可节省5%的采购成本（TS-Q）；因为我们在北美采购时采用的是回头柜的方法，我们家具出口到美国一直都是出口量超过进口量的，所以集装箱的柜子都是多出来的，回来的空柜子我们就装木材，这样比较节约运费（TS-S）；新型的内层黑氧化替代制程，不仅改善机组之清理工作及简化制程管制，以节能减耗方式降低操作成本，可有效降低废水排放量达45%（AT-H）
改进环保技术和设备，积极参与国际环保认证；开发环保产品和服务	通过环保采购、前期检测确保原材料绿色环保，并且主动将产品交给国际级的公正机构进行测试，检测结果完全符合欧盟生态纺织品的要求（HT-Z）；了解世界各地的环保标准及趋势，提供客户绿色的环保产品（AT-H）；产品通过了国际Oeko-Tex Standard 100 生态纺织产品认证，2008年又通过了瑞士GOTS有机棉产品认证（HT-M）
收购国际品牌企业；获得需要的品牌和核心技术	"台升"在美国全资买了4个品牌，去年还买下美国最大的经销商FBI 17%的股权，成为其比较大的股东（TS-S）；我们从OEM到ODM也没有太大的障碍，从ODM到OBM的过程中我们通过购并的方式取得一些关键的资源（TS-Q）

(续表4)

开放式编码	开放式编码示例
联盟内成员内部管理不断规范；联盟内成员信息交换电子化和自动化；建设联盟内企业专用服务中心，促进企业间知识分享	供应商亦希望被阿托科技公司认证认可，符合汽车环保生产标准制程，从而成为车厂的供应链（AT－H）；企业竞争会带来"红海"，最后会杀价杀到没有利润，但是如果有合作的话，就可能走向"蓝海"，"蓝海"就是大家有一个永续发展的机制（TPCA－H）；收集全球各协会的资料，进行一个跨协会的合作，例如举办世界电子电路大会、研讨会等（TPCA－C）；产业分业分工，分得很细。我们做车架、前叉/后叉，价值占40%。其他零组件，有些是我们和配套厂一起研发，有些是买现成的。每个厂商做自己专业的部分，这样才有效率。我们避震器做不过Fox，变速器用日本的Shimano，轮胎是用正新（台湾）、建大（台湾）的。如果我们要自己做轮胎，那么技术没有他们那么强，也没有规模经济，价格也不会比他们低（JD－X）
改进质量管理；引进新的设备和生产线；优化工艺流程，提升作业流程效率	在生产环节，对作业程序、效能进行改进，提高资源回收再利用。按照ISO9001品质管理系统、IEC/ISO 17025实验室认证等的要求，对生产和研发的设备、流程进行改造（AT－H）；设备自动化程度高，染整一次成功率远领先于同行，每公斤布所耗用的水及能源只有同业一半（HT－Z）；别人可能生产流程要30天，我们用20天就可以搞定了（TS－Q）

注：括号中的字母表示访谈资料来源，开始字母表示访谈企业名称，后面字母表示访谈对象。如"AT－H"中，"AT"表示台湾阿托科技公司，"H"表示该公司的黄盛朗总经理，其他类同。

表5 关联式编码过程

关联式编码	概述	开放式编码	自由节点数目
产品升级	企业通过不断完善、更新产品，引进先进生产线，快速推出新产品，增加产品附加值，扩大市场的覆盖面	拓展产品线，扩大产品应用领域，拓展产品功能，新产品开发速度加快，不断满足客户需求	40

(续表5)

关联式编码	概述	开放式编码	自由节点数目
功能升级	分离旧有的低附加值环节,向价值链上高附加值环节纵向延伸,企业凭借拥有的核心能力如研发、设计和营销等占据价值链关键环节,获取最大比例的产品增加值	加强研发设计;创立自有品牌,扩大研发和市场部门,自建营销渠道,与经销商紧密合作拓展市场,对竞争者的产品进行逆向工程,在开发新产品的时候参考供应商或者客户的意见	38
跨产业升级	把一个产业中获得的能力应用到另一个新的产业,从一条产业链跨越到一条新的、价值高的相关产业的产业链	从销售农业产品转入深加工,电子产品与传统玩具进行结合,进入新的业务领域,企业原有的技术应用于新的业务领域,企业的产品融合了多个行业的特征	16
替代跨国公司产品	企业先模仿进口商品和跨国公司在华生产的产品,并吸收先进技术,进行创新性研发,实现替代跨国公司产品	在国内市场以低端产品替代进口商品,然后替代中端产品、高端产品	18
分拆重组,OEM、ODM、OBM 方式并存	将不同的业务分拆重组,如分拆为 ODM/OBM 企业和 OEM 企业,并设立专门机构进行管理,推动升级	将附加值低的活动进行外包,集中自身资源生产技术领先的产品,转向高附加值环节的创新产品供应	15
突破关键部件壁垒	掌握核心技术与关键零部件制造,以获取和保持超额利润	保证关键零部件的供应,降低风险;突破关键技术和材料的研发	19

（续表5）

关联式编码	概述	开放式编码	自由节点数目
加大对生产服务投入	从传统营销向生产服务进行延伸，加大投入，提升附加值	由提供产品向客户解决方案转变，增加在生产服务如物流、售后服务等方面的投入，从产品提供商向产品和服务集成商转变，提高产品竞争力	22
降低成本	企业投入产出比率和生产效率的提高，注重降低成本（特别是制造环节的成本）以达到附加值提高的目标	生产投入和消耗在不断下降，相关的成本如采购成本、物流成本和管理成本等都在不断下降	28
低碳运作、提升环保标准	通过开发绿色技术和产品、投入及研发节能技术和设备、绿色工艺流程改造、提升国际环保标准认证等提升产品价值，实现附加值增加	重视环保材料的运用，企业不断改进环保技术和设备，积极参与国际环保认证，开发环保产品和服务，注重资源回收再利用	41
收购OBM企业品牌	克服缺乏自主品牌和技术实力相对弱后的劣势，通过某些产业或技术领域并购，获取战略性资产，实现企业跨越式升级	收购国际品牌企业，关闭制造部门，保留销售和研发；获得需要的品牌和核心技术	16
形成战略联盟和新型竞合关系	为战略联盟内企业搭建竞合平台，引起主要成员企业在微观层面升级，推动企业、产业的技术创新和自主创新，进而带动产业集群从全球价值链的低端向高端转移	联盟内成员内部管理不断规范，联盟内成员信息交换电子化和自动化，建设联盟内企业专用服务中心，促进企业间知识分享	42

(续表5)

关联式编码	概述	开放式编码	自由节点数目
流程升级	通过对生产体系的重组,更有效率地将投入转化为产出,企业对生产过程进行优化,加强供应链和质量管理	提升物流管理能力,改进质量管理,引进新的设备和生产线,优化工艺流程,提升作业流程效率,引入新的管理信息系统	33

2. 形成初步量表

根据编码的条目所反映的内涵,本研究把企业升级路径定义为:企业(家)根据自身资源、能力和环境变化的判断而进行的企业升级战略选择之后的具体化行为。这一定义主要包括以下两个含义:①该定义考虑了企业升级路径受到内部企业资源与能力、外部环境变化两个方面因素的影响;②强调企业升级是有目的的企业战略行为并有具体化的措施。

本研究的关联式编码对企业升级的路径有较好的分析和分类。本研究根据相应的开放式编码和原始访谈文本材料进行具体的条目化,形成相应的题项。其中,产品升级、功能升级、流程升级、跨产业升级的部分指标参照 Kaplinsky & Morris (2001)、毛蕴诗 (2009) 的相关衡量指标进行了修正,生成了初步的测量量表。随后,我们把初步测量量表给2名企业高层管理人员、3名研究企业升级的专家(1名企业管理教授、2名企业管理副教授)、1名企业管理专业博士研究生进行专家小组讨论。这有助于理解企业升级路径的概念,从企业层面和理论层面提炼出的企业升级语句最大限度地保证了测量量表的准确性,并删除语义不明确的条目,尽量使语句简洁易懂,最后形成正式问卷,共有12个维度,包含44个题项,各题项如表6所示。

表6 量表初始测量题项

升级路径	代码	题项	
产品升级（CU）	CU1	公司的产品线不断完善	*
	CU2	公司的客户范围不断扩大	
	CU3	公司的产品应用领域不断扩大	
	CU4	客户的需求不断被开发	
功能升级（FU）	FU1	公司扩大了研发和市场部门	*
	FU2	产品研发所应用的技术不断增多	*
	FU3	通过专门的职能部门，推出和加强了新产品的开发	*
	FU4	与供应商或者客户协同开发新产品	*
替代跨国公司产品（SI）	SI1	公司模仿并替代了跨国公司的进口商品	
	SI2	公司模仿并替代了跨国公司在华生产的产品	
	SI3	公司模仿并替代了跨国公司海外市场销售的产品	
分拆重组，OEM/ODM/OBM方式并存（FC）	FC1	公司建立（或收购）了其他价值活动中的有更高附加值的职能部门	*
	FC2	公司将低附加值的活动外包	*
	FC3	公司逐步退出现有的价值活动，转向产业中附加值更高的环节	*
突破关键部件壁垒（TC）	TC1	公司已经突破了关键零部件的研究开发	
	TC2	公司已经突破了关键零部件的生产制造	
	TC3	公司已经实现了关键零部件的市场销售	
加大对生产服务投入（PS）	PS1	公司增加了在生产服务（如物流、售后服务）方面的投入	
	PS2	生产服务（如物流、售后服务）提高了公司产品的竞争力	
	PS3	生产服务（如物流、售后服务）对公司的贡献不断提高	
跨产业升级（SP）	SP1	公司进入了新的业务领域（或行业）	*
	SP2	公司不断将原有技术应用于新的业务领域（或行业）	*
	SP3	公司产品融合了多个产业（如制造业与服务业、文化产业）的元素	*

（续表6）

升级路径	代码	题项	
降低成本（RC）	RC1	公司的生产投入和消耗在不断下降	
	RC2	公司的采购成本在不断下降	
	RC3	公司的物流成本在不断下降	
	RC4	公司的管理成本在不断下降	
低碳运作、提升环保标准（LC）	LC1	公司不断改进环保技术和设备	
	LC2	公司采购重视环保材料	
	LC3	公司积极参与国际环保认证	
	LC4	公司开发了很多环保产品和服务	
收购OBM企业品牌（MB）	MB1	公司收购了国际品牌企业	*
	MB2	公司收购了具有研发或者设计能力的企业	*
	MB3	公司收购了营销渠道广阔的企业	*
战略联盟和新型竞合关系（SA）	SA1	公司与战略合作伙伴协同升级	
	SA2	公司与产业集群/联盟内的配套企业（如上下游）协同升级	
	SA3	公司与产业集群/联盟内的竞争对手协同升级	△
	SA4	公司所在的行业组织或者战略联盟实现了协同开发产品	
	SA5	公司所在的行业组织或者战略联盟实现了协同营销	
	SA6	公司所在的行业组织或者战略联盟实现了协同管理	△
流程升级（PU）	PU1	公司引进了新的设备	
	PU2	公司加强了供应链的学习和管理	
	PU3	公司有效地引入新的管理信息系统或电子商务	
	PU4	公司的物流和质量管理不断改进	

注：表中带 * 的题项为在后文预测试中因为因子负载不足 0.5（CU_1、FU_1、FU_2、FU_3、SP_1）以及跨载荷超过 0.4（FU_4、FC_1、FC_2、FC_3、SP_2、SP_3、MB_1、MB_2、MB_3）而删除的题项，带 △ 的题项为在验证性因子分析中因显示出很弱的确认性而被剔除的题项（SA_3、SA_6）。

四、企业升级路径测量量表的预测试

本研究首先进行了小规模的初测,以删除一些项目鉴别度较低的条目。2013年4月15日—5月5日,本研究在第113届中国进出口商品交易会(简称为"广交会")对一些企业进行了问卷调查,采用Likert式7分量表评价法,答案为"非常不符合"到"非常符合"。本次调查共发放问卷200份,回收问卷121份,回收率60.5%,有效问卷112份,问卷有效率56%。

从受访企业的所在地分布来看,广东占21.4%,浙江占33.9%,江苏占9.8%,福建占7.1%,山东占4.5%,上海占4.5%,其他省份占18.8%。企业在成立之初有企业品牌的占48.6%,成立之初无品牌的占51.4%。从受访企业的产权来看,民营企业占84.3%,国有企业占5.6%,外资企业占6.5%,其他占3.6%。从成立时间来看,成立10年以内的占40.6%,11~20年的占43.8%,20年以上的占15.6%。从行业分布来看,纺织服装、鞋帽类行业占50.6%,日用消费品占11.2%,办公箱包及休闲用品类占11.2%,其他占27%。从企业员工数量来看,员工数小于100的企业占38.2%,100~300个员工的企业占27.5%,300~500个员工的企业占11.8%,员工超过500个的企业占22.5%。从企业2011年总资产来看,小于1000万元的占35.5%,1000万~5000万元的占23.7%,5000万~1亿元的占17.1%,1亿~5亿元的企业占11.9%,5亿元以上的占11.8%。从2011年的销售额来看,小于1000万元的占26.0%,1000万~5000万元的占28.8%,5000万~1亿元的企业占20.5%,1亿~5亿元的企业占12.4%,超过5亿元的占12.3%。

(一)探索性因子分析

本研究对所收集的样本采用SPSS 16.0软件进行统计分析。探索性因子分析采用主成分分析法,因子旋转采用最大正交旋转法。检验企业升级路径44题项的基本结构,对样本的KMO值和Bartlett测试结果显示,预测试样本数据适合做因子分析（KMO = 0.869,χ^2 = 4287.536,df = 946,p = 0.000)。经过多次探索性因子分析,删除因子负载不足0.5(CU_1、

FU_1、FU_2、FU_3、SP_1）以及跨载荷超过 0.4（FU_4、FC_1、FC_2、FC_3、SP_2、SP_3、MB_1、MB_2、MB_3）的项目，分别删除 5 项和 9 项后，得到收敛效度与区分效度良好的包含 30 个题项的因子结构，删除后量表维度和题项如表 6 未标 * 题项所示。30 个题项的 KMO 值为 0.886，大于 0.5 的标准，Bartlett 球形检验的 χ^2 值为 2805.687（自由度为 435），$P < 0.000$ 达到显著水平，适合进行因子分析。

在正交旋转后，本研究共提取 8 个特征值大于 1 的因子，累计解释方差变动为 81.752%。每个题项负载到原先指定的路径上，题项在单一因子上的负载在 0.500~0.879 之间，均大于最低标准 0.50，这表示该量表具有良好的收敛效度。各因子负载如表 7 所示。

表 7 探索性因子分析结果

升级	代码	因子								Cronbach's α 系数
		1	2	3	4	5	6	7	8	
CU	CU2 CU3 CU4	0.836 0.784 0.781								0.830
SI	SI1 SI2 SI3		0.773 0.834 0.809							0.935
TC	TC1 TC2 TC3			0.622 0.600 0.500						0.892
PS	PS1 PS2 PS3				0.837 0.805 0.790					0.873
RC	RC1 RC2 RC3 RC4					0.809 0.860 0.847 0.869				0.933

(续表7)

升级	代码	因子								Cronbach's α 系数
		1	2	3	4	5	6	7	8	
LC	LC1						0.725			0.902
	LC2						0.784			
	LC3						0.794			
	LC4						0.755			
SA	SA1							0.826		0.967
	SA2							0.833		
	SA3							0.852		
	SA4							0.863		
	SA5							0.879		
	SA6							0.868		
PU	PU1								0.587	0.872
	PU2								0.689	
	PU3								0.843	
	PU4								0.835	

(二) 内部一致性信度分析

本研究从 Cronbach's α 系数分析来评价企业升级路径量表的内部一致性。预测试的企业升级路径各维度的 Cronbach's α 系数在 0.830～0.967 之间，都超过可接受的水平 0.70，经过净化以后，问卷具有良好的内部一致性信度。

五、企业升级路径测量量表的复测及效度检验

预测试样本的数量较少且都是参加广交会的参展厂商，验证性因子分析（CFA）将增强样本的代表性。为了进一步检验企业升级测量量表的效度，本研究针对制造性企业进行了第二次调查。问卷用表6未标注 * 的 30 个题项，采用 Likert 式 7 分量表，请应答者回答企业所选择的升级路

径,在1"非常不符合"到7"非常符合"之间进行选择。为提高问卷回收率,2013年6月至2013年10月,问卷通过两个途径进行发放和回收,研究要求企业高层管理者或对企业熟悉的中层管理者填写问卷。第一途径通过向中山大学企业与市场研究中心企业数据库中的制造性企业发放,共发放问卷220份,回收问卷146份,剔除无效问卷12份,有效问卷134份;第二途径通过广东广州、中山等地的经济管理部门向珠三角制造性企业发放180份问卷,回收问卷117份,剔除无效问卷14份,有效问卷103份。

本次复测调查共发出问卷400份,回收263份,有效问卷237份,回收率65.75%,有效率59.25%。样本主要来自珠三角的企业,样本企业情况如表8所示。

表8 样本概况

企业所在地	百分比	企业产权性质	百分比
广州	45.6%	民营企业	66.2%
中山	47.3%	国有企业	4.7%
深圳	2.5%	外资企业	24.0%
其他	4.6%	其他	5.1%
企业成立之初有无企业品牌	百分比	企业总资产	百分比
有	49.1%	<1000万	24.9%
无	50.9%	1000万~3000万元	21.9%
企业成立时间	百分比	3000万~5000万元	11.9%
1~10年	31.2%	5000万~1亿元	11.4%
11~20年	45.9%	1亿~5亿元	15.5%
20年以上	22.9%	>5亿元	14.4%
企业销售额(2011年)	百分比	企业行业分布	百分比
<1000万元	17.9%	日用消费品	28.0%
1000万~5000万元	19.9%	家用电器	19.6%
5000万~1亿元	17.9%	家居家具	9.8%

(续表8)

1亿~5亿元	27.4%	纺织服装、鞋帽类	12.4%
>5亿元	16.9%	办公箱包及休闲用品类	10.7%
企业员工	百分比	医疗保健	6.7%
<250人	58.0%	机械制造	7.1%
250~1000人	29.4%	建筑材料	8.0%
>1000人	12.6%	电子	10.2%
		其他行业	4.0%

在进行验证性因子分析时，使用表6中保留的30个题项，根据验证性因子分析结果，题项SA_3和SA_6因显示出很弱的确认性而被剔除（见表6标△所示）。进一步的研究以修正后的28个题项为观测变量、8个因子为潜变量构造路径模型并进行收敛效度和区别效度分析。

（一）无回应偏差检验

本研究使用了两部分来源不同的样本。根据Armstrong和Overton（1977）以及Lambert和Harrington（1990）的研究，对两组样本进行了无回应偏差检验。按独立样本T检验对两组样本的企业总资产、企业销售额、企业员工数等客观题项检验表明，两组样本没有显著差异，表明数据不存在此类偏差。

（二）数据同源偏差检验

为减少单一受访者所带来的共同方法偏差，本研究设计的问卷采用匿名调查，并告知受访者调研数据只用于学术研究，并对调查结果严格保密，以减少社会期望偏差。同时遵循相关研究的建议，通过Harman单因素检验来分析共同方法偏差的严重程度。在本研究中，问卷所有条目一起做因子分析，在未旋转时得到的第一个主成分占到的载荷量是46.127%，并没有占到多数，这表明同源偏差并不严重。

（三）收敛效度分析

收敛效度主要通过标准化负荷系数、组成信度和平均方差提取量

（AVE）来评价①。本研究采用 Anderson 和 Gerbing 的方法，使用验证性因子分析的方法对企业升级路径测量量表的收敛效度进行检验，分析结果如表 9 所示。

表 9 收敛效度分析结果

潜变量名称	测量题项	标准化因子负荷	T 值	信度	标准化误差项	组成信度	平均方差提取量
CU	CU2	0.792	26.634	0.627	0.373	0.885	0.721
	CU3	0.867	38.259	0.752	0.248		
	CU4	0.885	41.087	0.783	0.217		
SI	SI1	0.911	64.143	0.830	0.170	0.946	0.853
	SI2	0.959	94.810	0.920	0.080		
	SI3	0.900	59.861	0.810	0.190		
TC	TC1	0.958	116.100	0.918	0.082	0.959	0.885
	TC2	0.959	118.305	0.920	0.080		
	TC3	0.905	66.159	0.819	0.181		
PS	PS1	0.927	86.380	0.859	0.141	0.960	0.890
	PS2	0.982	157.368	0.964	0.036		
	PS3	0.920	81.957	0.846	0.154		
RC	RC1	0.711	20.568	0.506	0.494	0.925	0.758
	RC2	0.945	92.565	0.893	0.107		
	RC3	0.965	109.637	0.931	0.069		
	RC4	0.838	39.372	0.702	0.298		

---

① Fornell 和 Larcker（1981）就收敛效度提出了 3 项标准判断：所有标准化因子负载（factor loading）要大于 0.5 且达到显著水平（$p<0.05$ 或者 $P<0.01$）、组合信度系数（composite reliability，简称 CR）要大于 0.8、平均方差提取量（average variance extracted，简称 AVE）要大于 0.5 进行评价。

(续表9)

潜变量名称	测量题项	标准化因子负荷	T值	信度	标准化误差项	组成信度	平均方差提取量
LC	LC1	0.874	45.170	0.764	0.236	0.921	0.744
	LC2	0.909	57.487	0.826	0.174		
	LC3	0.855	39.924	0.731	0.269		
	LC4	0.809	30.556	0.654	0.346		
SA	SA1	0.805	26.160	0.648	0.352	0.912	0.721
	SA2	0.789	24.359	0.623	0.377		
	SA4	0.924	51.647	0.854	0.146		
	SA5	0.872	40.514	0.760	0.240		
PU	PU1	0.762	24.755	0.581	0.419	0.917	0.736
	PU2	0.857	41.085	0.734	0.266		
	PU3	0.891	51.837	0.794	0.206		
	PU4	0.913	60.088	0.834	0.166		

如表9所示，每个题项的标准化系数处于0.711～0.982之间，都明显高于建议的最低临界值0.50，而且在 $P<0.001$ 的条件下都具有较强的统计显著性；平均方差提取量（AVE）介于0.721～0.890之间，满足0.5最低标准值的要求；企业升级路径8个维度的组合信度介于0.885～0.960之间，大于0.6[①]。综合以上分析，本研究中企业升级路径8个维度的收敛效度都很高。

另外，本研究还利用 Mplus 5.0 对模型的各项拟合度指标进行了检验。测量模型的 NFI 为0.917，CFI 为0.929，都超出0.90的标准；本研究 RMSEA 为0.08[②]，SRMR 为0.049，小于0.08，这些分析结果表明，本研究的验证性因子分析模型与数据的拟合程度良好。

[①] 吴明隆（2010）认为若是潜在变量的组合信度值在0.60以上，表示模型的内在质量理想。
[②] 当 RMSEA 在0.05～0.08时，显示模型合理拟合（Browne & Cudeck, 1993；MacCallum, Browne & Sugawara, 1996；Byrne, 1998）。

（四）区别效度分析

本研究采用 Fomell 和 Larcker 推荐的方法来判定两个概念间是否具有较好的区别效度[①]。在表 10 中，对角线上的数字为企业升级路径每一维度的 AVE 值的平方根，其他数字为各维度间的相关系数。可以看出，企业升级路径各维度 AVE 值的平方根在 0.849～0.943 之间，而相关系数的值在 0.225～0.750 之间，每一维度 AVE 值的平方根都大于任何两个维度之间的相关系数，表明企业升级路径的各维度具有较好的区别效度。

表 10　区别效度分析结果

潜变量	CU	SI	TC	PS	RC	LC	SA	PU
CU	0.849							
SI	0.361	0.924						
TC	0.535	0.497	0.941					
PS	0.559	0.431	0.546	0.943				
RC	0.286	0.425	0.506	0.426	0.871			
LC	0.703	0.342	0.604	0.558	0.400	0.863		
SA	0.471	0.487	0.594	0.502	0.548	0.590	0.849	
PU	0.633	0.225	0.522	0.590	0.296	0.750	0.506	0.858

注：对角线上数据为各企业升级路径维度的 AVE 值的平方根，下三角数据为各企业升级路径维度间的两两 Pearson 相关系数，相关系数显著性 p 均小于 0.001（双尾检验）。

---

① 衡量区别效度有两种方法：①如果两两构面之间的相关系数小于 0.85，就可认为具有一定程度的区别效度；②根据 Fornell & Larcker（1981）的建议，具有良好区别效度的标准是本身构面的 AVE 值要大于本身构面与其他构面间的相关系数的平方值，或 AVE 值的平方根大于两个维度之间的相关系数，表示这两个概念间具有较好的区别效度。

六、二阶验证性因子分析

如果较低阶的因子间紧密相关,且在理论上它们可以代表更广义的概念,就可以把较低阶的因子看作是新的测量标识来估计较高阶的因子结构(王济川等,2011)。前文利用验证性因子分析对一阶8因子模型进行了检验,表10的分析结果显示,除SI与FU的相关系数0.225较小外,其余CU、SI、TC、PS、RC、LC、SA、PU这8个因子之间紧密相关,且在理论上存在一个以产品升级、替代跨国公司产品、突破关键部件壁垒、加大对生产服务投入、降低成本、"低碳运作、提升环保标准"、战略联盟和新型竞合关系、流程升级为基础的更广义的概念——企业升级路径。因此,本研究把企业升级路径的8个维度作为一阶因子,把企业升级路径作为二阶因子,通过对数据的分析可以得到表11所示的结果。

表11 二阶验证性因子分析结果

二阶因子	一阶因子	路经系数	T值	信度	观测变量	标准化系数	信度
企业升级路径	CU	0.753	16.007	0.567	CU2	0.782	0.612
					CU3	0.867	0.752
					CU4	0.892	0.796
	SI	0.514	6.817	0.264	SI1	0.906	0.821
					SI2	0.963	0.927
					SI3	0.899	0.808
	TC	0.753	14.576	0.567	TC1	0.958	0.918
					TC 2	0.959	0.920
					TC3	0.904	0.817
	PS	0.721	16.487	0.520	PS1	0.927	0.859
					PS2	0.983	0.966
					PS3	0.923	0.852

(续表11)

二阶因子	一阶因子	路径系数	T值	信度	观测变量	标准化系数	信度
企业升级路径	RC	0.545	8.267	0.297	RC1	0.712	0.507
					RC2	0.948	0.899
					RC3	0.962	0.925
					RC4	0.839	0.704
	LC	0.845	23.036	0.714	LC1	0.869	0.755
					LC2	0.905	0.819
					LC3	0.858	0.736
					LC4	0.818	0.669
	SA	0.730	12.900	0.533	SA1	0.815	0.664
					SA2	0.798	0.637
					SA4	0.916	0.839
					SA5	0.868	0.753
	PU	0.767	16.649	0.588	PU1	0.760	0.578
					PU2	0.861	0.741
					PU3	0.890	0.792
					PU4	0.911	0.830
χ^2		df		CFI	TLI	RMSEA	SRMR
5063.351		378		0.909	0.900	0.074	0.075

表11中的数据显示，第二阶因子与各第一阶因子的标准化路径系数分别为0.753、0.514、0.753、0.721、0.545、0.845、0.730、0.767，这说明把模型估计的一阶因子作为二阶因子的标识有较高的因子负载，8个一阶因子的方差被二阶因子解释的比例分别为56.7%、26.4%、56.8%、52.0%、29.7%、71.3%、53.3%、58.8%。二阶因子模型的CFI (0.909) 大于临近值0.9，TLI (0.900) 等于临近值0.900，SRMR (0.075) 小于0.08，RMSEA (0.074) 小于0.08。

因此，可以认为本研究的验证性因子分析模型拟合良好，本研究理论假设的8个企业升级路径维度能较好地收敛于企业升级路径这一更高层面的概念。

七、研究结论与讨论

（一）研究结论与结果讨论

1. 首次开发出企业升级路径测量量表

本研究在多行业、多地区的企业管理层的半结构化访谈的基础上，运用扎根理论的一般流程，使用 Nvivo 8.0 质性分析软件对访谈材料进行编码，初步产生关联式编码 12 个。关联式编码经条目化后，经专家小组讨论后形成初步测量量表，并基于制造性企业样本开发和验证了包含产品升级、替代跨国公司产品、突破关键部件壁垒、加大对生产服务投入、降低成本、"低碳运作，提升环保标准"、战略联盟和新型竞合关系、流程升级等 8 个企业升级路径维度的测量量表。分析结果表明，包含 28 个题项的企业升级路径量表具有较好的内部一致性信度、收敛效度、区别效度，系首次开发出一整套企业升级路径的测量指标。该测量量表较好地拟合了企业升级的现实情况，为研究企业升级提供了有益的参考和可操作化的工具，为未来的相关实证研究奠定基础，进一步深化和拓展了现有企业升级路径理论。本文所开发的量表对企业管理者和企业转型升级政策制定者也有一定的管理启示。在实际的创新和升级过程中，企业会根据所处的具体情况而采取不同的操作策略（Amsden，1989），企业的多种升级路径可同时存在或跨越（毛蕴诗等，2010）。

2. 企业升级路径测量量表适用于中小型制造企业

现有文献对企业升级路径的讨论大多围绕 OEM—ODM—OBM 而展开。然而，本项研究是针对一般的中小型制造企业所进行的研究，并未要求研究对象是 OEM 企业。本研究样本中，企业员工小于 1000 人的中小企业数量占 87.4%[①]，并且样本具有较广泛的地区分布、行业分布，据其所开发的测量量表对于中小型企业具有较广泛的应用价值。而对于大型企业

[①] 按照欧盟关于企业规模的分类标准，将职工人数少于 250 人的公司归类为小型企业，250～1000 人之间的企业为中型企业，1000 人以上的企业为大型企业。

而言，其多元化特征十分明显（Aifred，1977），更多的实践和研究是着重在公司重构的业务重构、财务与资产重构、组织重构等方面（毛蕴诗，2005、2010），这与企业升级有很大差别。

3. 企业升级路径测量量表适用于 OEM 企业，也适用于有品牌的企业

如表 8 所示，研究样本中的有品牌企业与无品牌企业所占比例相当，大约各为一半。因此，所开发的量表不仅适用于无品牌企业（主要是 OEM 企业），也适用于一般有品牌的企业。

4. 对新增加的 6 种企业升级路径的解释与探讨

本研究所开发的企业升级路径测量量表的 8 个维度中，产品升级、流程升级与 Humphrey 和 Schmitz 提出的 2 种升级模式一致，本文不再讨论。其余 6 种升级路径：替代跨国公司产品、突破关键部件壁垒、加大对生产服务投入、降低成本、"低碳运作，提升环保标准"、战略联盟和新型竞合关系，属于新增路径并且是本项研究的成果，现对其相关原因做如下探讨。

对于后发国家来说，企业在发展初期往往缺乏技术能力，不具备很强的独立研发能力，如何进行企业升级？本研究的结果说明，替代跨国公司产品有利于企业从较低的起点开始，是一种可行的升级路径。毛蕴诗等（2006）指出企业的技术升级遵循一定的路径，即引进成熟技术、消化吸收—模仿创新、合作创新—自主产品创新。后发企业可以实施主动跟随战略，通过引进和消化跨国公司的现成产品和技术，并进行创新和改进，逐步实现技术、产品升级，通过替代从外国进口的产品——替代跨国公司在华生产的产品——在国际市场替代跨国公司产品这 3 种替代（毛蕴诗，2006），达到占领国内市场、进而开拓国际市场的目的，摆脱企业在价值链中低端的位置，推动企业升级。

在制造产业链中，如果能够掌握关键部件，升值空间将会很大。Giuliani 等（2005）就将升级定义为增加附加值的创新。例如，成本分析表明，汽车、空调、冰箱制造成本中关键部件所占比重往往达到 30%。秦远建、王娟（2007）以汽车行业为例的研究发现，关键零部件技术水平已成为控制整个汽车零部件行业的战略制高点，为了抢占和控制这一战略制高点，发达国家汽车巨头无一例外投入巨资，加大关键零部件创新力度，以确保在这些领域的领先地位。在我国，研发投入不足使中国汽车产业缺乏核心技术，主导汽车产业发展的核心技术依然掌握在外资手里，这

大大制约了我国汽车产业竞争力的提高（闫伍超，2008）。中国企业升级亟须集中力量实现核心技术和关键部件制造的突破。

同时，在整个价值链中，加大对生产服务的投入，将获取更大的升值空间。服务已成为制造企业价值创造的核心（Gremyr et al., 2010）。Raff 和 Ruhr（2001）指出，生产者服务业的 FDI 具有明显追随下游制造业 FDI 的倾向。Martin 和 Ersson（2004）认为，制造业和生产者服务业存在联动效应，制造业需要近距离、充分地利用生产者服务的投入。生产者服务是制造业发展转型与升级的重要支撑，因为它能够通过降低交易成本、促进专业化分工深化和泛化、促进人力资本和知识资本深化、增强产业竞争优势等多种途径与方式，支撑制造业的发展（高传胜、刘志彪，2005）。因此，实现制造业的服务化也是企业升级的有效路径，有利于企业向价值链中的高端环节攀升，促进企业升级。

现有的关于企业升级的研究较多关注企业产品或活动的附加值（Humphrey & Schmitz, 2000; Kaplinsky & Readman, 2001）。本文发现企业升级的范畴不只体现为附加值的提升，降低成本、"低碳运作，提升环保标准"本质上是企业投入产出比率和生产效率的提高，因而也是企业升级的有效路径。"低碳运作，提升环保标准"开放式编码达到 41 条。企业可以采用有利于节约资源和保护环境的新设备、新工艺和新技术，改变发展初期高投入、高消耗的粗放经营方式，实现转型升级。

通过构建战略联盟和新型竞合关系进行升级，其开放式编码达到 42 条。但是，现有文献对其没有给以足够重视。合作研发是中小 OEM 厂商构建研发能力、提升技术水平的有效手段（杨桂菊，2010）。我国台湾地区的经验表明，企业可以推动产业上、中、下游体系或跨领域的企业合作研发，加强和大学、研究机构的联系，共同开发研究项目，加快新产品开发，实现企业升级。战略联盟和新型竞合关系，属于新增路径并且是本研究的成果。

5. 对所删除的 4 种升级模式的解释与探讨

在问卷预测试阶段，企业升级路径的维度中的功能升级、"分拆重组、OEM/ODM/OBM 方式并存"、跨产业升级和收购 OBM 企业品牌这 4 种路径题项，因为因子负载不足 0.5 和跨载荷超过 0.4 而被删除。首先需要指出，Humphrey & Schmitz（2000, 2002）虽然提出了上述 4 种升级模式，但是并没有进行实证研究。其中，功能升级、跨产业升级是 Humphrey & Schmitz（2000，2002）所提出的 4 种升级模式中的 2 种。现对其被删除的相关原因做如下探讨。

功能升级是企业获得新的功能或放弃现有的功能以增加其业务的总体技巧内容，比如从生产环节向设计和营销等利润丰厚的环节跨越（Humphrey & Schmitz，2000）。通过功能升级，企业可以降低生产专业化中的劣势，带来更多持久而稳定的竞争力（Giuliani et al.，2005）。但同时不能忽视的问题是，阻止企业进行功能升级的障碍有两类：购买商的能力和资源条件（Schmitz，2004）。在目前发达国家主导和支配的全球价值链治理框架下，发达国家厂商会紧紧抓住最高附加值环节，而只把低附加值环节转让，并会在技术、品牌等多个环节上对本土企业的升级行为设置障碍（Schmitz，2004；梅丽霞、王辑慈，2009），防止核心技术知识向我国企业转移。例如，进行技术封锁、不断提高技术标准，使我国制造型企业疲于进行流程升级和产品升级，而无法进行功能升级。即使一些发展中国家尽力在欧美市场发展品牌和建立自己的营销渠道，但往往因为投资巨大而不可持续（Schmitz，2004）。在这种情况下，企业转型升级往往会存在路径依赖（杨桂菊，2012），企业难以获得核心技术，进一步阻碍技术能力和自主创新能力的提高，无法进行功能升级。

跨产业升级是从一个产业链条转换到另一个产业链条的升级方式（Kaplinsky & Morris，2001），一般来说，这种转换都来源于突破性创新（蒋兰陵，2010）。本研究样本企业大多是中小企业，缺乏资本实力，也缺乏创新所需要的资源。另外，中小企业嵌入到全球价值链中进行竞争，被锁定在低附加值的状态，从一种产业向另一种产业转换的成本非常大，也难于进行企业跨产业升级。因此，跨产业升级的维度未能保留。

对一些企业来说，"分拆重组，OEM/ODM/OBM 方式并存"的方式没有被实证支持具有一定的合理性。虽然这种方式可以延续企业在 OEM 制造方面的优势，但这同时也意味企业要进行生产、研发、品牌的三重投入和三重管理。例如，企业进行 ODM 意味着生产技术升级，研发和设计能力的加强需要企业进行巨额投入；进行 OBM 则意味着创立品牌、筹建营销网络和渠道，这同样需要巨大的资源投入，这不仅容易分散精力和资源，还将承担巨大的品牌风险、研发风险和生产经营风险。本研究样本大多是中小企业，就其规模、资源和能力而言要进行分拆、平衡 OEM/ODM/OBM 的投入，存在很大的实际困难，因此，限制了以"分拆重组，

OEM/ODM/OBM 方式并存"方式进行升级的可能性。同样，收购 OBM 企业品牌对于中小企业来说存在资源约束，也阻碍了企业通过收购 OBM 企业品牌进行升级。

6. 立足新兴经济体的实践重新认识全球价值链理论，进行理论探讨与建设

迄今为止，全球价值链理论一直是研究企业转型升级的主要理论。与之相呼应的国际分工观点也认为，发展中国家企业主要从事"微笑曲线"底部附加值低的业务，而发达国家则承担研发、关键零部件制造、销售、品牌管理、服务等处于"微笑曲线"两端附加值高的业务。许多发达国家的公司都是在上述商业模式下整合全球资源，主导国际分工。典型的例子包括许多传统劳动密集型产业，如家具制造、家用电器、自行车、服装制造业的企业。但是，如本文所发现的升级路径表明，许多中国企业通过自己的实践打破了原有国际分工约束，充分利用自己的优势，由"微笑曲线"的底部向两端移动，成功地实现转型升级。有的企业甚至从代工成长为世界第一的品牌企业，有的产业还实现了整体升级。它们的成功实践，打破了发达国家企业在所谓国际分工中的主导地位，成为在全球范围整合资源的主导企业。

在经济全球化背景下，新兴经济体以何种方式融入世界经济是一个极其重要并影响未来世界经济格局的问题。它们的实践、创新为新兴经济体企业转型升级的研究提供了宝贵而独特的素材。中国学者应该加大在这一领域的研究力度，重新认识全球价值链理论，并进行理论探讨，为形成与建设一个系统、全面的企业转型升级理论而努力。

（二）研究局限及未来研究方向

尽管本研究对于现有企业升级路径理论是一个有益的补充，并且对促进企业进行升级实践也具有一定的指导意义，但仍然存在一些不足。第一，量表开发过程中存在预测试和复测样本较小的问题。初测样本量为112 个，而复测样本量为 237 个。本研究的样本规模并不算大，在样本的地区选择方面也存在一定的不足之处，未来研究可增加我国其他地区的制造型企业样本，以增加结果的适用性，使得研究结论更加可信。第二，本研究的目的在于开发一套可靠有效的企业升级路径量表并加以检验，将来的研究除了加强理论的探讨与提升之外，还可以进一步研究企业升级路径的前因变量（如影响因素）、结果变量（如企业升级效果）等。

参考文献

［1］ Anderson J C, Gerbing D W. Structural Equation Modeling in Practice: A Review and Recommended Two-Step Approach ［J］. Psychological Bulletin, 1988, 103（3）: 411.

［2］ Avdasheva S, Budanov I, Golikova V. Upgrading Russian Enterprises From the Value Chain Perspective: The Case Study of Tube & Pipe, and Furniture Sectors ［R］. Working Paper, 2005.

［3］ Fonseca M. Global Value Chains and Technological Upgrading in Peripheral Regions: The Footwear Industry in North Portugal ［C］// Proceedings of the RSA Annual International Conference-Regional Growth Agendas. Denmark: Aalborg, 2005.

［4］ Fornell C, Larcker D F. Evaluating Structural Equation Models with Unobservable Variables and Measurement Error ［J］. Journal of Marketing Research, 1981, 18（1）: 39-50.

［5］ Gereffi G. International Trade and Industrial Upgrading in the Apparel Commodity Chain ［J］. Journal of International Economics, 1999, 48（1）: 37-70.

［6］ Gibbon P. Value-Chain Governance, Public Regulation and Entry Barriers in the Global Fresh Fruit and Vegetable Chain Into the EU ［J］. Development Policy Review, 2003, 21（5-6）: 615-625.

［7］ Giuliani E, Pietrobelli C, Rabellotti R. Upgrading in Global Value Chains: Lessons From Latin American Clusters ［J］. World Development, 2005, 33（4）: 549-573.

［8］ Humphrey J, Schmitz H. Developing Country Firms in the World Economy: Governance and Upgrading in Global Value Chains ［R］. INEF, 2002.

［9］ Kaplinsky R, Morris M. A Handbook for Value Chain Research ［R］. IDRC, 2001.

［10］ Kaplinsky R, Readman J. Integrating SMEs in Global Value Chains: Towards Partnership for Development [R]. Vienna: UNIDO, 2001.

[11] Poon T S. Beyond the Global Production Networks: A Case of Further Upgrading of Taiwan's Information Technology Industry [J]. International Journal of Technology and Globalisation, 2004, 1 (1): 130 – 144.

[12] Ruekert R W, Churchill G A. Reliability and Validity of Alternative Measures of Channel Member Satisfaction [J]. Journal of Marketing Research, 1984, 21 (2): 226 – 233.

[13] Schmitz H. Local Upgrading in Global Chains: Recent Findings [C] // Conferencia: DRUID Summer Conference on Industrial Dynamics, Innovation and Development. Elsinore, Denmark: Encadenamiento agroalimentario, 2004.

[14] Strauss A L. Qualitative Analysis for Social Scientists [M]. Cambridge, UK: Cambridge University Press, 1987.

[15] Strauss A, Corbin J M. Basics of Qualitative Research: Grounded Theory Procedures and Techniques [M]. London: Sage Publications Inc., 1990.

[16] Yang Y. The Taiwanese Notebook Computer Production Network in China: Implication for Upgrading of the Chinese Electronics Industry [C] // Center for Research on Information Technology & Organizations, 2006.

[17] 陈向明. 扎根理论的思路和方法 [J]. 教育研究与实验, 1999 (4).

[18] 单标安, 蔡莉, 费宇鹏. 新企业资源开发过程量表研究 [J]. 管理科学学报, 2013 (10).

[19] 龚三乐. 全球价值链内企业升级国外研究进展与趋势 [J]. 世界地理研究, 2010 (1).

[20] 郭玉霞. 质性研究资料分析: Nvivo 8 活用宝典 [M]. 台北: 高等教育文化有限公司, 2009.

[21] 凯西, 卡麦兹. 建构扎根理论: 质性研究实践指南 [M]. 重庆: 重庆大学出版社, 2009.

[22] 柯江林, 孙健敏, 李永瑞. 心理资本: 本土量表的开发及中西比较 [J]. 心理学报, 2009 (9).

[23] 毛蕴诗, 李洁明. 替代跨国公司产品: 中国企业升级的递进 [J].

学术研究, 2006 (3).

[24] 毛蕴诗, 吴瑶. 企业升级路径与分析模式研究 [J]. 中山大学学报（社会科学版), 2009 (1).

[25] 毛蕴诗, 吴瑶. 中国企业: 转型升级 [M]. 广州: 中山大学出版社, 2009.

[26] 毛蕴诗, 熊炼. 企业低碳运作与引入成本降低的对偶微笑曲线模型——基于广州互太和台湾纺织业的研究 [J]. 中山大学学报（社会科学版), 2011 (4).

[27] 毛蕴诗, 郑奇志. 基于微笑曲线的企业升级路径选择模型——理论框架的构建与案例研究 [J]. 中山大学学报: 社会科学版, 2012 (3).

[28] 梅丽霞, 柏遵华, 聂鸣. 试论地方产业集群的升级 [J]. 科研管理, 2005 (5).

[29] 秦远建, 王娟. 我国汽车关键零部件技术创新产学研合作研究 [J]. 汽车工业研究, 2007 (10).

[30] 宋晓兵, 董大海. 消费者与网络商店的关系价值研究 [J]. 管理科学, 2008 (1).

[31] 汪建成, 毛蕴诗. 从 OEM 到 ODM、OBM 的企业升级路径——基于海鸥卫浴与成霖股份的比较案例研究 [J]. 中国工业经济, 2007 (12).

[32] 王济川. 结构方程模型 [M]. 北京: 高等教育出版社, 2011.

[33] 吴继霞, 黄希庭. 诚信结构初探 [J]. 心理学报, 2012 (3).

[34] 吴明隆. 结构方程模型: AMOS 的操作与应用 [M]. 重庆: 重庆大学出版社, 2009.

[35] 吴明隆. 问卷分析统计实务——SPSS 操作与应用 [M]. 重庆: 重庆大学出版社, 2010.

[36] 闫伍超. 中国本土汽车关键零部件企业成长战略研究 [D]. 复旦大学, 2008.

[37] 杨桂菊. 代工企业转型升级: 演进路径的理论模型——基于3家本土企业的案例研究 [J]. 管理世界, 2010 (6).

附录　本研究企业管理人员访谈情况

企业	访谈时间	访谈对象	访谈地点
台湾电路板协会（TPCA）	2013年1月15日	台湾电路板协会秘书长赖家强、台湾电路板协会副总干事黄琼慧、台湾电路板协会PCB学院专案经理陈明哲	台湾电路板协会办公室
台湾阿托科技公司	2013年1月15日	台湾阿托科技公司总经理黄盛朗	台湾电路板协会办公室
台南丽登纺织厂	2013年1月17日	台南丽登纺织厂总经理李经理、提花厂总经理	台南丽登纺织厂会议室
台湾高雄美浓区农会	2013年1月17日	美浓推广股股长钟雅伦	高雄美浓区农会办公室
台湾FOX企业	2013年1月20日	张昀钰经理	FOX企业会议室
巨大机械股份有限公司	2013年1月21日	巨大机械特别助理兼发言人/总管理处许立忠、总管理处助理	台中市大甲区捷安特总部会议室
广州互太纺织印染有限公司	2013年3月5日	赵工程师、研发部经理、市场部经理	电话采访、邮件
台升国际集团	2013年3月6日	台升国际集团董事长秘书邱总、内销负责人石总监	电话采访、邮件
广东东菱凯琴集团	2013年3月8日	广东东菱凯琴集团资源支持中心总监李亚平	电话采访、邮件
深圳市佳士科技股份有限公司	2013年3月14日	深圳市佳士科技股份有限公司副总经理萧波	电话采访、邮件

（续上表）

企业	访谈时间	访谈对象	访谈地点
东莞龙昌玩具有限公司	2013年3月21日	东莞龙昌玩具有限公司设计部经理	电话采访、邮件
广东哈一代玩具股份有限公司	2013年3月26日	广东哈一代玩具股份有限公司市场部经理	电话采访、邮件

［原载《华南师范大学学报》（社会科学版）2016年第3期，与刘富先、李田合著］

苹果：此前转型与成功的逻辑分析[①]

一、苹果成功转型

苹果公司（本文简称为"苹果"）是什么企业？乔布斯曾向100位苹果员工提出一个问题："谁是世界上最大的教育公司？"结果只有两人给出了正确答案："苹果。"最近一项全球调查结果让人吃惊：苹果是互联网排行第一的企业，微软则是介于互联网与软件之间的企业。

近几年全球经济持续低迷，欧洲债务危机迷雾重重，然而苹果却在全球市场独领风骚。苹果在全球创造了巨大的新市场，最近成为全球市值最高的公司。2011年7月27日，苹果的现金和有价证券总额达762亿美元，甚至超过了美国政府的现金738亿美元。2012年8月24日，苹果股价、市值均创历史新高，达6211亿美元，超过了沙特阿拉伯、澳大利亚等国的GDP。如果按国家和地区的GDP体量计算，苹果在全世界可以排第21位。

众所周知，乔布斯于1976年创立了苹果电脑公司，在高科技企业中以富于创新而闻名。之后一段时期，乔布斯被迫离开苹果。谁能想象如今的苹果帝国，在乔布斯重返之前股价曾一度跌落到历史谷底，身处破产边缘？从1997年乔布斯回归苹果以来，苹果公司实现了重大转型，取得了极大成功。苹果已不再是过去人们所认为的手机制造企业、计算机制造企业。它在研发和产品应用方面均跨越了多重领域，实现了跨产业升级，推动了产业发展，成为全球市场的大赢家。尽管苹果开始面临竞争对手的巨大挑战，但乔布斯时代的苹果却为我们研究企业转型与成功的决定因素提供了很好的案例。

[①] 基金项目：国家自然科学基金项目"产品功能拓展的企业升级研究——基于劳动密集型企业的分析"（项目号：71172159）；广东省哲学社会科学"十一五"规划项目"金融危机与天生国际化企业战略灵活性研究"（项目号：090-12）。

二、企业成功的文献研究

企业成功的背后各有其逻辑所在,并且不尽相同。围绕"什么造就了一家成功的公司"这一重要问题,国内外学者均尝试对成功企业进行探索与研究,总结归纳出一些共性因素,对未来企业的发展提供了一定的借鉴与启示。

通过对75家历史悠久的知名成功企业进行研究,彼得斯和沃特曼(2003)发现,尽管每家优秀企业的个性各不相同,但它们拥有许多共同的品质:崇尚行动、贴近顾客、自主创新、以人促产、价值驱动、不离本行、精兵简政、宽严并济。企业想在市场中生存,必须从这8方面努力,逐步确立优势,追求卓越。约翰·凯(2005)认为,不应该用组织规模和市场份额来衡量成功,而应该用价值增值来衡量——即超出原材料、薪金总额和资本投入的那部分产出。公司战略应以"我们如何才能与众不同"这一问题为出发点,着眼于价值增值这一基本目标。通过对包括宝马、IBM在内的一系列欧美企业案例进行分析,约翰·凯确定了能为企业带来价值增值的4项关键要素:创新、声誉(特别是品牌的形式)、战略性资产(政府授权的垄断或限制竞争对手进入市场的其他方式)和治理(公司与员工、供应商和客户之间的关系)。企业应当根据组织的独特能力和优势,特别是在组织治理的关键领域内,制定合适的战略,采取相应的行动以获取成功。科林斯和波拉斯选取了波音、沃尔玛等18家基业长青公司作为研究对象,总结出它们的成功经验。研究结果发现,这18家公司的共同特征是:保存一种核心理念,同时刺激进步,积极改变除了核心理念以外的任何东西。科林斯和波拉斯(1994)认为,能长久享受成功的公司一定拥有能够不断适应世界变化的核心价值观和经营实务。进入世界500强是企业成功的一方面,然而,更重要的是500强企业如何保持持续成长的问题。毛蕴诗(2005)对世界500强企业进行研究,发现尽管这些成功企业未必总是保持持续稳定的增长或高速成长,但是总体上具备一些共同特征,如在成长过程中有卓越企业家或职业经理推动、拥有技术积累与技术创新能力、拥有战略性资产、具备跨地域的控制能力、跨文化的协同能力、具有交叉技术研发能力、具有整合内外部资源的能力等。

回顾苹果的成功,苹果既存在与以往企业相同的成功要素,又有其特殊性所在。在规则严格、范围宽广、竞争激烈的全球市场中,乔布斯领导下的苹果公司如何脱颖而出,是本文研究的重点。

一些学者从不同角度对苹果公司的成功进行了研究。Christoph (2010) 认为,创新是驱动苹果发展的主要动力。技术更新、全球化、超越竞争等经济环境的变化,促使创新成为组织绩效关键的决定因素,日益要求企业识别创新并把创新作为提升战略竞争力的重要内容(Barkema, Baum & Mannix, 2002)。苹果公司总是设法通过不断累加的研发投入和不断缩小的产品周期来实现产品的创新升级(Gene, 2010),苹果的成功就在于它为创新、创造所做的努力。叶健(2009)将苹果公司的成功归结为其4个核心竞争力——企业文化、产品创新、用户至上和特色营销,其中产品创新是苹果崛起的根本。苹果产品纯净的设计、软件和硬件的无缝整合以及独特的用户体验经常被认为是苹果获得成功的3个关键因素。然而,Sharam(2012)从防御战略的崭新角度出发,认为苹果成功的真正原因在于其对创新有一个完整的保护体系,使其能及时应对竞争对手的行为,以维护公司利润,保持市场领先。

综合前人研究发现,目前国内外学者对苹果成功要素的研究角度不一,但均涉及了创新方面的分析。然而,我们面临的是独特的乔布斯和他创立的苹果,对苹果成功因素的分析不能泛泛而谈。从本文的分析可知,即使同样是创新,乔布斯的苹果公司也是与众不同的。所以,我们要从企业的异质性出发,从苹果公司的创新实践中总结出其成功因素,并从理论上进行深入分析。

三、苹果成功背后的逻辑

1. 苹果重新选择了乔布斯,乔布斯富于创新精神,是天生的企业家

美国总统奥巴马在乔布斯逝世后,评价他为美国最伟大的创新者之一:"乔布斯拥有非凡的勇气去创造与众不同的事物,并以大无畏的精神改变着这个世界。同时,他的卓越天赋也让他成了能够改变世界的人。"诚如其所言,乔布斯富于创新精神,是天生的企业家。

Cole(1949)提出,企业家凭借其拥有的特殊能力,能够创造、维持一个以利润为价值取向的企业。企业家有能力发现新兴的扩展机会,并能用一种全新的方式整合现有资源,利用这些机会获取企业竞争优势,实现企业内生成长（Penrose，1959）。这种对机会的敏感认知和自主追求，正是企业家精神的本质（Holcombe，1998；Minniti，1999；Lumpkin & Dess，1996；刘亮，2008）。Prahalad 和 Hamel（1990）进一步指出，企业的核心竞争力是一种"聚合性学识"（collective learning），特别是关于如何协调不同的生产技能和整合多种技术流的学识。而这种"聚合性学识"的主要承载者就是处于企业知识核心的企业家。企业若在其成长过程中遭遇困境，有卓越的企业家或职业经理人或能使之转危为安，重新推动企业快速发展（毛蕴诗，2005）。乔布斯在 1997 年重返苹果，正是促使苹果公司转型并最终获得成功的重要因素之一。

企业家是一种稀缺的资源。从创业伊始到成为苹果"教父"，乔布斯多方位地展现了自身的才能，包括他的创新能力、营销能力、审美趣味以及张扬的个性。乔布斯是一名天生的企业家，执着而富有创业激情。他的激情所在是打造一家可以传世的公司，为了创业他敢于中途退学。乔布斯是电脑天才，也是经营天才，同时他还喜欢书法和人文学科。他的成功体现了一个具有强烈个性的人身上集合了人文素养和科学技术的天赋后所产生的巨大创造力。乔布斯与一般成功企业家的区别还在于，他能够洞见未来的技术趋向，并能够创造连用户自己都不了解的需求，还能成功地将概念、技术、设计等一一实现，做出让人们惊叹的产品。

2. 苹果通过产品创新创造市场、引导市场

创新是永恒的话题。Schumpeter（1912）提出，创新是一种全新的组合，包括采用新生产方式、引进新产品、发现新原料、开辟新市场和实现新的企业组织形式。他强调创新在经济发展中扮演着非常重要的角色。Damanpour（1991）认为，创新包含产品、管理、服务、技术等方面，具有原创性的新产品会有较高的价值（Klein，Schmidt & Cooper，1991）。产品创新是基于顾客对产品的品种、价格、质量、服务、信誉等要素的评价和满意程度，对产品进行有针对性的增强、提高或者削弱等改良活动。这种活动通过采取各项措施，降低顾客在消费产品过程中的时间、金钱、心理成本，使顾客从产品消费过程中取得尽可能大的感知利益（Michael Porter，1996）。

苹果擅长打造令人一见倾心的产品，这得益于其产品创新的能力。乔布斯反复强调公司的产品是干净而简洁的，这种设计理念贯穿了整个产品系列。过去几年里，苹果创造的 iMac、iPod、iPhone、iPad 等产品都延续

了苹果的这种设计风格。其软件产品也同样具备强大的吸引力,从电脑操作系统到个人应用程序,苹果公司的软件产品凭借卓越的图形化使用体验、友好的人机交互模式和绚丽的外表赢得了无数用户的青睐。

苹果的案例有力地证明了如下观点:"企业、企业家可以通过产品创新、制度创新、组织创新创造市场、引导市场。"在相当多的情况下,企业通过发现、创造新的需求,创造市场,因而改变了市场活动的方向。人们的需求极其广泛且存在不同层次,自发需求和派生需求都在不断更新。因此,企业通过产品创新创造市场,始终存在大量的机会与可能。这方面的例子有许多,诸如20世纪以来杜邦公司发明的一系列化纤产品、索尼发明的"随身听"等都创造了规模巨大的新市场。苹果的iPod系列产品亦是如此。

乔布斯领导下的苹果公司,其产品并非是针对目标人群的普通产品的改进,而是消费者还没有意识到其需求的全新设备和服务。乔布斯从不依赖市场调研,他的伟大在于能在市场尚未意识到某种体验之前就准确预判并完美交付这种体验,而且他总是对的。乔布斯相信:"如果我们继续把伟大的产品推广到他们的眼前,他们会继续打开他们的钱包。"① 事实正是如此,苹果公司通过不断的产品创新赢得了市场。全球消费者狂热地崇拜乔布斯和苹果,追捧其产品。这与教科书上所倡导的"顾客是上帝"大相径庭。相反,它表明乔布斯的苹果才是顾客的上帝。即使乔布斯已然离去,消费者依然对苹果的顶礼膜拜。

3. 苹果产品研发跨越了多重技术领域,其应用跨越了多个产业领域,是跨产业升级的典范

20世纪90年代以来,数字化技术、通信、计算机技术和互联网的迅速发展,以及与之相关的技术融合,使诸多行业之间的边界正在由清晰趋向模糊,出现了电子产品、电信、文化、娱乐、传媒等行业之间的相互渗透和融合。

行业边界模糊是随着信息技术和互联网的发展,行业之间技术、业务、运作和市场之间的联系增强,而出现的企业向其他产业扩展和渗透,产生跨行业的业务交叉和创新(毛蕴诗,王华,2008)。产业融合是行业边界模糊的反应和结果,它使过去不相关的业务变得相关,突破了无关多

---

① 林其玲:《乔布斯:神话男人的身份进化》,载《中国民航报》2011年9月2日。

元化的概念，突破了传统产业链的观点。产业融合进一步提升服务业的内涵，提高服务业的技术含量，提高其附加价值，激活了很多原本死气沉沉的市场，形成许多新的服务、新的业务、新的业态，甚至新的产业、新的经济增长点。戴维·莫谢拉（2002）指出，产业融合使资源在更大范围内得到合理配置，大大降低了产品和服务成本；产业融合扩大了网络的应用范围，使各种资源加入网络的可能性增大，产生了网络效应；而且产业融合导致了生产系统的开放性，使得消费者成为生产要素的一部分。这三方面效应的共同作用，为企业带来巨大的收益递增机会。近年的发展趋势表明，新产品开发必须结合不同学科的不同技术，大量使用不同技术领域的专利，才能使企业的产品与其他企业的类似产品形成明显差异，从而取得有利的市场地位（毛蕴诗，2005）。

乔布斯和苹果的成功体现了产业之间的交叉、融合可以大大地提升产品和服务的价值。它同时也是产品研发跨越多重技术领域和多重应用领域的具有典型意义的案例。事实上，乔布斯对完美的积极追求已经彻底变革了六大产业——个人电脑、动画电影、音乐、移动电话、平板电脑和数字出版，并重新改造了零售连锁产业，推动了多个产业发展，在全球创造了新的经济增长亮点。

苹果公司通过整合多种技术，使其产品的功能得到很大拓展。以苹果的 iPad 设计为例，在最新的 iPad 上，苹果公司应用了 retina 显示、多点触控、iCloud 云服务等多种不同的技术与服务。从产品的使用功能看，苹果的 iPad 跨越了传统的通信、计算机应用，延伸到文化、娱乐、传媒、金融、证券、艺术等领域。其 App 应用软件当中还涉及图书、地图导航、金融等许多跨产业的服务。这些多产业、多技术的融合让产品的差异性更强，更有产品自身的特点，与市场上同类产品拉开差距，形成在市场上的优势。同样，苹果的其他产品如 iPhone、iPad、MacBook、iWork、iTunes 都体现了其基于研发、应用两个维度跨产业升级的本质。这些硬件或软件产品分属不同的产业（如表 1 所示），由其产品的分类可以看出苹果的跨产业转型发展的本质。

表 1　苹果产品分类表

行业/产业	硬　件	软　件
个人计算机	PowerBook、iBook、MacBook、MacBook Pro、MacBook Air PowerMac、eMac、Mac Pro、iMac	Mac OS 系统、iLife、iTunes、iWork、QuickTime
平板电脑	iPad 1、iPad 2、The New iPad	Mac OS 系统、iTunes
音乐	iPod/iPod classic、iPod、iPod nano、iPod shuffle、iPod mini、iPod Hi-Fi、iPod touch	iTunes、QuickTime
移动电话	iPhone 2G/3G/3GS/4/4S/5	Mac OS 系统、iTunes
影视	Apple TV、Apple Cinema Display	Final Cut Studio Final Cut Pro
……	……	……

资料来源：根据网络资料整理。

4. 苹果立足全球整合资源，创造新的商业模式

通用电气 CEO 韦尔奇曾指出，"能在全球整个最大的范围，集合全世界最佳设计、制造、研究、实施以及营销能力者就是全球竞争中的赢家，因为这些要素不可能存在于一个国家或一个洲之内。"① 跨国公司正是通过其他优势资源的跨国界转移，在全球范围内利用其他资源，有效地进行资源整合。跨产业升级的本质也在于全球范围的资源整合。Barney（1991，2001）认为，企业如果拥有有价值的、稀缺的、不可模仿的、不可替代的资源，企业就有获得持续竞争优势的潜力和机会。资源的来源渠道既可以是企业内部又可以是外部，但企业需要通过一定的过程来整合资源，才能提升各种动态性能力。企业的这些能力可以确保企业绩效的提高，从而促进企业成长（董保宝、葛宝山、王侃，2011）。

苹果正是不断整合全球资源、创新商业模式的典范。在生产上，苹果公司并非通过在东道国设立子公司进行生产，而是在全球范围内寻找最具

---

① 转引自毛蕴诗：《跨国公司战略竞争与国际直接投资》，中山大学出版社 1997 年版，第 185 页。

生产成本优势的工厂进行代工,以获得最低成本和最高效率。几乎所有的苹果硬件产品都是由外包合作伙伴负责制造,它们主要分布在亚洲。苹果从韩国、日本、中国台湾等地的供应商处采购零部件,然后交予富士康、和硕联合、广达等台湾代工企业,它们在中国大陆的工厂则源源不断地制造出 iPhone、iPad、MacBook 再输往全球。苹果的 IC、分立器件供应商主要集中在美国,部分分布在欧洲,少数在韩国、日本等亚洲国家和地区;存储器、硬盘、光驱供应商则相对集中;被动器件的高端领域被日本厂商垄断,台湾厂商主要提供片式器件等相对标准化、成熟化的产品;印制电路板(printed circuit board,PCB)供应商主要集中在中国台湾、日本;连接器、结构件、功能件厂商主要是欧美、日本、中国台湾公司;显示器件主要由日本、韩国、中国台湾厂商提供;ODM、OEM 主要由中国台湾厂商承担。正是通过对全球各种资源的整合和利用,苹果不断提升自身的能力,建立了竞争优势。

从苹果产品价值链的主要环节来看,日本、韩国、德国、美国、中国大陆和中国台湾等地的企业是苹果的主要供应商和生产基地。按照各环节附加值的高低不同,可以画出苹果的价值链分布图,如图 1 所示。

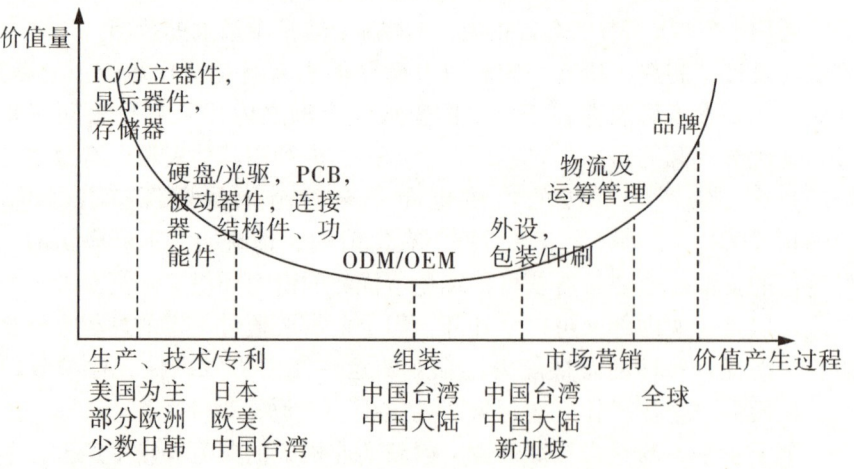

图 1 苹果产品(iPhone)全球价值链的价值分布

从图 1 可以发现,一方面,苹果整合利用了全球资源,构建了独特的全球价值链,聚焦创造利润最大的两个环节,使自身资产轻量化运作。需要土地、厂房、设备等重资产投入的基础生产环节全部外包，而形成核心竞争力的开发设计，以及最终实现利润和回收现金流的市场销售等环节则全部由苹果自己完成。苹果产品的开发设计是整个苹果产业链顺畅运行的基础，核心是员工，硬件投入很少，创造的价值却很高。同时，苹果通过在全球建立销售体系，以独一无二的产品和品牌确立主导地位，影响着最终的利润分配格局。

另一方面，苹果在 iPod、iPhone、iTunes、App store 等产品和服务间建立商业联系，开创了"产品+服务（包括内容）"的全新商业模式，形成了一种跨产业的、由不同产业价值组成的新商业链条。这种商业模式创新是企业系统的整体变革，追求的是在未来竞争环境下的与众不同，而不是简单的技术创新或产品创新（Siggelkow, 2002）。通过"iPod + iTunes"模式的创新，苹果重新整合了全球资源。它聚合了包括世界五大唱片公司在内的上下游资源要素，把欣赏音乐的整个流程整合起来，创造了一个全新的音乐消费产业链，成为音乐播放器产业和音乐唱片产业的颠覆者。

尽管苹果的直接利润主要体现在产品销售上，但其之所以能够快速增长并获得较高溢价，也得益于其开放的产品平台对资源的整合。苹果抓住了消费者单曲购买音乐的需求，通过 iTunes 整合音乐资源并将 iPod 和互联网结合，迅速扩大了产品销售量，提高了 iPod 在便携电子产品领域的知名度。在接下来的产品选择中，苹果加强 iPhone 和 iPad 的研发，将外观简洁明快、图形界面漂亮的特点融入其中，加上多点触控、重力感应等功能的衬托，苹果系列产品的销量可观。硬件产品的畅销又促进了第三方在 App store 上共享、销售应用软件，软件的实用性和趣味性反过来刺激更多消费者购买苹果的硬件产品，从而形成了良性循环，加强了苹果品牌影响力，推动苹果公司不断发展。

5. **苹果不断创新，集成创新，围绕核心技术构建战略性资产**

大多数企业持续地进行技术创新（Cesaratto, et al., 1991; Sun, et al., 2008），一方面对竞争优势的构建十分重要，另一方面也是企业实现可持续发展的有效路径（Chen, et al., 2007; Sun, et al., 2008; Trappey, et al., 2012）。事实上，包括苹果在内的许多成功企业都得益于其技术创新能力（Mann, 2003），因此技术创新作为研究企业成功的一个视角受到了广泛关注。

苹果的产品素来以创新著称。自乔布斯重返苹果以来,研发投入不断增加(如表2所示),创新力度不断增强。可以说,iPod、iPhone 和 iPad 系列产品的成功研发铸就了苹果今日的辉煌。伴随着逐年增长的研发投入和持续不断的创新,自 2007 年起,苹果公司连续 4 年超越谷歌、微软等巨头,被《商业周刊》评为"全球最具创新能力的公司"。然而,苹果用于研发的投入尚不及谷歌、微软。乔布斯说:"当年苹果推出麦金托什电脑时,IBM 在研发上花费的资金至少是我们的 100 倍。所以,创新与资金投入无关,重要的是你的团队如何、你的决策者如何,以及你自己有多大的能力。"① 可见,研发的资金投入并不是决定能否实现创新的关键。

表2 苹果公司年度研发费用一览

财政年	研发费用（亿美元）	研发费用占净销售额的比重	年增长率	备注
1997	4.85	6.85%	/	
1998	3.03	5.10%	-37.53%	
1999	3.14	5.12%	3.63%	
2000	3.80	4.76%	21.02%	
2001	4.30	8.02%	13.16%	iPod 面世
2002	4.46	7.77%	3.72%	
2003	4.71	7.59%	5.61%	
2004	4.89	5.91%	4.25%	
2005	5.35	3.84%	8.96%	
2006	7.12	3.69%	33.08%	
2007	7.82	3.26%	9.83%	iPhone 面世
2008	11.09	3.41%	41.82%	
2009	13.33	3.11%	20.20%	

① 转引自林艾涛、陶双莹:《乔布斯的 10 个与众不同》,载《IT 时代周刊》2011 年第 22 期。

(续表2)

财政年	研发费用 （亿美元）	研发费用占 净销售额的比重	年增长率	备注
2010	17.82	2.73%	33.68%	iPad 面世
2011	24.29	2.24%	36.31%	
2012	33.81	2.16%	39.19%	

资料来源：苹果公司年报数据。

乔布斯认识到，一味追求技术领先，往往使消费者难以消化，市场难以接纳。这正是苹果"麦金托什"（Macintosh）的失败所在。苹果公司认为技术的先进性并不代表顾客的高需求，最适合的技术才能赢得市场。因此，如今的苹果式创新是一种包含了技术创新、产品创新、工艺创新和商业模式创新的集成式创新，其中技术集成是集成创新的基础和核心。中国前科技部部长徐冠华（2001，2002）提出，企业应当以提高战略性产业或产品的国际竞争力为目标，加强相关技术的配套集成与创新，使各种单项和分散的相关技术成果得到集成。其创新性以及由此确立企业竞争优势的意义远远超过单项技术的突破。

乔布斯奉行产品实用主义技术哲学。苹果未像微软和IBM那样在全球布局研发中心，乔布斯的技术哲学更多是小团队的设计攻关，以及核心技术和专利的小额度收购。事实上，无论iPod、iPhone还是iPad，其核心技术很少是由苹果自己开发的。如果需要技术，苹果会选择购买专利。乔布斯在业界有个绰号是"伟大的小偷"，他很会利用和改进别人的技术进行集成创新，站在别人的肩膀上获取自己的成功。然而，正如管理大师彼得·德鲁克所说，对于企业而言真正的创新并不是技术的创新，而是"为技术创造出市场"的创新。企业在进行技术集成创新的同时，需要其他系列创新的跟进配套，从而推出市场认可的产品，最终形成企业的战略性资产。

传统的资源基础观认为，能为企业带来持续竞争优势的资产是战略性资产。因此，企业独特的、难以模仿的战略性资产是企业获得持续竞争优势的关键。由于这些独特而难以模仿的资源缺乏流动性，其竞争对手无法轻易得到，从而使企业得以实现这些战略性资产的经济利益，获得竞争优势（姜付秀，2003）。在现代经济中，品牌作为一种战略性资产，已成为核心竞争力的重要来源。对企业而言，树立品牌意识，打造强势品牌，是保持战略领先性的关键。而在提高品牌竞争力的过程中，保持技术的先进性是维护品牌价值的重要条件（崔文丹，2008）。

尽管苹果的专利体系中很少有涉及基础研发的核心专利，但类似滑动解锁等创意专利却很多。正是这些创意专利集成在一起，维系着苹果独特的品牌个性，创造出卓越的品牌价值，形成了苹果公司的战略性资产。品牌包含了消费者的情感，以溢价的方式体现出来。苹果 iPod 新品推出时，价格高达三四百美元，而消费者依然愿意通宵达旦地在专卖店门口排队，只是为了比别人早一点能用上该产品，这便是苹果品牌的魅力。苹果公司的品牌战略主要强调消费者的体验和情感，其"年轻、可靠、友好、简单"的品牌个性已深入人心。苹果的成功在于它将这些个性贯穿至方方面面，让与这些个性相合的"苹果迷"狂热追捧。以苹果零售店为例，从店面空间的前卫设计、轻松的氛围、友好的协助到无柜台式的结账方式等都彰显出苹果独特的品牌个性，吸引了越来越多的追随者。追随者自愿为苹果代言，恰恰又促进了苹果品牌的认知程度和追捧程度。通过开发外形具有吸引力同时兼具强大功能性的产品，苹果已经拥有了一群基础客户，这群客户在有意无意间又成了品牌的倡导者。消费者对苹果品牌系列产品的高忠诚度最终为苹果公司带来了丰厚的利润。

6. 苹果通过跨产业升级，获取四大经济效率：范围经济性、规模经济性、速度经济性与网络经济性

乔布斯在 2010 年曾说过，自己的激情所在是打造一家可以传世的公司。乔布斯时代的苹果目标明确、愿景清晰，旨在创造一家基业长青的企业。利润是其赖以生存和扩展的前提条件。在乔布斯时代，苹果的股东从未分过红。利润都被用于支持企业的创新与持续成长。苹果在全球整合资源的跨产业升级的商业模式不仅为其获取了范围经济性、规模经济性，更能为其在互联网时代获取速度经济性和网络经济性。

首先，苹果在设计 MacBook、iPhone 和 iPad 时采用了许多可以通用的零部件，人机交互等技术也能够在这几种产品中实现协同共享，苹果公司由此获取了一定的范围经济性，降低了研发和人力等方面的成本。同时，由于零部件的共享创造了更大的出货量，形成规模经济性。这使得苹果不仅具有更为有利的讨价还价能力，而且也节约了供应链各环节的成本。零

售店和应用商店是苹果获取范围经济性的另一种方式。苹果零售店提供所有苹果产品的体验、销售与售后服务，应用商店则成为 iPod、iPhone 和 iPad 消费者购买软件的平台，任何苹果用户均可在应用商店下载应用程序。这种软硬件资源共享的模式，为苹果公司带来了巨大的经济效益，同时也构成了苹果公司独特的竞争优势。

其次，苹果通过全球资源整合，聚焦产品的开发设计以及市场营销，这使得苹果可以更敏锐地捕捉市场需求，加快研发速度，缩短产品生命周期，从而获得速度经济性。苹果公司每一年度在不同的产品线上都会有不同的新产品出现。仅以 iPhone 手机为例，自 2007 年苹果首次推出了将创新性电话、可视性 iPad 和网络媒体工具结合的 iPhone 手机以来，每一年都有新的创新产品出现，成为人们追捧的产品。与此同时，苹果的生产组装外包，苹果产品存放在供货方，也加快了产品的库存周转。2001—2011 年间，苹果公司存货周转天数一直保持在一周以内，长期保持着领先于行业标杆企业戴尔公司的优势。这种基于时间因素的竞争，使苹果公司获得了更多的消费者忠诚、更低的生产成本、快速成长的机会等竞争优势。诚如微软总裁比尔·盖茨所言，速度是企业成功的关键所在。

再次，苹果公司通过整合外部资源，搭建了巨大的网络应用平台，获取了新的、更高的附加价值，实现了网络经济性。互联网能产生正的外部效应（网络效应）。网络效应指的是商品价值不仅取决于生产这种商品所耗费的社会必要劳动时间，而且还取决于这种商品被生产出来且被使用数量的情况。而在互联网时代，具有这种网络外部效应的商品随处可见，如电话、手机、联网电脑、软件等。例如，苹果利用互联网的便捷，使得其产品应用跨越了许多产业。越多的人采用苹果公司的应用系统，独立的软件开发商就越会引进更多的应用软件；应用软件越多，其他人采用苹果公司产品的可能性就越大。这些多产业的融合给苹果产品带来了更强的差异性和更高的附加价值，并使企业跨产业经营成本大大削减，进一步维持了苹果产品在市场上的领先地位。

最后，苹果的高额利润来源也与其注重成本控制有很大关系。在代工生产领域，低成本与高质量素来是硬币的两面，但苹果却巧妙地解决了这一矛盾。苹果凭借其对价值链的有力掌控，对代工厂商提出了严格的成本要求。伟创力是苹果的代工生产（OEM）厂商之一，由于苹果自己指定原料供应商，伟创力在原材料成本控制上没有运作空间，只能在人力和管理等方面节约成本。该工厂专门针对苹果设计的一份成本节约方案显示，工厂甚至要通过适时关闭工作台上的灯管来节约成本。出于成本等各方面的考虑，苹果有时也会更换原材料供应商。在任何一次更换原材料以及辅料时，都要经过复杂的基本验证测试、设计验证测试、小批量以及大批量验证测试等环节，一定程度上节约了成本并保证了质量。与此同时，为了降低成本，苹果给 iPad 的硬件配置并不算高，但消费者却很少能分辨出性能上的差别。苹果通过 iOS 软件平台与硬件相配合，即便硬件条件稍低，也完全不影响用户的使用体验，这也是苹果维持成本优势的秘诀之一。

7. 苹果产品具有全球性产品的特点，受到不同文化的欢迎

随着经济全球化的发展，越来越多的产品成为全球性产品，生产和销售产品的国界越来越不重要。受益于技术的飞跃进步，人们日益体验到通过现代化来提高生活质量的可能性，消费偏好趋同，全球性标准化产品能在文化各异的国家和地区受到欢迎。当然，各国的经济、技术水平、文化偏好、民族兴趣等差别总是存在的，但它们的存在并不影响市场全球化、产品全球化的发展（毛蕴诗，2001）。

一直以来，苹果产品都是全球性产品的典型代表。它巧妙地结合了人文、艺术与科学，提取了东西方文化的共性因素并使之交融，被誉为"IT 世界中的艺术品"。苹果以其卓越的产品性能，加之先进科技与人性化设计的完美融合，给消费者带来了愉悦的用户体验。苹果是一种时尚文化、个性化的象征，由其以"i"（我）作为产品名称的前缀可窥一二。苹果产品崇尚简约的设计风格，不仅给人们带来视觉上的享受，而且在形式上和精神上都迎合了这个时代的美学标准。苹果的简约与现代人生活的繁复正好形成对比，满足了人们内心对简单生活模式的向往。而多样的彩壳选择，则满足了现代人对个性化的追求。苹果产品的这些特性使其跨越了地域、文化的差异，在全球范围内赢得消费者的喜爱，最终帮助苹果公司在全球市场获得成功。

苹果产品全球化过程中也注重对当地文化偏好的把握。以 iPhone 为例，iPhone 被引入中国之后，没有像"Nokia"或"Sony"那样译成中文"诺基亚"或"索尼"，而是沿用了原有的名称"iPhone"。这样一个名字虽然使用了英文而不是本土的中文，却更能得到消费者的认同。这与消费者心中对西方技术和文化的认同是分不开的。作为全球性的产品，使用英文名称容易让人们将语言的"全球性"和"西方性"与产品本身的"全

球性"和"西方性"相结合，这正契合了中国消费者对国外产品和文化的向往，有利于苹果产品的销售和市场的扩大。

四、苹果的成功实践可以为我们进一步研究跨产业升级提供一个基本框架

苹果公司的产品研发跨越了多重技术领域，产品应用于多个行业领域，是跨产业升级的典范。它的成功为企业的跨产业升级提供了一个基本的分析框架。

苹果通过跨越多个行业领域、多重技术领域，改变价值链的一些环节与过程，形成全新的商业模式，使其产品独具特色。通过这样的转型，产品（服务）的整个研发和制作的过程变得更加复杂，提升了产品和服务的竞争力和附加值。苹果公司的发展模式是将若干技术资源通过一个企业主体的应用与配置（形成战略性资产），应用于若干行业的模式。这种模式体现为：具有不同附加值的不同技术可以应用于不同的行业，而存在不同附加值的多种技术整合也可应用于一个行业，并大大提升产品的附加值。这事实上就是苹果升级模式的本质。这种模式会给企业带来四大经济效率：规模经济性、范围经济性、速度经济性和网络经济性，也使得企业升级的空间更加广阔，升级路径的选择更多（如图2所示）。

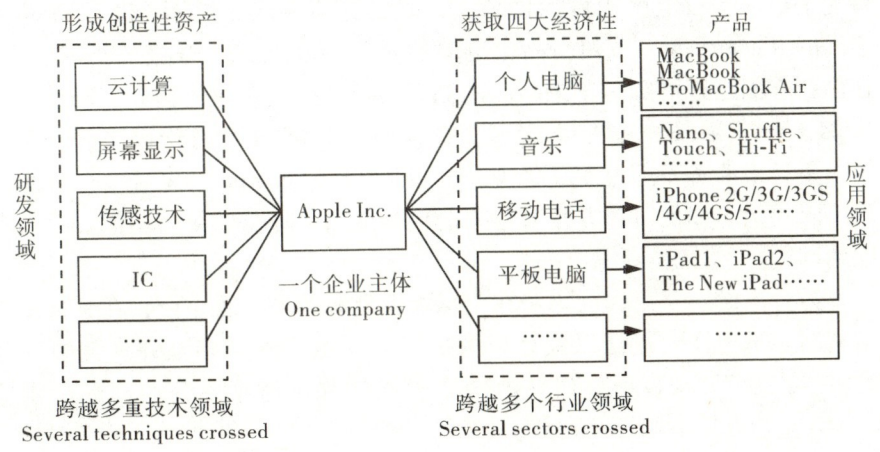

图2 苹果跨产业升级模型

五、苹果面临的挑战

利润越高,竞争越激烈。高利润企业的产品容易引来竞争企业的效仿跟随,新的进入者不断推出高质量的同类产品,抢夺高利润企业的市场和利润。如应用 Android 系统的三星手机对 iPhone 而言就是一个不小的挑战;谷歌的 Nexus 平板电脑在功能上与 iPad 也并无本质差异,而其价格更易被消费者接受。就发货量而言,iPad 系列产品 2012 年第三季度的市场份额为 50.4%,比第二季度的 65.5% 出现明显下降,而三星、亚马逊等使用谷歌 Android 系统的平板产品份额迅速攀升[①]。可见,苹果的绝对优势正在削弱,苹果公司必须重新考虑其高价格和高利润所带来的负面影响。

乔布斯一手铸造了苹果的辉煌。2011 年乔布斯的离世,引发了人们对于苹果未来发展的担忧。如今缺少乔布斯的执掌,苹果影响力或将逐渐减弱,给竞争对手迎头赶上的机会。苹果现任 CEO 蒂姆·库克掌权以来出现的诸多问题也被当成苹果式微的信号。库克如何保住苹果的优势和品牌形象,并且提升公司在顾客心中的地位,是目前苹果公司面临的挑战之一。

创新一直是支撑苹果品牌价值的主要动力。之前苹果在音乐播放器、智能手机和平板电脑领域的创新,一直是亮点频出。然而,2012 年苹果推出的 iPhone5 等一系列新品,更多的是停留在改进、升级的小修小补,在创新方面乏善可陈。苹果新品的创新不足让投资者失去信心。2013 年 1 月 24 日,苹果股价暴跌 12.35%,跌幅创下 2008 年 9 月份以来的最大纪录,单日市值蒸发超过 500 亿美元[②]。消费者对 iPhone 的忠诚度也首次出现下降趋势。如何维持并提升苹果的创新能力,亦是苹果公司需要重点考虑的问题。

另一方面,苹果作为一个在全球配置资源的世界级企业,在其过度追求利润、承担社会责任以及环境保护等方面也受到诸多批评。美国《纽约时报》、华泰联合证券研究所等多家机构都曾对苹果公司产品的供应

---

① 资料来源:国际数据公司(IDC)发布的《平板电脑市场报告》。
② 《苹果让出全球市值第一——创新潜力受到质疑》,载《北京晨报》2013 年 1 月 27 日。

链、利润与成本进行解剖。以苹果 iPhone 为例，iPhone 的利润在各国家、地区间的分配中，苹果公司占据了 58.5% 的利润，韩国公司、美国其他公司分别占据 4.7%、2.4% 的利润，而中国大陆劳工成本只占售价的 1.8%，苹果公司攫取了产业链上的大部分利润[①]。

以富士康为首的苹果代工厂商在过去几年间也备受人权组织的指责。业内人士多次曝光富士康强制要求工人长时间劳动，忽视员工健康，且仅付给工人极低的工资，严重影响了苹果的企业形象。2012 年 2 月，美国公平劳工协会（Fair Labor Association，FLA）对富士康深圳观澜、龙华工厂以及成都工厂展开的工人权益调查报告亦显示，富士康确实存在数十桩严重违反劳工权利的行为。此外，近年来陆续曝光的"毒苹果"事件，也揭露了苹果供应商对环境和公众健康造成的严重损害。在 2013 年央视的"3.15 晚会"上，苹果公司在中国地区的售后服务问题亦遭曝光，诸如中国用户购买 iPhone 后，无法在保修期内享受整机更换服务等一系列问题，这些都表明了苹果公司对中国法律、法规的无视。

企业的价值是企业利害相关者共同创造的。利害相关者包括股东、员工、债权人、供应商、消费者、社区、政府等，他们也共同承担企业的风险。在经济全球化的今天，苹果既然在全球范围配置资源，它就应当更积极地在全球范围来思考、处理诸如劳工权益、环境保护、社会责任等重大问题。特别是在位居苹果全球第二位市场的中国，苹果公司更应该处理好上述问题，摆正自己"中国公民"的位置。

参考文献：

［1］Barney J B. Firm Resources and Sustained Competitive Advantage［J］. Journal of Management，1991（17）：99 – 120.

［2］Barney J B. Is the Resource-based "View" a Useful Perspective for Strategic Management Research？Yes［J］. Academic of Management Review，2001，26（1）：41 – 56.

［3］Damanpour F. Organizational Innovation：A Meta-Analysis of Effects of Determinants and Moderators［J］. Academy of Management Journal，1991，

---

① 资料来源：*Asian Tech Catalog*，华泰联合证券研究所。

34（3）：555–590.

[4] Damanpour F, Evan W M. Organizational Innovation and Performance: The Problem of "Organizational Lag" [J]. Administrative Science Quarterly, 1984, 29（3）：392–409.

[5] Davis K, Robert L. Blomstorm: Business and Society: Environment and Responsibility [M]. 3rd ed. New York: McGraw-Hill, 1975.

[6] Schmidt K E, Cooper R G. The Impact of Product Innovativeness on Performance [J]. Journal of Product Innovation Management, 1991, 8（4）：240–251.

[7] Porter M. What Is Strategy? [J]. Harvard Business Review, 1996（11–12）：61–78.

[8] Sadeghi S. Defensive Strategy-Apple's Overlooked Key to Success [M]. Germany: Epubli GmbH, 2012.

[9] Jun S, Park S. Examining Technological Innovation of Apple Using Patent Analysis [J]. Industrial Management & Data Systems, 2013, 113（6）.

[10] 陈芳．基于品牌竞争力的苹果公司品牌研究［J］．江苏科技信息（学术研究），2011（11）．

[11] 崔文丹．提高我国高新技术企业品牌资产价值策略研究［J］．中国流通经济，2008（3）．

[12] 戴维·莫谢拉．权力的浪潮——全球信息技术的发展与前景1964—2010［M］．高铦，高戈，高多，译．北京：社会科学文献出版社，2002．

[13] 董保宝，葛宝山，王侃．资源整合过程、动态能力与竞争优势：机理与路径［J］．管理世界，2011（3）．

[14] 姜付秀．战略性资产、资本结构与企业绩效［J］．财贸研究，2003（5）．

[15] 约翰·凯．企业成功的基础［M］．孙亮，译．北京：新华出版社，2005．

[16] 柯林斯·波拉斯．基业长青［M］．真如，译．北京：中信出版社，2009．

[17] 刘亮．企业家精神与区域经济增长［D］．复旦大学，2008．

[18] 刘晓敏，刘其智．整合的资源能力观——资源的战略管理［J］．科

学学与科学技术管理，2006（6）.

[19] 罗娟. 领导力与企业成功之路——以苹果公司为例的分析［J］. 科技资讯，2012（1）.

[20] 毛蕴诗，王华. 基于行业边界模糊的价值网分析模式——与价值链模式的比较［J］. 中山大学学报（社会科学版），2008（1）.

[21] 毛蕴诗. 公司经济学前沿专题［M］. 大连：东北财经大学出版社，2007.

[22] 毛蕴诗，蓝定. 技术进步与行业边界模糊——企业战略反应与政府相关政策［J］. 中山大学学报（社会科学版），2006（4）.

[23] 饶扬德. 企业资源整合过程与能力分析［J］. 工业技术经济，2006（9）.

[24] 托马斯·彼得斯，罗伯特·沃特曼. 追求卓越：美国优秀企业的管理圣经［M］. 北京天下风经济研究所，译. 北京：中央编译出版社，2003.

[25] 叶健. 苹果公司核心竞争力分析及其启示［D］. 复旦大学，2009.

[26] 张焕勇. 企业家能力与企业成长关系研究［D］. 复旦大学，2007.

[27] 张英华，李奕. 苹果公司的价值创新和执行力研究［J］. 华东经济管理，2012（6）.

（原载《经济管理》2013年第6期）

企业低碳运作与引入成本降低的对偶微笑曲线模型
——基于广州互太和台湾纺织业的研究

一、问题的提出

纺织业是传统的劳动密集型产业。我国纺织业具有投入大、消耗多、污染严重的特点。但是，纺织业的生产和出口在我国占有重要比重，对经济发展和提供就业的贡献大，因此，纺织业的转型升级具有重要意义。

2009年我国《纺织工业调整和振兴规划》明确指出，要坚决淘汰高能耗、高污染、低效率的落后生产能力，加强节能管理和成本管理。在资源紧缺、环境污染和全球环保共识的形势下，坚持低碳环保理念，抓好企业的节能减排、清洁生产，是当前我国纺织行业以及其他高污染和高能耗行业不容忽视的战略问题。

传统的研究一般认为，企业转型升级主要通过沿着价值链往微笑曲线附加值高的两端——研发和营销升级来实现（Amsden，1989；Gereffi，1991）。然而，企业升级不只是简单地体现为附加值的提升，其本质是企业投入产出比率和生产效率的提高，注重成本（特别是制造环节的成本）降低以达到附加值提高的目标也是企业转型升级的有效路径。

近年来，我国开始大力倡导低碳经济，推进节能减排和清洁生产工作。一些优秀的纺织企业也纷纷开发、采用有利于节约资源和保护环境的新设备、新工艺和新技术，改变发展初期高投入、高消耗的粗放型经营方式，以低碳运作降低生产成本，实现了转型升级。比如广州互太（南沙）纺织印染有限公司（本文简称为"广州互太"）通过低碳运作成功地降低了成本，实现了转型升级，其净出口额和出口单价均高居大陆同行业榜首。

在对比两岸纺织产业发展情况的研究中发现，我国大陆作为全球第一大纺织品出口地，出口产品平均单价却仅为台湾的1/6。台湾纺织业者普遍重视节能环保、通过产学研合作不断创新生态环保产品、推动行业标准国际化等经验对大陆企业具有重要借鉴意义。

本文通过对与低碳运作相关的企业转型升级文献回顾，根据经济学中的生产与成本（亦即收益与成本）对偶性理论提出引入成本降低的对偶微笑曲线模型；通过对纺织企业广州互太和台湾纺织业低碳运作的调研和分析，探讨其与对偶微笑曲线模型的匹配，及其对新兴经济企业、产业转型升级的应用价值。

二、相关研究回顾

1. 企业低碳运作的界定

低碳经济（low-carbon economy）是一种以"三低三高"（低能耗、低污染、低排放和高效能、高效益、高效率）为主要特征，旨在通过减少温室气体排放以获得整个社会最大产出的"绿色经济"。英国政府于2003年首次提出"低碳经济"的概念，通过制定二氧化碳减排量目标、征收气候变化税、鼓励补贴环保投资、成立碳基金等手段，鼓励企业减少污染排放。随后，美国、德国、意大利、日本等国政府也出台相关政策法规以提高能源使用率，减少环境污染。我国于2007年和2009年先后发布了《中国应对气候变化国家方案》和《企业低碳蓝皮书：中国企业低碳发展报告》，指出促进低碳经济发展、提倡节能减排既是解决全球气候变暖的关键性方案，也是促进科学发展观的重要手段。近年来，国内外开始出现低碳管理（low-carbon management）、低碳经营、绿色管理等概念的文献研究。如Nagel（2003）认为低碳管理涉及产品的使用、组成以及生产的全过程，在原有供应链思想的基础上强调环境保护的意识，并要求在价值链内达成一种长期稳定的战略关系，同时还强调技术支持在低碳供应链运作过程中的关键性作用。张太海（2007）认为，企业绿色管理就是根据低碳经济的要求，把环境保护观念融入企业的生产经营活动之中，注重对资源、环境的管理，通过节约资源和控制污染，实现企业的可持续发展。

本文认为低碳经济、低碳经营、低碳管理的范畴可以涉及整个经济、社会而显得较为宽泛。借鉴企业运作管理（operations management）的定义（罗宾斯，2010），本文将企业低碳运作（low-carbon operation）定义为贯穿于企业业务活动全过程或其中某些环节的降低投入与消耗以达到低碳经济效果的过程。由于企业的运作可能涉及整个价值链，因此，低碳运作贯穿于产品设计与研发、原材料采购、加工制造、产品形成、物流配送、销售以及售后服务等各个环节；而在实践中也可能只涉及价值链中的某些环节。在实践中，低碳运作包括设计研发绿色产品、绿色采购、工艺流程优化、技术升级、减少污染与排放等活动，其对降低成本和提升产品与企业的价值空间以及环境保护都有直接而显著的效果。

2. 企业转型升级

关于企业转型的研究，美国匹兹堡大学企业管理研究所在1986年举行"组织转型研讨会"首次对转型（transformation）主题进行研讨，随后逐渐引起各国学者对转型的兴趣和重视。日本学者竹本次郎（1989）对企业转型提出了最简单的定义，即企业为适应外部环境变化所采取的经营策略。

对企业升级的概念，引用最为广泛的是Gereffi（1999）的观点。他认为，企业升级是一个企业或经济体提高迈向更具获利能力的资本和技术密集型经济领域的能力的过程。其他学者也对此进行了探讨。Humphrey和Schmitz（2000）认为，升级是指企业通过获得技术能力和市场能力，以改善其竞争能力以及从事高附加值的活动。而新兴经济体对企业转型升级的定义和出发点与发达国家有所不同。台湾学者李玉春（1992）视升级为一种投入、产出的过程，是投入产出比率的提高，将升级的衡量指标分成投入面指标和产出面指标。毛蕴诗和吴瑶（2009）认为，从存量上看，企业升级是现有企业的能力、价值的提升；从增量上看，是升级企业的新创，是企业在技术、能力提升的基础上开发新产品、新服务、新品牌、新市场等的过程。

关于企业升级的路径，许多新兴经济体的企业实现升级的路径是由简单的委托代工制造（OEM）到委托设计制造（ODM）并最终建立自主品牌（OBM）（Amsden，1989）。Humphrey和Schmitz（2000）从全球价值链的角度出发，明确指出阶梯形的企业升级路径：工艺流程升级、产品升级、功能升级以及跨产业升级。毛蕴诗和吴瑶（2009）较全面地总结了企业升级的7种路径，分别为替代跨国公司产品、技术跨越、技术累积、多重技术领域的嫁接、OEM–ODM–OBM、以产业集群或园区为载体等。总的来说，前人对升级路径的研究大多基于价值链模式，围绕向微笑曲线两端——研发和营销延伸来展开。

3. 引入成本降低的对偶微笑曲线与企业转型升级

"微笑曲线"（smiling curve）是台湾宏碁（Acer）创始人施振荣于1992年提出的，因曲线形似微笑而得名。该理论被不断拓展发展成的"产业微笑曲线"，是台湾各产业的中长期发展策略方向。微笑曲线的理论基础是Porter（1985）的价值链理论。Kaplinsky和Morris（2000）、Humphrey和Schmitz（2003）从价值链治理的角度分析微笑曲线背后的原因，认为领先的跨国公司基于自身优势占据着价值链两端的关键性环节，并通过全球价值链治理获取绝大部分价值，从而决定了全球价值链各环节的利润分配。学术界普遍认同微笑曲线是价值链各环节利润分配的普遍性规律，即在不同产业价值链中，价值更多体现在两端的设计和销售环节，处于中间的制造环节价值分布很少。因此，企业要想摆脱困境，必须注重向微笑曲线的两端移动，既要提高上游的技术研发和产品设计能力，又要打造品牌，拓展下游的营销渠道、物流配送、售后服务等服务工作。

一些学者对微笑曲线进行了动态的发展，并对发展趋势进行了探讨。他们认为，不同行业的附加值不同，一般来说，资金—技术密集度越高的产业，其曲线的位置越高、弯曲度越大。马永驰和季琳莉（2005）指出，随着"模块化"的技术革新、竞争的加剧及世界政治经济形势的变化，微笑曲线的弧度变得更加陡峭，中国企业在制造环节的利润空间越来越小。吕乃基和兰霞（2010）从知识论的角度出发，发现同一行业在不同发展时期也存在着附加价值的差别，微笑曲线并非存在于产品生命周期的全过程，各阶段微笑曲线的"笑容"也各异。文娟和张生丛（2009）认为，微笑曲线并不是放之四海而皆准的理论，具体产业不同，各环节的市场结构不同，价值分布状况也就不尽相同。

有些学者则进一步指出，微笑曲线并不意味着要一味追求从事研发或销售。庄鸿霖和姜阵剑（2010）认为，在中国目前很多企业实力仍薄弱的情况下，急于向微笑曲线两侧高附加值的研发和营销区域扩展，企图快速由"橄榄型"制造企业向工业空心化的"哑铃结构"转化，容易忽略连接并支持两端的中国制造业的核心生存能力——产品制造。

事实上，之前的研究几乎都强调微笑曲线中研发和营销的两端，对制造环节关注甚少。但是，企业转型升级不仅体现为企业活动附加值和获利水平的提高，还体现在生产效率和投入产出比率的提高。提升制造能力，降低投入和消耗从而降低成本，同样可以提升价值。经济学中的生产与成本(亦即收益与成本)对偶性理论认为,生产与成本之间存在相关相反的关系。为此,本文提出对偶微笑曲线模型,如图1所示:图(a)和(b)中的横轴均表示价值链,(a)中纵轴表示成本,(b)中纵轴表示附加值。当企业活动的成本(主要是制造环节的成本)降低,(a)中的微笑曲线就向下凸移,由实线所示位置变为虚线所示位置;与之对偶,(b)中的微笑曲线就向上凹移,由实线所示位置变为虚线所示位置。企业通过降低价值链中的成本也达到附加值的提高。这是在微笑曲线两端升级之外的另一条有效的升级路径。

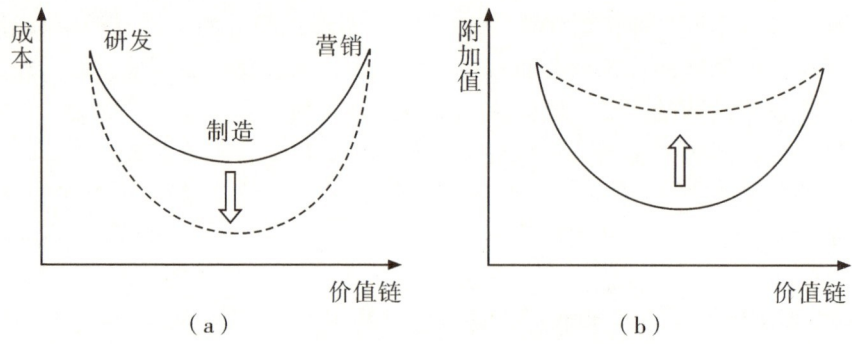

图1 引入降低成本后的对偶微笑曲线模型

三、案例研究:广州互太的绿色转型升级[①]

广州互太是位于广州南沙开发区的香港独资企业。公司成立于1997年,现有员工6000多人,主要生产和销售各类型针织中、高档织物面料,其产品95%以上销往欧美及日本市场。

历经短短十余年,广州互太就发展为中国对外贸易500强企业。公司产品档次在同业中属领先地位,在经济效益及出口创汇方面都是同行中的佼佼者,净出口额和出口单价均位于同业榜首,出口量(吨)位于同业第二。2008年,在金融危机席卷全球之时,广州互太的生产订单量反而在纺织行业中创历史最高。2008年,其营业收入为34.54亿元,利润总

---

① 根据2011年3月和4月对广州互太的实地调研和电话调研所得。

额1.52亿元；2009年，营业收入继续增长至38.22亿元，其中高新技术产品营业收入占总收入的65%，利润总额达2.22亿元。到2009年，公司生产规模已达1998年建厂初期的25倍。

广州互太在成立之初即确立了节能环保的生产理念，是广州第一家自愿开展清洁生产的纺织企业，清洁生产水平达到一级技术指标即国际先进水平。广州互太累计投入了2亿元用于节能减排，采取一系列措施实现了企业生产成本和能耗水平的逐年下降。2009年，公司的生产成本下降5%，工业产值综合能耗下降28%，单位产品能耗下降17.4%，节能目标超额完成147%，节约用水1100万吨，节约标煤用量1.77万吨，节能项目直接经济效益达每年3500万元。

广州互太因在清洁生产、保护环境方面表现突出而多次获得有关部门的充分肯定和表彰，先后获得广东省节能先进企业、广州市清洁生产示范基地、国家印染行业节能减排奖、香港工业总会2008—2009年"恒生珠三角环保大奖"赛环保奖等多项荣誉。作为传统劳动密集型产业，广州互太通过低碳运作成功实现了转型升级。

1. 环保采购确保从源头开始低碳运作

广州互太从源头上对使用的原材料进行控制，实施环保采购，特别是选用含硫量为0.64%的低硫量煤，从而减少废气中的二氧化硫量。2009年，广州互太开始实施染料助剂无磷化采购，加强对供货商提供的染料、助剂等日常消耗品的含磷浓度测试，严格控制原材料采购中可能存在的高磷原料和主要客户禁用的化学物质清单和标准，为程序控制及终端减排降低了难度。环保采购虽会带来原材料成本上升，但由于污水、废气和固体废弃物排放的减少带来了废物处理成本的降低。例如，用煤含硫量每减少0.1%，脱硫过程即可减少10吨烧碱的消耗量。因此，相对较高的生产成本得以消化平衡，在确保提供符合顾客要求的高品质产品的同时又达到了环保要求。

2. 工艺流程改造实现清洁生产过程

广州互太对传统工艺流程进行改造，采用开幅湿定型工艺，将原来的"染色—干布—定型"工艺流程缩短为"染色—定型"。因为减少了干布时烘干这个工序，印染织物每磅能源节省0.2元人民币，生产效率提高近30%。目前，广州互太40%的产品均采用此工艺，全年可节省3000吨标准煤。此外，互太研制开发的人造棉抗起毛起球工艺、棉等织物染色前处理工艺也已应用到生产中,全面提升了产品品质,提高了产品竞争力。目前,这两项工艺正在申请国家专利。

3. 加大节能技术和设备的投入及研发

在基础设施方面,广州互太建有设施完善的污水处理厂及烟气处理系统,排出的废水、废气完全符合当地环保标准。公司自建的污水处理厂日处理40000吨污水,投入4000多万元建设的废水回用设备日处理25000吨废水。2008年,广州互太投资500万元兴建电厂脱硫塔工程,每年减少二氧化硫排放量527吨;热电厂建成后,又将用于污水处理的污泥掺混在原煤中焚烧,每年减少固体污泥排放3500吨。广州互太的废物控制系统处理生产过程中排放的工艺废气,成功除去废气中85%的二氧化硫量,使得发电厂的平均二氧化硫浓度降至约为广东省新地方标准的一半,有效去除排放废气中99%的灰尘,并安装特别管道和除油装置,成功减少废气中50%的含油量。2011年,广州互太升级工艺废气的处理技术,有望达到90%~95%的废气去除率。

在生产设备方面,广州互太的设备自动化程度高,染整一次成功率远领先于同行,每公斤布所耗用的水及能源只有同业一半。广州互太引进国外先进的氨纶整经机、布面温度控制仪、数码印花机、自动染料输配系统等设备以更好地控制布的密度和纱的张力,并提升染色和印花质量。2007年,广州互太耗资1亿元引进气流染色机,减少了40%污水排放,热能和化学助剂同比例减少,综合能耗下降12%,每年节水700万吨,节省了25%生产成本。广州互太自建专门的废气处理设备,如循环流化床和工业静电除尘系统等,使用余热交换器提升能源使用效率。同时,还采用用于航空、造船工业的隔热涂料对染缸实施保温,最大限度减少染缸热损失,这样可节省18%的蒸汽,每年节约标煤6000吨。另外,拉幅机、双压轮系统、大磅重载布铁架车等自主研发和改进的机器设备也应用于生产中,2010年已申请了国家专利。

4. 资源回收再利用,提高资源利用率

广州互太进行染色废热水、定型机尾气回收,每年节约标准煤14000吨。其中,通过染色废热水回收工程,每年回收的热值折合标煤可达10000吨。公司建立的定型机尾气回收工程,将高达140℃的尾气重新送入定型机,每年可节约标煤4000吨。2008年,广州互太投资4000万元兴建了RO反渗透废水深度处理回收利用工程,将处理达标后的废水再进

入此系统进行深度处理并重新用于生产，回收利用率达70%，每年可节约用水700万吨，是国内第一家将印染废水直接回用于生产的厂家。整体上，广州互太的热能回收利用率达78%以上，综合能耗可比性达到清洁生产III级标准。

广州互太在过去共投入15项节能及清洁生产项目，为企业带来了相当可观的环保效益，每年累计减少二氧化硫量约11.9万吨，详见表1。在"十二五"规划中，广州互太继续加大节能环保的投入力度，陆续开展其他7项清洁生产项目，以期实现更高的环保目标，详见表2。

表1　广州互太15项节能减排及清洁生产项目

	项目	环保效益	减少的二氧化硫量
1	反渗透系统	每年减少约700万吨污水	
2	烧污泥灰化	每年增加700吨污泥循环再用能力	
3	脱硫塔	每年减少二氧化硫排放量达527吨	
4	余热回收供冷气机电	每年节省4000吨标准煤	10000吨
5	生产机器废气净化系统	减少废气排放含油量达50%	
6	隔音屏	减少噪音	
7	缩短生产工艺流程	每年节省8500吨标准煤	21375吨
8	环保染缸	每年节省400万吨用水量及15000吨标准煤	30000吨
9	保温涂层	每年节省6000吨标准煤	15000吨
10	节能光管	节省710万千瓦电力	2800吨
11	污水分流及余热回收	每年节省1万吨标准煤	25000吨
12	生产机器废气余热回收	每年节省标准煤4000吨	10000吨
13	空压机恒压改造	每年节省标准煤1000吨	2500吨

(续表1)

	项目	环保效益	减少的二氧化硫量
14	节能织针	每年节省标准煤约1000吨	2500吨
15	脱硝工程	每年减少NOx排放约1300吨	
			合计 119175吨

表2 广州互太未来清洁生产项目

项目名称	开工时间	竣工时间	预计节能量（吨标煤）
空压机热水回用	2011	2011	2000
定型机余热回收	2011	2011	800
空压机节点改造	2011	2011	300
定性短工艺流程改造	2012	2013	4000
汽轮机冷却水热能回收	2012	2014	3900
染色机热保温	2012	2014	2000
溴化锂热水空调项目	2014	2015	7000

资料来源：广州互太调研资料。

5. 通过国际环保认证，提升产品价值

欧盟、美国、日本等发达国家或地区对纺织产品所使用的化学品以及布匹中的化学物质含量有着极其严格的要求。广州互太选择国际最著名的供应商采购原料，通过环保采购、前期检测确保原材料绿色环保，并且主动将产品交给国际级的公正行进行测试，检测结果完全符合欧盟生态纺织品的要求。2003年，广州互太产品通过了国际Oeko-Tex Standard 100生态纺织产品认证；2008年，又通过了瑞士GOTS全球有机纺织品标准认证，并在2010年继续寻求ISO 14064和GB/T 2333－1认证。在环境标准方面，广州互太所采用的标准明显高于高于国家及地方的标准，更严格地控制废物排放，见表3。广州互太还积极参与制定行业环保标准，目前是国

家 FZ/T 01105-2010《针织印染产品取水计算办法及单耗基本定额》和《染整行业清洁生产水平评价标准》的制定单位。随着质量和环保功能的提高，广州互太产品的平均单价在 10 年间翻了 1 倍，名列国内同行业榜首。

表3 广州互太环境标准达成情况

参　数	互太排放浓度	广东省地方标准	国家标准
气体污染物：			
二氧化硫	300mg/Nm3	400mg/Nm3	
烟尘	40mg/Nm3	50mg/Nm3	
林格曼黑度	<1	1	
氮氧化物	200mg/Nm3	450mg/L	
水污染物：			
PH	6～9	6～9	6～9
生化需氧量	18mg/L	20mg/L	25mg/L
总磷	0.4mg/L	0.5mg/L	1.0mg/L
化学需氧量	37.8mg/L	100mg/L	100mg/L
悬浮物	12.7mg/L	60mg/L	70mg/L

资料来源：根据广州互太调研资料及国家纺织染整工业水污染物排放标准（2008）整理。

四、台湾纺织业转型升级经验

台湾纺织业在 20 世纪 90 年代面临成本上升、环境保护等压力，企业纷纷往大陆和东南亚外移，而留守岛内的企业则实现了纺织业整体转型升级。目前，台湾纺织业已成为全球第六大纺织品出口地区。尽管大陆纺织业出口量全球最大，为台湾的 18.5 倍，但单价却是台湾的 1/6，获利能力远逊于台湾，见表 4。

表4 2010年1—10月台湾和大陆纺织品出口金额及单价

产品名称	台湾		大陆	
	出口金额 （万美元）	平均单价① （美元）	出口金额 （万美元）	平均单价 （美元）
布料	555619	6.39	2881800	1.11
成衣	65462	17.96	10498027	3.09

资料来源：根据台湾纺拓会、中国纺织品进出口商会资料整理。

在台湾纺织业的整体转型升级中，低碳运作起到了重要作用。台湾研发的绿色环保纺织品数量多、种类全、涵盖面广，包括各式自然环保素材、无生态污染制程与节能纺织服饰，绿色环保与舒适健康结合的机能性纺织品，节水、节能、减废效益的各项原液染色纱、特殊纱及尼龙竹炭纱，利用宝特瓶回收再生聚酯粒制造的环保服饰，等等。

台湾纺织企业积极顺应全球环保诉求，以生产环保纺织品和绿色制造技术为引导，从原料、工艺流程、助剂、设备等多方面入手，研究开发新设备、新方法和新技术。同时，注重能源与资源的管理、节能设备的开发以及生产过程每一环节的环保问题，对废水、废气等资源实行回收再利用，致力减少温室气体排放以及化学药剂、水和能源的消耗。

台湾许多跨行业厂商组成战略联盟，共同研发环保高科技纺织品。例如，南台湾纺织研发联盟、TENCEL垂直生产战略联盟、无尘衣中卫合作体系、远红外线蓄热保温布料战略联盟等。台湾拥有完善的产学研合作机制来推动绿色产业发展，政府设置专职机构或者委托财团法人（工业技术研究院、纺拓会、化工所及纺研中心），以政府补助经费等方式将资源投入到私人部门进行研发，并将成果移转至民间业界，还出台"产业绿色技术辅导与推广计划"等专项计划，为企业导入"绿色技术"的观念和方法。

在寻求环保认证和规范行业标准方面，台湾纺织企业普遍具有低碳运作意识，积极寻求Oeko-Tex®、Bluesign®、GOTS及OE有机棉等国际环保标准认证。例如，台湾通过全球最多纺织品制造商所采用的环保认证

---

① 表4的平均单价均为加权后平均单价。

标识——Bluesign®的企业数量名列全球第一。此外，台湾经济部门积极制定和完善纺织行业标准，主动与国际接轨。台湾早于1959年成立了台湾纺织品试验中心，用以执行台湾纺织品外销检验及维护产品品质，后又成立了多家符合国际标准的检测机构，并与欧美国际验证检测机构建立战略联盟，推动台湾纺织中心成为亚太区机能性纺织品检测中心。

五、讨论与启示

1. 广州互太和台湾纺织业的低碳运作有效地匹配了对偶微笑曲线

广州互太和台湾纺织业的转型升级经验有力地验证了本文提出的对偶微笑曲线模型。它们通过低碳运作，一方面可以降低投入、消耗与成本，另一方面也提升了产品的附加价值。因此，低碳运作实现成本降低是企业转型升级的有效途径。

2. 提升绿色经济意识，围绕价值链实现企业低碳运作

企业的运作贯穿于产品设计与研发、采购、制造等与产业链有关的各个环节。企业可以通过环保采购与前期检测确保原材料绿色环保，利用工艺流程优化再造，加强节能系统监控，加大先进节能型设备、设施与环保工程的投入和研发等一系列措施，提高资源利用效率，直接降低产品能耗与废物排放，从整体上提升企业的效能。

3. 以产学研合作建立战略联盟，开发绿色技术和产品

积极建立以企业为主体、市场为导向、产学研相结合的战略联盟，加强产业链上、中、下游间的合作沟通，培育壮大产业集群，是开发绿色技术和产品的有效途径。政府应该对环保技术研发、低碳运作等方面提供一定的财政补贴，产官学研合作，共同开发绿色技术和产品，推动产业的绿色升级。

4. 树立优秀的低碳运作标杆企业并发挥其示范效应

目前，我国大多数企业仍未摆脱高投入、高消耗的粗放型经营模式。企业主动参与清洁生产、低碳运作和节能环保的意识不强。通过宣传强化像广州互太这样强调低碳环保的标杆企业，发挥其在企业界的示范效应，有助于引导我国企业低碳运作的意识与行为。

5. 制定和完善有关行业标准，鼓励企业寻求国际认证

2009年大陆纺织行业的1457项标准中，只有35.35%采用了国际标准[①]。结合台湾的经验，政府应主动适应国际标准，加快制定和完善有关的行业标准。一方面，要引导甚至强制实施某些标准，淘汰落后与污染产能；另一方面，要鼓励企业参照国家和地方标准制定本企业的标准。同时，亟须设立专门机构主持标准认证工作，鼓励企业积极寻求国际标准认证。

六、结论与进一步的研究

1. 对偶微笑曲线是对微笑曲线的推广，因而比微笑曲线更具解释能力

对偶微笑曲线是根据生产与成本（亦即收益与成本）对偶性理论所提出的投入—产出关系模型。它是对微笑曲线的推广，因而比微笑曲线更具解释能力。低碳运作通过诸如技术升级、流程再造等方式所带来的企业价值链上各个环节的成本降低，也同样可以实现附加值的提高。因此，对偶微笑曲线模型不仅可以解释企业通过专注于微笑曲线两端来提升企业价值的行为，而且也解释了企业可以通过诸如进行低碳运作、技术升级而降低成本，从而带来企业价值的提升。

2. 对偶微笑曲线是更适用于研究新兴经济的企业、产业升级的模型

以中国大陆为代表的新兴经济，其企业、产业正处于转型期。特别是许多传统的劳动密集型产业存在投入大、消耗多、污染严重的特点，因而从低碳运作入手降低成本，在提升产品、企业价值方面具有巨大空间。因此，对偶微笑曲线模型对于研究新兴经济企业、产业的转型升级具有更广泛的应用价值。

3. 需要进一步的经验研究

企业转型升级是新兴经济体所面临的现实问题，也是当前绿色经济对企业提出的紧迫问题。本文从企业低碳运作、成本降低以及生产与成本（收益与成本）对偶性理论研究企业转型升级。这仅仅是探讨的开始，本文所提出的对偶微笑曲线需要有更多的案例研究、实证分析来加以验证以获得支持，这也是我们进一步的研究方向和重点。

---

① 《纺织标准完善征途上存在三大"挡路虎"》，载《纺织导报》2010年2月23日。

参考文献

[1] Amsden A H. Asia's Next Giant: How Korea Competes in the World Economy [J]. Technology Review, 1989 (5 – 6).

[2] Gereffi G. International Trade and Industrial Upgrading in the Apparel Commodity Chains [J]. Journal of International Economics, 1999 (48): 37 – 70.

[3] Humphrey J, Schmitz H. Governance in Global Value Chains [C] // Hubert Schmitz. Local Enterprises in Global Economy: Issues of Governance and Upgrading. Cheltenham: Edward Elgar, 2004.

[4] Humphrey J, Schmitz H. How Does Insertion in Global Value Chains Affect Upgrading in Industrial Clusters? [J]. Regional Studies, 2002, 36 (9): 27 – 101.

[5] Humphrey J, Schmitz H. Governance and Upgrading: Linking Industrial Cluster and Global Value Chain Research [C] // IDS Working Paper 120. Brighton: Institute of Development Studies, 2000.

[6] Nagel M H. Managing the Environmental Performance of Production Facilities in the Electronics Industry: More Than Application of the Concept of Cleaner Production [J]. Journal of Cleaner Production, 2003 (2): 11 – 26.

[7] Poon T S C. Beyond the Global Production Networks: A Case of Further Upgrading of Taiwan's Information Technology Industry [J]. Technology and Globalization, 2004, 1 (1): 130 – 145.

[8] Kaplinsky R, Morris M. A Handbook for Value Chain Research [R]. 2000.

[9] UK Energy White Paper: Our Energy Future-creating a Low Carbon Economy [R]. 2003.

[10] 迈克尔·波特. 国家竞争优势 [M]. 北京: 华夏出版社, 2002.

[11] 斯蒂芬·P. 罗宾斯, 等. 管理学: 原理与实践 [M]. 北京: 机械工业出版社, 2010.

[12] 黄永明, 何伟, 聂鸣. 全球价值链视角下中国纺织服装企业的升级

路径选择 [J]. 中国工业经济, 2006, 218 (5): 58 - 59.

[13] 刘佳. 金融危机下的倒"微笑曲线" [J]. 商场现代化, 2009 (7): 125.

[14] 吕乃基, 兰霞. 微笑曲线的知识论释义 [J]. 东南大学学报（哲学社会科学版）, 2010 (5): 20 - 21.

[15] 马永驰, 季琳莉. 从"微笑曲线"看"中国制造"背后的陷阱 [J]. 统计与决策, 2005 (5): 132 - 133.

[16] 毛蕴诗, 吴瑶. 企业升级路径与分析模式研究 [J]. 中山大学学报（社会科学版）, 2009, 217 (1): 179 - 185.

[17] 毛蕴诗. 公司经济学 [M]. 大连：东北财经大学出版社, 2002.

[18] 任卫峰. 低碳经济与环境金融创新 [J]. 上海经济研究, 2008 (3): 38.

[19] 文嫣, 张生丛. 价值链各环节市场结构对利润分布的影响 [J]. 中国工业经济, 2009 (5): 150 - 159.

[20] 张太海. 绿色管理：现代企业管理的主题 [J]. 科技进步与对策, 2003 (1): 39.

[原载《中山大学学报》（社会科学版）2011 年第 4 期，与熊炼合著]

论股市的企业重组机制：中、美、日比较

一、问题的提出

(一) 我国股市存在重融资、轻企业重组的倾向

我国股市从无到有，已走过了十多年的风雨历程，有力地促进了我国经济发展和经济体制改革。当前，随着我国股市股权分置改革的基本完成和一系列政策法规的颁布①，股市发展正在实现战略性转变，进入了一个崭新的时期。央行报告显示，股权分置改革的顺利推进和国内资本市场的复兴使 A 股市场成为国内企业直接融资的首选。2006 年，国内非金融机构通过股票市场的融资额达到了 2246 亿元，相比 2005 年的 1053 亿元，规模增加了 1193 亿元，翻了一倍多。股票融资占全部融资规模的比重也由 2005 年的 3.4% 上升到去年的 5.6%。但在融资结构中，银行贷款依然是企业融资的主渠道，间接融资依然占据着绝对比重。2006 年，我国贷款总量达到了 32687 亿元，相比 2005 年增加 8070 亿元，同比增长 32.78%，贷款总额占全部融资比重上升 1.8 个百分点，达到 82%。②

据统计，2006 年年底中国股市的总市值约为 1.1 万亿美元，1996—2006 年间的融资总额约为 1250 亿美元。与之相比较，到 2006 年年底，美国股市总市值（纽约交易所和纳斯达克交易所之和）已达到 19.3 万亿美元，为日本股市的 4 倍，为中国股市的 17.5 倍；1996—2006 年，美国股市融资总额已达到 2 万亿美元，是日本股市的 7 倍，是中国股市的 16

---

① 如 2007 年 1 月 30 日颁布的《上市公司信息披露管理办法》、2004 年 10 月颁布的《保险机构投资者股票投资管理暂行办法》、2004 年 6 月 1 日起施行的《中华人民共和国证券投资基金法》、2004 年 4 月颁布的《企业年金基金管理试行办法》、2002 年 11 月 7 日中国证监会与中国人民银行联合发布的《合格境外机构投资者境内证券投资管理暂行办法》等。

② 数据引自中国人民银行公开统计数据、《2006 年国际金融市场报告》、《中国金融市场发展报告·2006》等，作者已做合并计算。

倍。虽然中国股市已经持续了一年多的牛市，但相比较而言，目前我国股市规模还非常小，债券市场的筹资规模更小。2005年，美国债券发行的规模大约是股票发行规模的6.5倍，而2006年我国发行的企业债和公司债，仅相当于同期股票筹资额的44%①。

以上诸多数据表明，我国股市在融资方面的功能发挥还远为不够，需要大大提高股市在融资方面的规模与比例。我国社会主义市场体系的建设不到30年的历史，股市发育的历史更短。从设立之初，不少利益主体视股市为"圈钱"场所，"重筹资、轻回报"，甚至"假融资"现象严重，相当一部分资质不够的公司"跑步前进"②，上市"圈钱"之后不久便亏损。尽管近年来这样的情况有所改变，但股市中"重融资、轻重组"的倾向仍然存在，严重影响了股市的健康发展，不利于资本市场的长期建设。

（二）各国股市在融资方面功能相同，但在推动企业重组功能上有巨大差别

如果说股市的融资功能是与生俱来的，那么股市推动企业重组的功能便是需要后天培育并在制度、法规上进行建设和加以完善的。考察世界上不同国家的股市，我们发现其在融资方面功能相同，但在推动企业重组的功能上有巨大差别和完全不同的效果。例如，美国股市的高效能制度体系、"股东行动主义"和"机构投资者的觉醒"形成了企业被接管和收购的威胁，使得美国股市接管频繁，有效地推动了企业重组。而在日本，金融体系以银行为主导，公司间交叉持股盛行，导致股市缺乏效率，日本公司面临的外部接管压力很小，企业重组缺乏动力。美日股市在推动企业重组功能上的巨大差别正是20世纪90年代美国企业竞争力重新超过日本的重要原因之一。

全国人大常委会副委员长成思危（2006）指出："我国股市改革的目

---

① 数据引自中国人民银行公开统计数据、《2006年国际金融市场报告》、《中国金融市场发展报告·2006》等，作者已做合并计算。

② 上市公司为了谋求利益、迅速获取资金，采取各种手段规避政府监管，骗取上市资格。如"中国股市第一案"中，银广夏4年间就累计虚构收入10多亿元，虚增利润7.7亿元；麦科特公司伪造合同，虚构利润，倒制会计凭证、会计报表，隐匿或故意销毁会计凭证以达到欺诈上市的目的。

标模式就是要向股市的基础作用回归,恢复股市的本色。"我国股市从无到有,其发展不过十几年的时间,经历了多次低潮,由于渐进式改革原则发挥了作用,才使其在风雨洗礼中发展壮大。当前,资本市场的建设已成为我国市场经济体系建设的核心部分。然而,何为股市本色? 本文从历史和创新的观点,结合我国股市发展、国外经验就股市促进企业重组功能进行分析,并提出建议。

二、文献回顾

(一) 国外文献

1. 资本市场功能

国外文献对资本市场[①]功能的研究主要集中在社会金融资本(源)配置方面,包括资本(源)在市场中各单位间的转换、调整与退出市场的方式、手段、效率、决定因素以及国家(或地区)间差异。罗纳德·I.麦金农(Ronald I. Mckinnon)(1973)和爱德华·S. 肖(Edward S. Shaw)(1973)便从"金融抑制"和"金融深化"视角研究了发展中国家社会金融资源配置的问题。

20 世纪 70 年代,著名美国经济学家罗纳德·I. 麦金农(1973)和爱德华·S. 肖(1973)分别在著作《经济发展中的货币和资本》《经济发展中的金融深化》中,从不同角度对发展中国家的"金融抑制"和"金融深化"进行了研究。研究认为,发展中国家的市场被条块分割,相互隔绝,是"不完全"的[②]。在发展中国家,社会金融资源的配置往往因市场机制的不完善而扭曲,稀缺的资本常常流到了拥有特权而不懂得投资的社会阶层和企业(包括国有企业和一些特殊关系企业),而不是急需资金进行投资的企业(包括私营和中小型企业)与企业家手中。而钱德勒

---

① 目前无论是理论界还是实践界,对于资本市场概念的界定都有着很大的差异。在本文中,我们只研究资本市场中的股票市场。限于篇幅,不对资本市场、金融市场、证券市场、股票市场等概念及范畴展开讨论。

② 麦金农的研究表明,发展中国家的经济结构一般是"割裂"的,即大量的经济单位互相隔绝,生产要素及产品的价格不同、技术条件不一及资产报酬不等,没有一个市场机制来使之趋于一致。

(1977）则认为："在美国，大公司中经理人的看得见的手已经取代了作为资源配置基础机制的资本市场即看不见的手。"

Prahalad 等（1983）认为资源配置模型应该考虑到经济中资本供给的主要来源与企业对外部资本来源的依赖程度的交互作用。依此，他们给出了可能解释复杂经济中资源配置的三个不同模型，分别是经济（economic）模型、管理（administrative）模型、政治和意识形态（political and ideological）模型①。

Jeffrey Wurgler（2000）则探究了资本配置效率的国际差异并发现金融市场变量能够帮助解释这一差异。相对于小的金融市场国家而言，发达金融体系国家在新兴产业的投资增长更多，而在衰退产业的投资削减也更多。Jeffrey Wurgler 奠定了通过金融市场促进现实经济的特殊机制，他指出通过金融市场促进资本配置的一些手段或方式，包括股票市场，特别是那些明确的企业股价变动比例较高的股市，能够提供投资机会选择所需的有用公众信号；少数投资者权力抑制了企业在衰退产业中的过度投资等，这与 Jensen（1986）的自由现金流理论观点一致。这也正如政治经济学家认为，"资本配置朝向最大收益的商业（交易），并会迅速退出低利润或无利可图的商业（交易）。但是，在一般国家，资本进入与退出的过程是缓慢的……然而，在英国……资本稳定及时地流动到最需要它并能被充分利用的地方（商业），这就如同水流总会回到水平面一样"。（Bagehot, 1873）

此外，Thorsten Beck 和 Ross Levine（2002）研究表明，法律体系的效率和整体金融的发展推动了产业的增长、新公司的形成和有效的资本配

---

① Prahalad 等（1983）通过对 1954—1978 年间世界财富 500 强企业中的工业企业的实证研究表明，企业对外部资本的依赖不一致并且资本的供给者正逐渐区分为不同的群体：个人股东、机构投资者和国家。这三个群体的动机也大不一样。个人股东会对投资组合的风险回报的感知以及最大化的经济回报的期望做出基本的响应。代表机构投资者的经理则会对组织压力和强加于他的合法约束做出反应。因而，投资决策不再是纯经济上的，它还受到管理情境的影响。公共政策的制定者或者国家，对国有企业或特定科技领域的私有企业的投资资金主要不是受经济回报，而是受"国家利益"和其他政治考虑激励。决策很可能是在国有企业经理、职业官僚主义者和政客之间的复杂的相互协调（interplay）的基础上做出的。

置，而金融体系是由市场主导还是银行主导显得并不重要。①

2. 接管与重组

委托—代理问题是公司治理中的核心问题，它源自经理们常常既有判断力又有动机做出损害股东利益而有利于自身的战略与实践（Jensen & Meckling，1976）。通过组织与市场机制来控制代理人问题是许多研究的主题。有研究认为，作为内部控制机制的报酬安排和管理者市场可以使代理问题得到缓解（Fama，1980），而股票市场和接管市场则是对代理人问题进行控制的两个外部机制（Fama & Jensen，1983）。股票市场的价格是一种信号，表现了人们对内部决策是否有效的广泛认识，低股价会对管理者施加压力，使其改变行为方式，并且忠于股东的利益。而接管则是指通过要约收购或代理权之争，使外部管理者战胜现有的管理者和董事会，从而取得对目标企业的决策控制权。曼尼（1965）就认为，公司控制权市场的存在大大削弱了所有权与控制权分离所带来的代理问题，他强调如果因为公司的管理层无效率或代理问题而导致经营管理滞后的话，公司就可能会被接管，从而面临被收购的威胁。Jensen 和 Ruback（1983）、Jensen（1986）也认为当代理成本很大时，接管将有助于减少代理成本。

众多学者对于公司间的接管与重组问题进行了研究②。迈克尔·詹森（Michael Jensen）（1993）指出："接管运动已经将美国公司的问题摆上了一个重要的位置，并力图在公司面临严重的产品市场麻烦之前予以解决……事实上，他们正在提供一套预警系统，目的在于将过度的生产能力健康地调整到世界范围的经济中去。"

公司间接管的动力和压力有效地推动了企业重组和资源优化配置。研究表明，1976 年以来的兼并与收购，主要集中于服务业（如商业银行业

---

① 金融经济学家们就市场主导和银行主导两种金融体系谁优谁劣的问题争论了近一百年。Thorsten Beck 和 Ross Levine（2002）的研究表明，市场主导和银行主导两种金融体系不存在谁优谁劣的问题。

② 如迈克尔·詹森（1983、1989、1993）对美国 20 世纪 80 年代的兼并、举债收购进行了较为系统的研究。布莱尔（Blair Margaret）（1990、1995）在其著作中亦对举债收购与公司重组、公司控制与公司重组等方面进行了深入的探讨。J. Fred Weston 等（1996）、Joseph W. Bartlet（1991）、Singh 和 Chang（1992）、Esward H. Bowman 和 Harbir Sight（1993）、S. Shiva Ramu（1999）等分别对公司重组的背景与动因、方式与效果进行了深入研究。Rolf Buhner 等（1997）从委托—代理关系入手，对美国和德国公司的重组与方式进行了理论与实证方面的比较研究（毛蕴诗，2004）。

与投资银行业、金融、保险、批发、零售、广播和医疗卫生行业等）以及自然资源领域。服务行业中的企业兼并增多，反映了这些行业在美国经济中的重要性在不断增加。尤其是在金融服务行业中，自1976年以来，该行业中的兼并占全部兼并的15%以上（J.弗雷德·威斯通等，1998）。而美国股市的新增资本却大多投向了电脑软硬件、医疗保健、生物技术以及通信、网络技术等新兴产业领域，对其高科技产业的发展和经济增长做出了不可估量的贡献。

然而，有学者却认为将控制机制与从事控制的人区分开来也是极为重要的（Herman，1981；Magareter Blair，1995）。股东无疑是最有动力实施公司控制的人选，他们将通过公司重组使得所有权结构发生演化，最终达到对企业的有效控制。例如，在美国，机构投资者就发挥了十分重要的作用（Magareter Blair，1999）。这些机构投资者——银行和储蓄机构、保险公司、共同基金、养老基金、投资公司、私人信托机构和捐赠的基金组织——拥有美国的私人企业、公司和公债总资本索取权的40%以上，在最大的和最抢手股票的公司中，机构投资者往往是最大的股东，所拥有的股票约占公司总发行量的60%～70%。

（二）国内文献

国内最近的一些文献逐渐开始研究资本市场的功能。邢天才（2003）从微观和宏观的角度考察了资本市场的功能。他认为资本市场功能，在宏观上，体现为经济"晴雨表"功能、促进经济增长与抑制通货膨胀、促进产业结构调整和降低国民经济整体运行风险；在微观上，则主要是投融资功能和资源配置功能。他指出，我国资本市场的微观功能发挥得不够充分制约了宏观功能的发挥，我国股市在微观功能的发挥上存在着极大缺陷：筹资功能的"过度"和资源配置功能的"不足"。

邹德文等（2006）系统阐述了资本市场的5项功能：融资功能、资源配置功能、风险定价功能、信息反映功能和体制创新功能。他们认为，在资本存量配置方面，资本市场主要是通过并购、重组（如扩张式重组、收缩式重组、控制权转移和公司内部重整等）来实现。

刘义圣（2006）从演进发展、功能发挥作用等不同的视角研究了资本市场的功能。他认为，资本市场的5大基本功能是融资功能、风险定价功能、资源配置功能、流动性功能和转制功能，其中融资是原始功能，风险定价是基础功能，资源配置是核心功能，流动性是前提功能。刘义圣还指出，目前我国股市主要表现为筹资市场，"圈钱"功能发挥得淋漓尽致，而最重要、最本质的功能——优化资源配置功能则发挥得很不理想。

吴晓求（2006）则认为，在正常的制度环境下，购并以及以购并为机制的存量资源配置是资本市场最重要的功能，资本市场的核心功能是整合存量资源，而不是增量融资。

（三）文献述评

国外学者深入研究了资本市场配置资源的方式、手段、效率和决定因素，也探讨了股市推动企业重组的实践以及国际发展差异。国内学者对我国资本市场做了有益的探索。然而，国内对于资本市场（或股市）功能研究存在以下几方面的缺陷。

首先，从前述文献回顾中可以看到，对于股市功能的界定，研究人员存在明显不一致的看法。例如，邹德文等（2006）阐述的资本市场5项功能中的信息反映功能、体制创新功能（刘义圣又称之为"转制功能"）与资源配置功能以及融资功能并不属于同一层次，因而不应该是并列的关系；又如，刘义圣（2006）提到的资本市场5项功能中的流动性功能并不能归为资本市场（或股市）的功能，股票的流动性至多只是股市的一个基础性条件。

其次，对股市运行及其效果的讨论往往集中于筹资功能，少有提及股市推动企业重组的功能。而在企业重组方面的讨论集中在兼并，少有提及其他重组手段。

再次，对股市资源配置的实现机制缺乏有针对性的研究。事实上，一切市场，包括商品市场，都具有推动资源配置的功能，然而，不同市场却有着不同的运行机制，只有充分揭示股票市场推动资源配置的内在机制，才能有效地指导市场制度的拟定和现实实践。

最后，尚需加强对股市功能的国际比较研究，借鉴发达国家成熟资本市场的发展经验。

笔者长期研究企业重组问题，认为应该更充分地发挥资本市场促进企业重组的功能。资本市场的定位除了筹集资金等之外，更主要的作用是推动企业重组。目前，资本市场正在进行"股改"，这为企业重组创造了有利环境。通过接管、兼并等企业重组方式，引导市场追捧好的企业、淘汰劣的企业，就自然起到优化资源配置的作用①。以下将就此进行深入分析。

三、美国引领全球企业重组浪潮，并由此引发了对委托—代理问题、股市效率、公司治理结构等领域的国际比较研究

企业重组又称公司重构（corporate restructuring），是指现有公司对目标、资源、组织体制的重新定位、重新配置、重新构造和调整，以适应内外部环境变化，逆境求生，保持和创造竞争优势的过程。公司重构比兼并与接管具有更为广泛的内涵，其内容包括业务重构（business portfolio restructuring）、财务重构（financial restructuring）、组织重构（organizational restructuring），以及与之相伴生的一系列企业创建（greenfield，亦称"绿地投资"）、并购（M & A）、剥离（divestiture）、分立（spin-off）、分拆（split-up）、置换（swap）、股权切离（initial public offering）、举债收购（leveraged buyout，LBO）、紧缩规模（downsizing）、紧缩范围（downscoping）、内部市场等，构造公司新的业务组合、新的财务结构与新的组织体制。在这一过程中，一些被认为不重要的业务、亏损业务、缺乏前景的业务，通过剥离、分立、分拆等方式得以放弃、弱化，而另一些重要的业务则通过新建、兼并得以加强（毛蕴诗，2004）。

考察公司发展的历史，可以发现变革、改组、重组是一个从不间断的过程。研究表明，重视扩展和多元化的战略在 20 世纪六七十年代是一个甚为普遍的趋势，并曾受到广泛的赞扬。但过度多元化、过度扩展也产生了一系列问题，金融市场通过敌意接管、敌意接管威胁、杠杆收购和其他重组等方式，在 20 世纪 80 年代及时、快速地校正了这些问题（Blair Margaret，1999）。进入 20 世纪 90 年代中期以来，世界许多大型公司仍旧不断出现生存危机，需要通过重组来医治大企业病、重建竞争优势。

钱德勒（1989）客观地肯定了美国企业的重构活动："在 20 世纪 70 年代和 80 年代，重组已成为美国工业中主要的活动——通过重组来缓解

---

① 参见《证券时报》分别于 2006 年 3 月 4 日、2007 年 3 月 7 日就资本市场建设问题对毛蕴诗教授的专访报道。

早些年无约束、多样化的压力,同时也使许多美国公司得以轻装上阵,去迎接不断强化的竞争。通过削减分部的数量,并将其资源集中于公司具有最强的生产、销售和研究能力的产品与工艺,旨在结束高层经理与执行经理分离的大多数重组目标已经实现。这种重组是作为长期战略规划的一部分而进行的。"

重组是企业普遍采用的战略手段,也是企业向网络时代、新经济时代转型的战略手段。美国公司重组的实践与成功引发了学者们对公司战略理论、并购理论、所有权控制理论、理论财务和组织理论、委托—代理理论、公司治理结构理论、核心竞争能力理论、效率理论等领域的富有意义和卓有成效的探索。公司重组也引发了对不同国家管理模式与实践的比较研究,特别是对美国、欧洲、日本资本市场与治理结构、管理模式的比较研究。

四、股市推动企业重组功能及其实现机制

(一) 股市创新与推动企业重组

1. 股市通过对企业的不可分性处理减少交易成本、加速企业的买卖、推动企业重组

不可分性是指业务活动中的投入生产要素因其物理属性而不能随意划分。例如,一个10吨重的吊车,只用来吊运2吨重的货物时,不可能将该吊车一分为五,用其1/5去工作。现实中,不仅设备存在不可分性,劳动投入以及许多类型的成本对于某些经济活动也是完全或部分不可分的(毛蕴诗,2005)。而对于企业而言,其整体或部分资产(作为生产要素投入)同样具有原始的不可分性,这是指企业在实物形态上,其资产(如厂房、土地、机器设备等固定资产投资)不能进行分割,因此,企业之间的接管和买卖只能在整体上进行。

股市的创新之一就在于给买卖企业提供了场所与实现路径,通过资产证券化,以股权(份)的形式可以方便地进行企业所有权的转让、买卖和变现。"在通常情况下,公司的股份可以自由'转移'。"(罗伯特·W.汉密尔顿,1999)。股份的自由转让是股份公司赖以建立和发展的基石,有利于加速企业的买卖,降低交易成本,同时形成多元化的投资主体和企

业控制权市场，从而推动了企业重组，实现资源的优化配置。

2. 股市通过股价"指示器"推动企业重组

在发达的金融体系中，股票市场的一个最基础功能就是风险定价。股市的风险定价功能使得投资者能够根据股价高低和走势区分出"好的企业"与"差的企业"，"好的企业"将受到投资者的追捧，从而得以获得资源进行扩张和行业内外的整合，"差的企业"则会被投资者所抛弃或售出。这样一来，就使得股市中优质企业越来越多，劣质企业被兼并或淘汰出局，实现社会资源的优化配置。

资本固有的增值属性和优胜劣汰的企业重组机制，将驱使资本集中到高效率的企业和行业，使跨地区、跨行业兼并重组成为可能，并导致产业的市场结构发生改变。在一个有效的市场中，这些影响将直接反映到股票价格上（Fama，1970，1991）。Scherer 和 Ross（1990）的研究就表明，美国航空业在1978年解除管制以后，大量的并购事件发生。为了增加市场权力或市场范围，提高运作效率，或者克服管制进入壁垒，航空公司有强烈的动机去并购其他航空公司[①]，这些战略的变化影响着所有市场参与者，包括投资者、目标和现有的或潜在的竞争企业。

（二）股市推动企业重组的实现机制

从历史和创新的观点看，股份制功能在于筹集资金，而作为资本市场创新的股市的建立则极大地扩展了其融资功能，使之市场化。随着股市的进一步发展、创新，股市在推动企业重组功能上体现出越来越重要的作用。股市推动企业重组功能的实现机制可以归结为两个方面。

1. 对股市新的增量资产而言，企业为上市进行实质性重组推动了资源重新配置

公司股票申请上市（包括增发新股或配股）过程中，必须达到一定条件，包括完善企业法人治理结构，建立上市公司信息披露、会计标准等一系列制度，其实质是对整个企业的资源、体制进行全面改造与重组。企

[①] 1978年10月14日，美国卡特总统签署了《解除航空业管制条例》。该条例规定，至1981年年底要取消民用航空管理委员会（CAB）对国内航空线的管制，到1983年年底要取消对其机票价格的管制，各航空公司可以在任何航线上以市场所承受的任何机票价格来进行竞争，这导致许多新的航空公司相继成立。但随着竞争加剧，许多航空公司利润锐减和破产，出现了大量的并购事件。

业上市本身就有一个"改造"与"包装"的过程，有力地推动了企业资源的优化配置；而对于企业集团选择其部分优质资产上市，更是推动了企业在业务、组织、财务三方面的全方位重组。例如，"中国石油"的海外上市，不仅筹集了大量资金，更重要的是按照现代企业制度的要求，进行了变革与重组。重组使得整个"中国石油"的管理运行体制进行了一次脱胎换骨的改造，其核心业务与非核心业务分离的标准、公司的法人治理结构和业务管理框架、业绩考核标准以及管理层激励制度的设立等都是按照国际资本的要求和参照国际上同类型的大石油公司进行的。

美国资本市场是世界上公司治理约束、会计管制和披露法则要求最为严格的市场之一，其有效地推动了新增资本投向新兴产业领域，为高科技企业的发展和经济增长做出了巨大贡献。

2. 对股市大量的存量资产，发现、披露代理问题，变更低效率管理或接管的动力、压力推动了企业重组

对股市大量的存量资产，有效的股市通过接管、兼并、剥离、分立、分拆、置换、退市等，使市场中的劣质企业减少、消失，优质企业不断增多、壮大。同时，如果公司代理问题严重（如代理成本很大）或经营管理不善，就能被及时发现、披露。一方面，公司可能面临着被收购的威胁；另一方面，董事会要在公司绩效低下时能迅速做出回应，采取包括进行重组、更换管理层等措施。这样有助于提高股市存量资产的质量，提升企业质量，优化存量资产的结构。

3. 股市推动企业重组功能的发挥与公司治理结构特征密切相关

资本市场的效率是与公司治理的完善、特征紧密联系的。《OECD公司治理准则》(2004) 指出，公司治理只是在包括宏观经济政策、产品和要素市场竞争程度等更大经济背景下企业运作的一部分。公司治理框架也依赖于法律、规章和制度环境。"公司治理"一词经常被狭义地应用在探讨有关董事会的结构和权利，或者是股东在董事会决策中的权利和天赋特权。玛格丽特·布莱尔 (1999) 对"公司治理"一词采用了更广义的理解，将它归纳为一种法律、文化和制度性安排的有机整合。这一整合决定上市公司可以做什么，谁来控制它们，这种控制是如何进行的，它们从事的活动所产生的风险与回报是如何分配的。

自 2002 年以来，相继发生了诸如美国安然公司倒闭、日本雪印公司东窗事发等一系列事件，促使人们开始重新审视公司治理结构的意义和重要性。投资者呼吁更为透明和有效的公司治理结构，他们的信心水平与公司治理结构的改进紧密相关，同时公司治理水平也影响着企业的股价表现。因此，一整套公司治理制度规则，包括独立性、透明度、公正性、责任感等要素的制定与执行，将决定股票市场的运行效率，影响着股市推动企业重组功能的发挥。

五、美、日股市推动企业重组的制度比较

美国企业竞争力重新超过日本有两大原因值得重视。一是硅谷机制催生了许多新的世界级企业（包括许多在纳斯达克上市的企业），而日本自20世纪80年代以来则很少有新的世界级企业；二是自20世纪80年代以来，几乎所有美国老牌大型企业都进行了重组，重组使许多大公司度过了生存危机，许多大企业重新焕发青春，重获竞争优势。

而在上述两个原因中，企业重组的推动尤为重要。例如，韦尔奇主持通用电气20年的重组相当于创造了3个新的微软（按同期销售收入的增加计算）；而20世纪90年代中后期IBM的重组不仅化解168亿美元的亏损，也使其重建竞争优势，相当于创造了2个新的微软。与美国企业相反，在20世纪80年代至90年代初竞争力处于世界前列的日本企业出现了严重的危机[1]，未能及时进行公司重组。毛蕴诗（2005）研究发现，日本公司的重组比美国整整晚了20年。

在美国，公开上市公司创造的收入约占全国总收入的58%，它们所吸纳的就业人员约占总就业量的30%。因此，这些机构的健康与否和探寻它们在整个社会中的作用便成为经久不衰的话题。由于发展模式、发达程度及制度背景的不一致，股市规模与效能的差异，美国与日本股市在推动企业重组功能的动力及压力存在较大差异。

---

[1] 2002年9月3日《日本经济学家》的专题"9月危机的先兆"列举了2002年前8个月破产的25家上市公司的负债、破产前的股价以及所涉及的主力银行，其中包括日本的零售企业"SO—GO"的电器连锁店。该专题的另一篇文章列出了46家处于危机中的企业（包括许多著名的大企业）在2001年度需要支付的利息负债额、企业过去2年的平均业务收入以及债务与业务收入之比的倍数（该倍数分别达到3～960.9倍不等）。

(一) 美国股市效能明显优于日本，推动了企业重组

1. 美国股市高效能的制度体系

首先，美国的金融体系属于市场主导型，直接融资在美国的金融结构中占主导地位。例如，2004年美国银行业向企业提供的贷款仅占企业融资总额的40%，而2005年年底美国上市公司的总市值却占其GDP的136.5%。到2006年，美国股市的总市值已达到19.3万亿美元，占全球股票市场总市值的38.1%，仅纽约股票交易所的全年股票交易额就达21.8万亿美元，占全球股票交易量的31.2%，居世界第一[①]。

其次，美国股市是世界上最大的证券市场，是一个多层次、风险分散的市场体系，共有主板市场（纽约证券交易所，NYSE）、创业板市场（纳斯达克，NASDAQ）、区域性证券交易所、电子告示板市场（OTCBB）、店头证券市场（NQB）[包括"粉单市场"（pink sheet）和"黄单市场"（yellow sheet）两类市场报价]以及券商之间约定的不定期的交易市场等层次。这种多层次结构可以满足不同规模企业的不同融资偏好，不仅能够为不同类型的企业提供多元化的融资渠道选择，而且能够保证投资人在资本市场中有更多的选择，从而更好地保护投资人的利益。

最后，美国股市的流动性好，信息披露严格、规范、及时，市场操作透明度高，能按市场机制有效配置资源，投资者相对理性和成熟，市场的投机和投资行为之间保持着动态的平衡，市场能够给予企业有效的价格评价，资本流向高效率的企业。

2. 美国股市接管市场活跃，推动了企业重组

股市的高效能是接管市场活跃的重要基础，美国股市的高效能制度体系，使其形成了活跃的接管市场。美国股市接管频繁，种种接管的动力与压力迫使美国公司比日本公司更积极地致力于公司的重组活动，有效地推动了企业重组和资源优化配置。

首先，自20世纪80年代末以来，美国出现了投资人资本主义重新抬头的趋势，一度沉没的股东权利重新回到了股东手里，为其他经理接管、

---

① 原始数据引自中国人民银行公布的《2006年国际金融市场报告》和世界银行网站公布的数据。

控制公司提供了机会。理论上，股市是对公司控制的力量，它提供了外部监督手段。美国在20世纪80年代早期就察觉到代理问题的严重性，美国公司将股东利益最大化作为其主要目标，管理层行为目标与股东利益最大化的不一致难以令股东满意，股东就会采取行动主义，为其他经理接管、控制公司提供机会。因为资产的市场价值高于账面价值的公司对于收购者来说是颇具有吸引力的，收购者可以通过接管公司而将公司的资产或其独立的业务以高于账面价值几倍的价格出售。这种被接管的压力迫使公司着手从事重组活动，以便增加公司的价值，从而减少收购者的收购动力。迫于股东的压力，管理层不得不推动企业的重组，以改善企业业绩，提升股价，否则就会面临"下课"的威胁。在美国，每天都会传来CEO"下课"的消息，如美国VoIP服务商Vonage首席执行官Michael Snyder因业绩不佳而辞职，而这只不过是CEO"下课潮"的一个新鲜案例罢了，仅在2007年3月，美国公司就宣布了103位CEO的人事变动。

其次，机构持股者积极干预，持股份额增加，形成了企业被接管和收购的威胁。大机构股东集中性地持股使他们有机会对公司代理人的行为进行监督，并促使其按股东利益行事。为了维持股票价格，机构投资者往往采取积极干预的办法，向公司董事会施加压力，迫使董事会对经营不善的公司用更换总裁的办法，彻底改变公司的根本战略和关键人事，确保机构投资者的利益不受侵害。美国的机构投资者在三方面助长了接管浪潮：它们是"垃圾债券"的主要购买者，曾经资助了其中的部分接管交易；它们曾经是杠杆收购资金中的主要投资者，当大型公司在"接管潮"末濒于破产时，这些资金资助了小的收购者；由于机构投资者的托管人相信他们对受益人的信托责任要求他们这样做，因此，他们总是愿意将所持有的目标公司股票转让给出价最高的投标者（玛格丽特·布莱尔，1999）。

在美国，接管、收购的投机行为也会形成威胁。资产重组与并购是股票市场持续性的热点之一，从中也产生了不少市场所瞩目的绩优股。长期的投资行为是发行公司稳定发展的重要保证。虽然投机行为充斥较多赌博、欺诈等消极因素，有较大的风险性，但是投机行为的迅捷获利对一切投资者的诱惑力又直接刺激股票市场的成长和繁荣，继而引来更多的投资资金。由于相关法规的不完备，借重组之名进行二级市场炒作的现象也时有发生，助长了股票市场的"垃圾股"炒作与投机之风。而且，目标公司股东"理性的冷漠"（the rational apathy problem）①使得风险套利者在短期内愿意并且可能通过大量持股对公司进行接管和收购。若公司管理不善，便极有可能成为风险套利者猎取的目标。因此，这种投机行为也会形成接管、收购的威胁，对管理层形成压力。

3. 美国公司治理结构易于察觉代理问题，并能及时做出反应

美国公司治理结构以股东权益理论为支持，公司控制由市场扮演主要角色。股权高度分散化是美国公司治理结构的最大特点。在高度分散化的股权结构之下，个人股东对公司经营者实施监督的成本很高，这使得股东们一般通过改变自己的股票组合、采取"用脚投票"的方式来对资本市场产生影响，通过资本市场的变化来了解和评价经营者的工作绩效，影响公司的经营决策。

同时，在美国公司董事会，往往有 1/2~2/3 以上为外部成员，加上机构投资者的积极干预，易于察觉代理问题的严重性，并能及时做出反应。例如，"从 1992 年年底到 1993 年年底，美洲卡（American Express）、伯顿（Borden）、通用汽车（GM）、IBM、柯达（Kodak）、威斯汀豪斯（Westinghouse）等公司，由于董事们因不满意他们的经理们所运作股票的价位的下跌而相继解雇了各自的总经理"（玛格丽特·布莱尔，1999）。

因此，美国的公司治理结构具有典型的市场主导特征，业绩长期低下的企业必然面临破产或被兼并重组。在美国，企业接管（威胁）、外部董事以及与股权等业绩相对应的报酬体系构成了公司治理机制的有机平衡体系。

（二）日本股市缺乏效能，企业重组缺乏动力

1. 日本以银行为主导的金融体系

日本的金融体系属于银行主导型，股票、公司债券等直接融资在满足日本企业资金需要上处于从属地位，公司融资更多地依赖于银行。长期以来，日本企业外部融资总量中银行贷款等间接融资占 80% 以上，股票、公司债券等直接融资仅占 10% 多一点。1996 年，日本银行的总贷款为其 GDP 的 97%，而 1998 年日本证券市场股票总市值却仅占 GDP 的 61.2%，

---

① 即当一个股东在投票决定对公司决策的赞成与否之前，为做出理性判断而获得信息的成本要大于因此投票而获得的利益。

这虽与1997年的金融危机有关,但直至2005年年底,日本上市公司的总市值也仅占GDP的105.1%[①]。日本的融资模式强烈渗透着政府行为,市场机制作用的广度与深度都极为有限。日本股市虽是世界第二大证券市场,但其国际化融资和流动性功能实现的程度与其经济发展、国际地位并不相称,日本股市具有很强的封闭性,对外国股票缺乏流动性。在日本,资本配置很大程度上是通过银行进行的,其股票市场的资本配置功能远逊于美国。这是因为,一方面,日本家庭很少投资于股票和债券,在个人金融资产中,即使在股市最为繁荣的1989年,股票所占比重仅为13.8%,远低于美国的23.3%[②],大多数家庭与个人将钱存入银行,银行承担着长期资本分配的职能;另一方面,日本长期形成的大企业财阀结构中的几乎所有公司都与某一主力银行有着密切的关系,客观上决定着日本银行具有重要的长期资本配置职能。

2. 日本股市交叉持股普遍,阻滞了企业重组

日本公司之间、公司与银行之间互相渗透,交叉持股甚为普遍。通常日本公司60%或70%的股份都控制在向其提供贷款的银行、提供保险的保险公司或进行大量贸易往来的其他工商企业手中。例如,丰田汽车公司是樱花银行的第五大股东,持有其2.6%的股份,而丰田汽车公司自己的5%股份为樱花银行持有(罗纳德·多尔,2002)。日本股市的这种结构和特征使其对资源配置的作用远不如美国股市,特别是交叉持股会严重破坏股市的透明性原则,严重阻碍信息披露。这不仅导致企业的委托—代理问题不易觉察,甚至在公司出现危机时,许多信息也得不到应有的披露。另外,交叉持股使公司股权结构非常稳定,不仅大大减低了公司被接管、收购的可能,也大大阻碍了本该破产的企业破产。

3. 日本公司治理结构难于察觉代理问题,不能及时做出反应

日本企业治理结构以利害关系者权益理论为支持,具有自我治理结构的特征(毛蕴诗,2005)。在日本,法人持股和主银行制度是一种内部自我约束机制,日本股市中企业的所有权比较集中,高比率的法人持股使得股东稳定化,股票周转率低。

---

① 原始数据引自中国人民银行公布的《2005年国际金融市场报告》;刘义圣著:《中国资本市场的多功能定位与发展方略》,社会科学文献出版社2006年版,第230页。笔者已做合并计算。

② 数据引自[日]大藏省证券局编:《日本的证券市场》,财经祥报社1991年版,第76页。

同时，日本公司董事会的成员主要来自企业内部，非股东董事比重较大，缺少机构投资者的积极干预，这使得公司的权力结构向经营者倾斜，经营者容易独立行使决策权，对公司信息披露持被动态度，并且市场对经理人员影响甚微，难于察觉代理问题的严重性，从而不能及时做出反应。

因此，在控制权市场尚不发达的日本，迄今为止，公司对高层经理的监督不是来自市场，而是主要依赖于主银行，由主银行对高层经理进行监督与经营干预。当企业经营业绩恶化的时候，主银行就会向其派遣董事，以实施经营者更换或企业重组。

综上所述，日本股市的效能明显低于美国，日本的企业结构也远不如美国公司那样具有动力，这使得日本企业重组缺乏动力。整体而言，日本企业对重组的反应明显滞后，变革的力度也远不如美国强，即使是在亚洲金融危机造成的巨大压力下，日本企业更多的也只是被动地进行着企业重组。

六、强化股市促进企业重组的功能、推动资本市场建设的建议

近年来，我国政府出台了一系列政策法规。例如，加强监管、提高上市公司质量、推动企业整体上市等，大力推动了资本市场建设。仅2006年国务院公布的有关股市、证监会的政策法规就有16项之多。2007年1月30日，中国证监会又发布《上市公司信息披露管理办法》，对"基金投资者教育活动将全面铺开"。随着我国股市股权分置改革的基本完成，资本市场将迎来良好的发展机遇。本文就我国股市推动企业重组提出以下看法与建议：

1. 改变股市"重融资、轻重组"的倾向

如前所述，我国股市仍然存在"重融资、轻重组"的倾向。有学者甚至认为，当市场所筹资金的使用处于低效率或无效率状态时，筹资规模大不仅不是成绩反而是过失。不仅如此，作为上市公司控股股东的母公司为了维持生计，大量占用上市公司资金，使投资者利益受到侵害的现象普遍存在。据中国证监会调查，2002年，58%的被调查上市公司存在控股股东侵占公司资金的现象，累积金额达967亿元，超过当年上市公司通过证券市场融资的总额；2003年，共有623家上市公司被占用资金，总额

为577亿元;2004年,上市公司仍存在严重的控股股东及关联方占用资金的现象,累计金额达509亿元。控股股东侵占上市公司资金的行为,造成了上市公司业绩下滑,经营陷入困境。① 为此,一方面,需要提高上市公司的认识;另一方面,需要加强监管并在制定政策、法规上加以引导。

2. 引导市场加大重组力度,改变重组手段较为单一的状况

企业重组包括企业创建、并购、剥离、分立、分拆、置换、股权切离、举债收购、紧缩规模、紧缩范围、内部市场等一系列手段,构造公司新的业务组合与新的地区分布、新的资产与债务结构以及新的组织体制。

我国上市公司年报对有的公司重组活动有所反映,但是主要集中在并购方面。相对西方发达国家股市而言,公司重组次数和规模不大,而且重组手段较为单一。所以,我国股市也需要对企业重组活动进行更系统的披露和分析,在政策上加以引导。

我国股市是在计划经济的夹缝中成长起来的,带有与生俱来的制度缺陷,具体体现在四个方面:一是股权分置导致股票的流动性很差;二是信息披露的不完备性、市场运作的透明度低和市场监管的脆弱性导致我国股市信息信号失真、资本定价功能弱;三是政府政策的干预(魏玉根,2001)和内幕交易严重(肖磊,2005),缺乏市场化的制度保证;四是股票入市—退市机制的缺乏,使得社会资源无法有效配置到高效率的企业和行业之中。据统计,到目前为止,我国已退市的上市公司共计约为50家,这与我国上市公司的业绩差现状极不相符;而1999年美国股市仅有30家公司退市,2004年这一数字则已经上升至135家,截至2005年年底,约有10%的企业退出了美国股市②。我国股市的这些系统性缺陷导致股市整体资源配置效率低下,股市推动企业重组功能缺失。

3. 坚决反对、查处、杜绝非实质性重组

重组的目的在于化解企业危机,把企业做强,把市场做大。因此,财务与资产重组、组织重组应落实在业务重组上。相当一段时期内,我国上市公司缺少实质性重组,存在以"保壳""保配""圈钱"以及二级市场

---

① 数据来自中国证监会内部资料。

② 针对安然、世通等财务欺诈事件,为了维护美国投资者的利益,2002年美国国会出台了《2002年公众公司会计改革和投资者保护法案》,即通称的《萨班斯法案》。在这一法案颁布之后,美国股市上市公司退市的数量迅速增加。

炒作为目标的非实质性重组。上市公司并购的非市场化运作较为严重,存在不少的内幕交易和关联交易。另外,还存在通过债务的核销、资产的置换等方式做成账面上的盈利的报表性重组,年末突击重组,重组中的短期行为等。监管机构需要加大监管、查处力度,杜绝或减少非实质性重组。

更为关键的是,我国上市公司的并购重组并没有体现出资源优化配置的功能,偏离了正常的并购目标(张良悦,2004),并购重组已成为掏空上市公司资源的手段(吴晓求,2006),如德隆、格林柯尔等就是这样的典型。我国上市公司的并购主要是被动型并购,是对亏损企业的挽救。张新(2003)通过对 1993—2002 年中国上市公司的 1216 个并购重组事件的实证研究表明,并购重组为目标公司创造了价值,却对收购公司股东产生了负面影响,对目标公司和收购公司的综合影响即社会净效应不明朗。张良悦(2004)通过统计分析发现,我国上市公司重组以非实质性重组①为主流,以"保壳""保配""圈钱"以及二级市场炒作为目标,着眼于上市公司眼前困境的解救,实质性、战略性重组很少。

4. 进一步完善公司治理结构

我国许多公司虽然已经上市,但并未真正转换经营机制,所以需要进一步完善公司治理,在董事会的结构、职责、作用以及董事会成员的资格与素质等方面加以改进,使得董事会在企业绩效低下的情况下,能够及时做出反应。有效的治理结构与股市互动,使市场对企业重组逐步起到主要作用。

5. 有效发挥机构投资者在股市中的作用

在发达的资本市场,机构投资者具有积极监督管理者、参与公司的决策以减少管理者"机会主义行为"的作用,能够提高企业内部资源的利用效率,从而提高公司的市场价值。机构投资者一般通过抛售股票和持有多家公司股票来分散风险和调整投资结构,其在股票市场上频繁地调整所持股票的结构,客观上给公司经营者增大了外部压力,有利于推动企业重组,优化资源配置。然而,也有研究者认为,国内投资基金存在较严重的"羊群行为"和一定的短视行为,参与公司治理的意识不强,定位于消极

---

① 非实质性重组包括:以出让壳资源为目标进行并购投机的被动式重组,通过债务核销、资产置换、做成账面盈利的报表性重组,短期行为突出的年末突击重组,重组已成为其经营特色的习惯性重组等(张良悦,2004)。

股东角色，这在一定程度上加剧了股价波动。尽管国内外机构投资者的行为差异的因素是复杂的，包括不同股市的制度差异、投资文化的差异等，但处于新兴转轨经济过程中的中国股市，必须努力通过制度创新来加强机构投资者的规范和发展。

因此，一方面，要积极发展机构投资者的力量，鼓励依法组建专业的风险投资公司，使之在股市和推动企业重组中起到积极作用；另一方面，又要提高机构投资者的资质、信用、专业素养，在执业资格、基金来源、投资方向、风险控制等方面进行必要的监管和引导，形成机构投资者的优胜劣汰机制，通过提高机构投资者质量来提高上市公司质量。此外，还应重视对投资者的回报，提高股市参与者特别是普通股民、基民的素质，提高其对股市、基金信息的掌握与分析能力，树立风险意识，这对于股市的稳定具有积极的意义。

参考文献

[1] Bettis R A, Prahalad C K. The Visible and the Invisible Hand: Resource Allocation in the Industrial Sector [J]. Strategic Management Journal, 1983 (4).

[2] Wurgler J. Financial Markets and the Allocation of Capital [J]. Journal of Financial Economics, 2000, 58.

[3] 罗纳德·多尔. 股票资本主义：福利资本主义 [M]. 李岩，李晓桦，译. 北京：社会科学文献出版社, 2002.

[4] 玛格丽特·M. 布莱尔. 所有权与控制 [M]. 张荣刚，译. 北京：中国社会科学出版社, 1999.

[5] 毛蕴诗. 全球公司重构——案例研究与中国企业战略重组 [M]. 大连：东北财经大学出版社, 2004.

[6] 毛蕴诗. 利用资本市场促进企业重组 [N]. 证券时报, 2006 - 03 - 04.

[7] 肖磊. 对我国股市内幕交易的实证研究 [J]. 金融与经济, 2005 (6).

[8] 张良悦. 上市公司并购目标偏离的原因探析 [J]. 经济体制改革, 2004 (3).

［9］张新. 并购重组是否创造价值——中国证券市场的理论和实证分析［J］. 经济研究, 2003 (6).

［10］邹德文, 张家峰, 陈要军. 中国资本市场的多层次选择与创新［M］. 北京: 人民出版社, 2006.

（原载《学术研究》2009 年第 3 期, 与姜岳新合著）

从微软看标准之间的企业全球竞争

一、引言

经过短短的 20 多年的发展，微软公司（本文简称为"微软"）已由当年创业之初 3 个人的小企业一跃成为在全球拥有 7 万多员工的大型国际化企业，并且在个人计算、商业计算软件及服务和互联网技术方面都成为全球范围内的领导者。据 CNET 科技咨询网报道，微软宣布其 2007 年第一季度盈利为 49.3 亿美元，营收达到 144 亿美元，大大超出了分析家预期[①]。在当今激烈的竞争环境中，微软成为 IT 行业一颗耀眼的明星，是当之无愧的全球软件业的领航者。

一项针对微软产品的考试——微软全球认证在全世界 122 个国家通行，现在已有 49 种语言的版本，是目前网络操作系统的基本技能认证。该项认证拥有者在全球各地均可享有高就业机会、高薪、相关学业免学分的待遇，甚至在北美的一些国家可以作为外来移民的技术评估标准。由微软认证的火爆可以看出，基于微软自己生产的产品和技术能力测试的认证已经得到全球众多国家的认可，并作为一种工作能力的考察成为越来越多 IT 企业招聘人才的重要参考。微软公开地将其技术理念渗透到全球有志于 IT 事业青年的思想中，并使微软技术以全球技术标准的姿态引导人们软件学习的方向。以中国为例，遍地大大小小的电脑培训班都是教授 Windows 运用、Office 操作、Delphi 编程等微软的常用软件应用，微软在全球市场的影响力可见一斑。

原微软全球副总裁李开复在清华大学演讲时指出："作为全球最成功的企业之一，微软公司在过去的 20 多年里为全世界数以亿计的用户提供了无数杰出的软件产品，并以自己的实践经历揭示了软件产业内蕴藏的旺

---

① 资料来源于微软公司（Microsoft）官方网站。

盛生命力和巨大商业价值。"微软的 Windows 和 Office 产品以 90% 以上的市场占有率为全球广大的用户所接受，成为现今操作系统和办公软件的市场标准。相比 Windows 操作系统，Linux 操作系统虽然在安全性和稳定性上更胜一筹，但因为人们对 Windows 操作系统的熟悉程度，即使是在 Linux 的故乡欧洲，当地政府也大多放弃了对 Linux 的支持而选择使用 Windows 操作系统。

众多的著作都在探讨微软成功的秘密，如《微软的秘密》《微软的成功之道》《微软团队：成功秘诀》等。在《微软的秘密》一书中，总结了诸如公司组织结构、创造型人才的管理、产品创新、产品和标准竞争、信息反馈与交流、企业文化、产品开发等 7 方面的成功因素。然而，本文将从标准之间竞争角度论证微软的成功，并探讨其获取竞争优势的泉源。

二、通过委员会竞争形成的标准和通过市场竞争形成的标准

据 WTO 的相关规定，国际标准已成为各国制定相关技术法规和标准的基础，越来越多的国家把国际标准作为国际贸易和市场准入的必要条件，作为国际贸易仲裁的重要依据。我国对标准的定义是：在经济、技术、科学及管理等社会实践中，对重复性事务或概念通过制订、发布和实施标准，达到统一，以获取最佳秩序和社会效益。标准是各方通过协商形成的统一规范和性能要求。[①] 但该标准的定义未能体现本文下面所谈及的通过市场竞争所形成的标准。国际标准化组织于 1972 年出版了桑德斯（T. R. B. Sanders）所著的《标准化的目的与原理》一书中指出，标准化的目的是为了减少社会日益增长的复杂性。在技术领域，标准的作用更为明显。一项具有战略性的技术标准被国际性的标准化组织承认或采纳，往往可以带来极大的经济利益，甚至能决定一个行业的兴衰，影响国家的经济利益。

关于标准的文献通常将其划分为两类。一些学者根据标准形成的路径不同分为以下两类：一是政府标准化组织（government standard-setting organizations）或政府授权的标准化组织建立的标准，也可叫做"法定标

---

① 摘自《中华人民共和国国家标准标准化基本术语第一部分》。

准"（de jure standards）；二是由市场选择的标准，也可叫作"事实标准"（de facto standards）。Jeffrey L. Funk（2002）在此分类的基础上，从委员会竞争（committee-based competition）和市场竞争（market-based competition）的角度考察了标准之间和标准之内的全球竞争。

三、通过委员会竞争而形成标准

技术标准的委员会形成是以国家、企业协会、民间组织等为主体，由支持不同标准的相关厂商在一起为讨论标准的确立所组成的正式或民间组织。它的主要作用是在市场之外，在产品开发、上市之前确定标准，代表制造商、辅助产品制造商、用户和政府进行协商和筛选。Rosenkopf、Metiu和George（2001）指出，在管理文献中对技术标准委员会领域的研究较少，甚至没有。他们认为，这些标准组织所形成的工作团体或技术委员会，为不同公司的代表以及其他相关者提供了交换技术信息、探讨技术差异、选择标准和谈判未来发展的平台。Shapiro（2001）通过对这些标准制定组织长期观察发现，正式的标准组织对开发、制定新的技术起到非常关键的作用。但参与标准制定的企业认为，正式标准制定过程过于政治化、缓慢，并且没有选择"最好的"技术。通常，通过委员会制定标准的周期长，需要平衡各方利益，所以难以形成统一标准。现有的比较有影响力的国际标准组织有国际标准化组织（ISO）、国际电工委员会（IEC）、国际电信联盟（ITU）及国际标准化组织认可的制定国际标准的其他国际组织。为了使自己研制的技术成为国际标准，从而为自己带来更多的利益，各厂商乃至各国家都积极争取在国际标准组织的话语权。

在移动通信领域，运营商、基础设备供应商、服务提供商等通信价值链上的各企业对技术标准的争夺和博弈也愈演愈烈。由于移动通信设备制造的前期投入成本高昂，一旦他们所研发的技术成为全球标准，为国际上的企业所接纳，就将占领全球的通信市场，通过获取本国乃至全球的专利、标准费用将为他们带来丰厚的利润。移动基础设备制造商在委员会上的标准竞争比在市场上的标准竞争更关键。价值链中的相关企业通过加入标准委员会组织，参与标准制定，试图在国际标准中更多地加入自己的技术标准。为了提高国际竞争地位，争夺世界电信业的主导权，中国政府积极推动具有中国自主知识产权的 TD-SCDMA 技术开展，这是中国在其通信史上第一次提出并被广泛认可的国际标准。委员会通过国家和厂商的商讨、博弈、调整来制定国际标准，市场则通过规模报酬递增来促使全球标准的出现。

以手机市场竞争为例，1988年1月，欧洲电信标准协会（ETSI）成立，并允许任何参与电信业的欧洲公司加入该协会，这从很大程度上改变了欧洲移动通信市场的竞争格局。欧洲采取了开放的基于委员会的方式，这使任何在欧洲进行研发活动的公司都可以参与到GSM（第二代移动通讯的一种标准）的开发中，并成为GSM的传播代理。许多公司包括阿尔卡特、摩托罗拉、诺基亚和AEG完成GSM有关专利互换的协议时，日本公司成为最大的输家，因为它们没有参与GSM系统的开发，而且也没有同时发展GSM技术，因此，他们没有任何专利可以交换，不得不为手机支付销售额6%~10%的牌照费。而标准是专利的最高形式，谁拥有标准，谁就对市场的掌控能力越强，就能起到"发号施令"的作用。

在之后的标准竞争中，日本公司吸取了2G时代的教训，日本第一大移动运营商NTT DoCoMo与爱立信、诺基亚结盟并选择GSM网络接口标准，得到了当时也正在提供GSM服务的亚洲和欧洲国家其他电信业者的支持。基于拥有全球众多支持者的GSM标准的i-mode移动数据服务使得NTT DoCoMo在市场上取得极大成功，数据增值服务在日本获得广泛青睐。日本运营商通过与价值链中的设备制造商结盟，逐渐参与到标准的制定中，掌握了产业链中的主动权。截至2003年7月，i-mode服务已经拥有超过3873万人的庞大用户群，也就是说，每3个日本人里就有1人在使用i-mode服务。正是这个庞大的消费群体，把NTT DoCoMo送上了全球财富500强的第16位。而与此形成鲜明对比的是，美国设备制造商在没有任何运营商的参与下开发了cdma One的宽带版本cdma 2000，这样导致美国公司在整个第三代移动通信标准制定的过程中几乎没有什么谈判权，从而使美国公司的3G运营难逃亏损的命运。①

在移动通信领域的竞争是以委员会的标准竞争为开端。在各标准组织中，利益相关的厂商之间相互进行合作与博弈，争取自己的技术成为全球的技术标准，为今后的市场化运作打下基础。Jeffrey L. Funk（2002）指出，一个公司如果支持成功的标准，通常它的市场份额和收益会增加，而

---

① 对这一标准的形成机制还可以进行深入探讨。

其他的公司也会被迫采取同样的标准，否则就只能在不断萎缩的市场中竞争。而在市场上的标准竞争决定了一个企业能否拥有广大的客户群，能否为企业带来客观的利益。

四、通过市场竞争而形成标准

在对现有文献的考察中发现，有关标准竞争的大部分研究都集中在选择业界标准的纯市场竞争中（David & Greenstein, 1990）。Shapiro 和 Varian（1999）认为，企业在委员会中通过协商形成法定标准，但最终仍是由市场来决定真正的胜利者和事实标准，标准竞争是不兼容的技术之间争夺市场支配权的战斗。市场选择的标准也是事实标准，是企业利用其市场优势通过控制市场形成产品格式的统一或产品格式的单一，从而确定技术上的主导权。Arthur（1989, 1996）从市场的不可逆性、收益递增机制、路径依赖等角度对市场标准的竞争做了深入的分析。他考察的重点是一种技术或产品的历史用户规模，在存在规模收益递增的情况下，一种技术的历史使用率越高，该技术被选择的概率就越大。也就是说，使用这种技术的用户越多，该技术对用户来说价值就越大。此外，国内外文献针对标准竞争的研究一般认为，标准对企业经营的成败起到关键作用。Hill（1997）认为，在高科技行业中，标准的竞争决定企业乃至行业的兴衰，产生"赢家通吃"（winners take all market）的局面。Morris 和 Ferguson（1993）经研究发现，一个企业可以通过控制技术体系的标准而主导整个体系和产业链。我国学者熊红星（2006）认为，在经济全球化的背景下，随着技术创新和技术融合趋势的增强，以及产业边界模糊的出现，技术标准不仅是一种竞争手段，而且已经成为市场竞争对象，成为决定一个企业或者企业集团生死存亡的重大问题。在市场竞争中，企业通过使其拥有的技术成为市场标准而取得市场领先者的地位。

微软公司正是利用其在市场上的高占有率成为国际市场的事实标准，获得其他企业难以比拟的高盈利。然而，市场标准并不是恒久不变的，以 IT 产品为例，其研发的加速让企业生命周期随之加速。在 IT 界，一两年就可以出一个新产品，每一种新产品的诞生都可能带来市场标准的变更和企业地位的重新洗牌。微软的成功是取代了"蓝色巨人"IBM 的大型计算机和硬件的标准地位，是平台和软件系统的成功。而随着新的互联网时代的到来，微软将面临更大的挑战和更强大的竞争对手。不甘于人后的微软看到互联网时代崛起的谷歌公司和雅虎公司凭借强大的搜索和广告业务赚得钵满盆满，也加快了向互联网转型的速度。一直奉行标准之道的微软明白，互联网之争将是多标准、多方向的突围之战。

此外，DVD标准的市场竞争也在如火如荼地进行中。1980年，CD光盘诞生；15年后，拥有统一技术标准的DVD于1995年问世；时隔7年，下一代DVD技术以更加多样的形态浮出水面。目前，下一代DVD标准之争是以索尼、松下所支持的蓝光DVD和东芝所主导的HD-DVD的两大阵营在角逐。蓝光DVD技术标准由索尼公司主导，加入蓝光阵营的有飞利浦、松下、日立、先锋、三星、LG、夏普、汤姆逊、苹果、戴尔、惠普等公司；HD-DVD标准则由东芝、NEC、三洋3家企业主导，后加入的有微软、英特尔及惠普等公司。标准之间的竞争是对市场份额争夺的结果。在过去3年里，蓝光技术标准的支持者和HD-DVD标准的支持者展开了激烈的竞争，双方争夺的焦点是价值数十亿美元的DVD播放器、PC驱动器和光盘市场。特别是全球第一大软件厂商微软和全球第一大芯片厂商英特尔公开表示对HD-DVD阵营的支持，为HD-DVD的标准之争增加了巨大的力量。随着技术的日新月异，DVD光盘早已不局限于在电视机上播放，它的全球标准的选择还将影响到个人电脑、电子产品、游戏机等设备。所以，全球标准的获得对于企业在市场上的竞争具有重要意义。

五、微软的基于标准的全球竞争

在经济全球化的今天，一个重要的特征是越来越多的全球性行业、全球产品的出现。在这些全球性行业中，特别是在软件、电子、通信等以技术为核心的高科技领域，标准之间的竞争将越来越激烈。微软的成功除了技术和偶然因素外，更是与微软竞争理念密切相关，那就是尽一切可能争取让自己公司的技术成为全球标准。正如微软创始人比尔·盖茨所说，在市场开拓初期，技术水平一时的高低有时并不重要，具有决定性意义的是抢占市场份额并借此建立市场标准①。

---

① 于成龙：《比尔·盖茨全传》，新世界出版社2005年版。

1. 微软在激烈的标准竞争中突围

创业初期的微软受到幸运之神的光顾,当时的 IT 巨头 IBM 将操作系统外包给了微软。微软把握机遇,为 IBM 个人电脑提供了 DOS 系统,并保留 DOS 的独占权。借助 IBM 的市场优势,微软也随着 IBM 个人电脑的销售而走进了千家万户,DOS 成为当时一枝独秀的市场标准。相对竞争对手,微软一起跑就领先了许多。但微软的成功并不仅仅是靠技术和偶然因素,而是把握了成为市场标准的机遇,利用标准占领市场。

蕴涵巨大利润空间的软件行业始终是众商家激烈竞争的战场,其他企业也希望通过技术创新和市场运作成为全球的技术标准,从而获得 IT 霸主的地位。微软的竞争对手苹果公司在 1984 年发布了拥有绚丽图形操作界面的 Macintosh 操作系统,它不仅界面美观、操作简便,并且还可以播放出美妙的音乐,达到当时操作系统的技术顶峰,对微软的 DOS 系统造成强大的威胁。然而,技术更优的 Macintosh 系统未能把握绝好的机遇,因为它的不兼容,用户难以体验如 DOS 系统般的完全掌控感,便逐渐对 Macintosh 系统失去兴趣。在 Macintosh 发布的第二年,苹果公司就出现了严重的亏损。试想,如果苹果在 1984 年而不是迟至 1994 年,就将其 Macintosh 操作系统授权给其他计算机硬件销售商,它可能就已成为操作系统的主要生产商了。对比而言,微软所提供的 DOS 系统为全开放的系统,可以为第三方厂商开发的应用程序提供方便可靠的接口,因此吸引了众多开发商开发 DOS 应用程序,促使 DOS 成为操作系统的全球标准。尽管现在仍然有一些 IT 技术人士对微软的技术嗤之以鼻,指出 Windows 操作系统的漏洞百出,他们甚至认为微软是技术的剽窃者,Windows 系统抄袭苹果公司的图形化操作界面,就连用于发家的 DOS 系统也是转手倒卖得来的,但微软始终懂得如何抓住市场和利用市场,从而赢得全球技术标准,站在软件领域的最高处。

2. 微软的产品延伸与捆绑销售强化其技术标准市场地位

当微软的产品取得一定的市场地位之后,就不断地采用产品延伸与捆绑销售策略,强化其标准的市场地位。微软将 DOS 系统捆绑到当时的 IT 巨头 IBM 公司的个人电脑,成为当时 PC 机的绝对标准的操作系统;后继在主流的 Windows 操作系统中不顾反垄断压力,频繁地自我捆绑上 IE 浏览器、Windows 媒体播放器、Windows Messenger,以及将来在 Vista 系统(微软研发的新操作系统)中极可能捆绑上自我开发的反间谍甚至反病毒软件，等等。微软将这些软件捆绑在已经成为全球标准的 Windows 操作系统中，试图让操作系统带动其他微软的软件产品，成功地实现了微软产品的延伸。待到欧盟反垄断制裁姗姗来迟，全球大多数客户可能早已经熟悉了微软的软件操作和习惯了成为其忠实用户，这正是其他浏览器厂商、媒体播放器软件商、即时通讯商以及杀毒软件商所担心的情况。微软依靠操作系统的成功，牢牢掌握了全球 90% 以上的桌面市场，并借助操作系统的全球标准地位带动微软其他产品的销售。它成功地利用主销产品与延伸产品之间的相互配合、相互促进，强化其技术标准的市场地位，赚取了巨额利润。

3. 微软全球技术标准的巩固以技术创新为基础

然而，成为全球技术标准并不是一劳永逸的。软件行业是利润丰厚的行业，其他软件制造商集聚着大量的人才，希望研发更为先进的软件，有朝一日能取代微软成为全球标准。所以，要想继续保持其垄断地位，微软需要不断地提升技术，实现产品创新。微软深知，在软件业激烈的竞争中，技术是唯一可以长期延续的财富和优势。李开复在《微软的成功之道》中谈到，在 2005 财政年，微软在研发领域投入大约 85 亿美元，超过其营业额的 1/5，这个比例在"世界财富 500 强"企业中居首位。

互联网新时代的到来，软件行业的利润空间更大，竞争更加激烈，对技术更新的准确性、及时性要求更高了。仅仅靠 Windows 的成功，已经不能确保微软的霸主地位，稍有疏忽就会被其他企业所取代。于是，微软积极进行软件研发并寻求与其他厂商的技术合作，将自己的产品领域迅速蔓延到办公软件、数据库、媒体娱乐工具、电子邮件、杀毒软件等领域，借助 Windows 的标准地位带动其他软件的发展，并取得惊人的成绩。

4. 伴随微软产品不断升级的巨大收益

微软从成立开始，就将"产品升级"的概念贯穿始终。20 世纪 80 年代，DOS 操作系统问世并迅速风靡全球，奠定了微软在软件业的霸主地位。1983 年，微软公司宣布开发图形用户界面（GUI）系统。1985 年，Windows 1.0 版问世，接着陆续开发了 Windows 2.0 版等，到 1990 年 5 月，Windows 3.0 正式投入商业应用；1992 年 4 月，Windows 3.1 版推出；1993 年，升级到 Windows 3.2。这些操作系统简称为 Windows 3.X，它们运行在 DOS 之上，受到 DOS 操作系统的限制。1995 年 8 月，Windows 95 面世，改变了在 DOS 下的运行模式。1998 年，微软公司推出功能更为强大的Windows 98。2000年3月，微软公司正式发布了Windows 2000中文版。微软公司于2001年11月9日正式推出包括家庭版和专业版的Windows XP，界面更加灵活、便捷，包括数字多媒体、家庭联网和通讯等方面的功能。微软因为标准的成功而引领市场20多年。在这20多年里，微软不断地进行技术创新和产品升级，加快了新产品开发的步伐。

通常，随着科技进步、产品性能的提高，软件、电子等高科技产品的价格会下降，特别是在产品更新速度加快的计算机领域中，从芯片到磁盘驱动器，从游戏软件到路由器，由于市场竞争的激烈和大批量生产的单位成本的减少，价格都呈现迅速下跌的态势，而且下跌的幅度往往很大。然而，微软的操作系统借助其全球标准的优势，掌握了价格的主导权，其价格下降的趋势并不明显。它的Windows操作系统的价格与1985年刚推出时基本相同。据业内分析家估计，Windows 95卖给批量购买软件的计算机生产商的价格约为每套45美元。这个价格与它上一代产品即Windows 3.1和DOS软件混合产品的价格持平，甚至略高一些。Windows 95升级版的零售价格为89.99美元，与刚推出时的价格相同。DOS与升级为Windows 3.1时的价格几乎一样。微软的Office中的Word软件在1990年的价格为399美元，而升级为Office套件后原始价格虽降为249美元，但在此后价格一直未变。占据90%以上市场份额的桌面操作系统和Office办公系统，凭借全球技术标准的地位和居高不下的软件价格，微软从中获得非常可观的效益。分析家预计，Windows操作系统经营企业的毛利超过92%，经营利润超过50%。特别应当指出的是微软在全球的垄断地位，它在发展中国家市场获得了更大的收益，甚至是过度的收益。以微软Office软件为例，其美国售价为50美元，相当于美国人1～2个小时的工资收入，在中国则卖到6999元人民币，相当于中国人1～2年的平均工资[①]。

在软件行业，微软一直在追求标准的道路上努力：通过全开放的DOS系统，微软战胜了技术更优的Macintosh操作系统，成为全球的事实标准；Windows系统的成功使微软控制了全球桌面系统的绝大部分市场份额，并借助桌面系统的市场优势，利用其垄断地位，捆绑销售了微软互联网、娱乐、杀毒软件等产品。微软一直奉行以技术创新为先导以巩固其技术标准地位。随着产品的不断升级、产品性能不断改善，加上几乎不变的

---

① 胡星斗：《全世界发展中国家团结起来》，载《IT时代周刊》2007第12期。

高价格，微软赚取了巨额的利润。微软的成功不仅仅是市场销售的成功，更是标准竞争的成功。

六、微软成为市场标准企业的竞争优势源泉

1. 成为市场标准的企业在标准之内的竞争中，即在研究与开发、筹供、生产、销售、成本等领域的竞争中处于有利地位

标准之间的竞争是企业在市场或委员会中，通过与同行业其他企业相竞争、博弈使自己的核心技术更多地成为全球市场标准的过程。而标准之内的竞争是企业通过研发、筹供、生产、销售等各个环节的不断优化以及相互间的有力配合，形成企业的关键技术乃至全球技术标准的过程。当企业的核心技术成为市场标准后，就拥有了技术上的主动权。企业利用其技术优势，使新技术能在原有技术标准的基础上实行平滑过渡，并通过在其核心技术中加入技术壁垒给竞争对手造成障碍，形成技术上的垄断地位，为成为下一代技术标准打下基础。同时，成为市场标准的企业由于掌握了大多数的市场资源，其他企业为了自身的利益，更倾向于为这些企业提供便捷的供货和销售的渠道。因此，它们在与价值链上的其他企业合作时，成为市场标准的企业处于有利的地位。此外，由于这些企业依靠其市场优势，随着产品销量的增加、成本的降低，赚取大量的利润，它们相对竞争对手更有意识也更有实力去实现技术创新。

2. 成为市场标准的企业处于成为市场领导者的有利地位

国内标准成为全球标准的公司在世界市场上占有最大的份额。美国的公司控制了世界上模拟通信的基础设施和电话市场，因为 AMPS（以及它的衍生物 TACS）是全球的模拟标准。欧洲的公司占据了全球的数字通信基础设施和电话市场，因为 GSM 是数字通信的全球标准。成为市场标准的企业就处于成为市场领导者的有利地位。微软的 Windows 操作系统和 Office 办公软件以绝对的优势领跑全球软件业，成为被市场所认可的技术标准，从而将微软推向了 IT 界的市场领导者的位置。成为市场标准的微软，其产品的生产与发布还将影响到价值链上的硬件制造商、网络运营商、服务提供商等。据 IDC（互联网数据中心）预计，2007 年，随着微软最新的操作系统 Windows Vista 的推出，其每 1 美元的销售额将为整个 IT 产业带来超过 18 美元的收入。仅在美国本土，微软合作伙伴将于 2007

年产生直接与 Windows Vista 产品相关的收入达 700 亿美元；而在全球市场，2007 年得益于这款产品的合作伙伴企业收入预计将超过 2500 亿美元。

3. 有利于实施产品升级导向的扩展并创造新的市场

信息产业中的微软、英特尔、IBM 和医药行业的公司都是依靠产品的不断升级得到扩展。产品升级导向的业务扩展是在原有业务基础上，通过增加产品的技术含量，增强产品的功能、特征，改进产品结构的扩展。尽管现有产品可能与原产品有相似之处，但其特征可能已有实质性的改变，其功能已有数量级的改变，拓宽了产品的业务领域和范围，因而会创造一个全新的市场。例如，个人电脑的出现改变了早期的大型中央计算机的应用范围、功能、结构，使计算机进入家庭，创造了一个新的市场。计算机网络的发展又使大量新业务得以产生而展现出无限的商机。在多产业融合和行业边界模糊的背景下，控制和争夺重点领域的国际标准是企业应对市场竞争的有力武器。微软依靠 Windows 和 Office 的市场标准地位，不断进行产品的优化和升级，在升级的过程中实现了功能的扩展，成功地进入了手机、汽车、电视等相关领域，在娱乐和互联网的市场上迅速扩大自己的产品覆盖范围，力争在新的空间取得领先，如 MSN、email 等都在市场占有率方面处于领先地位。在竞争压力下，苹果、惠普等公司也相继进入了互联网领域和手机领域，希望在新的前沿领域开辟自己的战场。它们都选择进入那些在公司战略和未来产业中占有重要地位的领域，从而保证掌握最新的标准技术，为赢取全球竞争地位做准备。

4. 建立垄断的市场地位

从经济学的角度可以看出，在垄断条件下，垄断厂商对其产品价格有决定权，垄断为企业带来超额利润。20 多年来，微软竭尽所能建立全球标准，其产品在全球个人电脑市场上占据着主导地位。微软打造的 Windows 桌面操作系统和 Office 办公软件创造了大批"习惯用户"，这种习惯让竞争的天平向微软倾斜，使得市场后来者以及产业链上的企业只能被迫服从微软的技术标准。2007 年，微软做出了 Windows XP 操作系统将于 2008 年 1 月停止供应的决定，兼容、系统资源分配等一系列问题，使得其他的硬、软件厂商处于被动的局面，它们不得不在新装的 PC 机上使用高配置的 Windows Vista 系统。此外，微软一次次在操作系统和办公软件上捆绑销售其他软件产品，在微软双重标准的钳制下，竞争者逐渐丧失竞争力而在竞争的浪潮中湮灭。

5. 正反馈效应与网络经济性

Katz 和 Sharpiro（1994）将标准竞争定义为网间竞争、系统竞争。技术创新、科技的发展带来了网络经济时代，而信息产业是网络效应最明显的产业。在网络市场，企业控制网络最有力的工具就是标准。在网络经济时代，一旦某种全球标准形成，获胜的企业就可以通过降低配件成本、消费者的转换成本，并利用对该标准的控制而控制市场，为企业带来可观的利润。

网络效应是指产品的价值随着使用者的增加而增加的现象，或者是指一个使用者从产品消费中得到的效用随着其他消费者的增加而增加的现象。Katz 和 Shapiro（1985、1986）把网络效应分为两种形式，即直接网络效应与间接网络效应。直接网络效应就是消费者需求之间的相互依赖性，使用一种产品的用户可以直接增加其他用户的效用。间接网络效应主要产生于基础产品与辅助产品之间技术上的辅助性，这种辅助性导致了产品需求上的相互依赖性。

在直接网络效应的作用下，一种技术要成为市场的标准，关键要在用户基数或网络规模上拥有优势，一旦在用户基数上存在优势，正反馈机制的作用就会使市场竞争的均衡向这种技术标准倾斜，最终这种标准就会成为市场上事实的标准。微软从某种程度上就是靠放任盗版来获得用户基数的增加。盖茨在 1998 年 7 月 20 日出版的 *Fortune* 杂志上说："虽然中国每年的电脑销售量有 300 万台，但人们不花钱买软件，总有一天他们是要付钱的。"微软通过打击盗版，每年在中国直接获益竟也高达 20 亿元，远超中国前十大软件公司年利润总和。① 微软对盗版的放任是有它的市场野心的，因为对于软件的使用是有学习过程的，并且转换成本较高，当人们对使用微软的产品"上瘾"后，即使后来需要为正版支付多于其他正版软件的费用，也会心甘情愿，这就是网络效应所产生的路径依赖。虽然市场上存在比微软的 Windows 更稳定、技术更先进的操作系统，但由于缺乏一定的用户基数，而难以成为市场认可的全球标准或技术。

技术上的相互依赖将产生间接网络效应。随着经济全球化的深入，单一的产品已不能满足消费者的需求，很多产品是"系统产品"，它需要借助其他厂商和企业产品才能体现出自身的价值。例如，不同版本操作系统的使用需要以与之相兼容的电脑硬件为载体，各种技术标准的手机卡只有

---

① 胡星斗：《全世界发展中国家团结起来》，载《IT 时代周刊》2007 第 12 期。

当其与支持这种制式的手机相匹配才能使用，等等。回顾个人电脑的发展历史，全球IT产业链上的最上端的盟友微软和英特尔的"Wintel"联盟一度被称为IT业界的合作楷模。这两者都是IT界的领航者，掌握了个人电脑的重要组件操作系统和CPU的全球标准。它们互相利用对方在各自领域的市场优势，通过硬、软件技术的相互依赖性，让彼此用户融合、基数扩大，形成间接的网络效应。

网络效应具有正反馈的特征，当企业的技术标准成为该行业的全球标准时，正反馈机制使得收益递增，并通过"跑马圈地"，迅速占领市场，在"圈地"范围内阻止该标准技术被即使是客观功能优于它的技术所替代，形成市场锁定。所以，标准技术并不一定是最优的技术，而是被最多人和企业使用的技术，它会产生一个滚雪球般的网络，从而使得采用全球标准技术的企业获得网络效应。

七、小结与启示

标准的竞争可以分为两类：基于市场竞争形成的标准与基于委员会的竞争。微软的成功是正是标准基于市场竞争的成功的典型代表，是平台与软件系统的成功。微软借助已经成为全球标准的操作系统，号令"诸侯"，赢得全球软件业的霸主地位。随后微软借势而上，通过捆绑销售、战略联盟、技术创新等一系列手段，巩固其全球事实标准的地位。在微软的标准之道中，我们可以看出通过网络效应的正反馈效应，越来越多的用户选择微软，规模收益递增，从而市场选择出全球标准；随着技术进步，行业边界模糊趋势越来越明显，为了应对更加激烈的竞争，微软进入手机、娱乐、互联网等领域，并与价值链上其他企业结成战略联盟，试图在更多的行业都烙上微软的印记，争夺新的领域的标准地位。因为"当公司的产品或技术成为全球的标准时，公司就会受益"。

在标准形成中的作用，本质上是其研发能力、专利成果、市场能力的综合反映。难以在标准形成中发挥作用是中国企业在国际化竞争中的重要障碍。我国企业在寻求发展壮大的道路上，一直受到来自国外企业的标准和技术的制约。特别是在软件、电子产品等高科技领域中，核心技术成为一个企业生存和发展的命脉。相关调查表明，在全球16000项国际标准中，99.8%是由国外机构制定的，中国参与制定的不足0.2%。发达国家的大型跨国公司利用其在技术标准上的垄断地位，对我国企业的利润进行掠夺和侵占。微软的成功是标准竞争成功的典型例子。中国政府和企业可以通过借鉴微软在标准竞争的成功寻求企业的振兴与发展：要有意识地制定基于标准的竞争战略。中国企业和政府要通过加强技术创新积极推动与标准有关的自主研发；要凭借中国巨大市场潜力的有利地位，积极参与到标准的制定中，在国际标准组织中增加话语权。我国企业还可以与其他企业建立战略联盟以支持某种标准，通过网络的正反馈效应使所支持标准的相关安装基础价值最大化。

参考文献

［1］ Arthur W B. Competing Technologies, Increasing Returns and Lock-in by Historical Events ［J］. Economic Journal, 1989, 99 (1).

［2］ Arthur W B. Increasing Returns and the New World of Business ［J］. Harvard Business Review, 1996 (7−8).

［3］ David P, Greenstein S. The Economics of Compatibility Standards: An Introduction to Recent Research ［J］. Economics of Innovation and New Technology, 1990.

［4］ Hill C W. Establishing a Standard: Competitive Strategy and Technological Standards in Winner-take-all Industries ［J］. Academy of Management Executive, 1997, 11 (2).

［5］ Jeffrey L F. Global Competition between and within Standards ［M］. Palgrave: Macmillan publisher, 2002.

［6］ Katz M, Sharpiro C. Network Externalities, Competition and Compatibility ［J］. The American Economic Review, 1985, 75 (3): 424−440.

［7］ Katz M, Sharpiro C. Systems Competition and Network Efforts ［J］. Journal of Economic Perspectives, 1994, 8 (2): 93−115.

［8］ Morris C R, Ferguson C H. How Architecture Wins the Technology Wars ［J］. Harvard Business Review 1993, 71: 86−96.

［9］ Rosenkopf L, Metiu A, George V P. From the Bottom up? Technical Committee Activity and Alliance Formation ［J］. Administrative Science Quarterly, 2001, 46 (4).

[10] Shapiro C, Varian H. Information Rules [M]. Boston: Harvard Business School Press, 1999.

[11] Shapiro C. Setting Compatibility Standards: Co-operation or Collusion? [C] // Dreyfuss R, Zimmerman D, First H. Expanding the Boundaries of Intellectual Property. New York: Oxford University Press.

[12] Suarez F F. Battles for Technological Dominance: An Integrative Framework [J]. Research Policy, 2004, 33: 271 – 286.

[13] Thomas A. Cooperative Strategy and Technology Standards-setting: A Study of U. S. Wireless Telecommunications Industry Standards Development [D]. The George Washington University, 2005.

[14] 迈克尔·科索马罗, 理查德·赛尔比. 微软的秘密 [M]. 程化, 等译. 北京: 北京大学出版社, 1996.

[15] 毛蕴诗. 公司经济学: 2版 [M]. 大连: 东北财经大学出版社, 2005.

[16] 谭劲松, 林润辉. TD-SCDMA与电信行业标准竞争的战略选择 [J]. 管理世界, 2006 (6).

[17] 熊红星. 网络效应、标准竞争与公共政策 [M]. 上海: 上海财经大学出版社, 2006.

[18] 王万山. 微软的标准攻略 [J]. 科学与管理, 2005 (1).

[19] 李太勇. 网络效应与标准竞争战略分析 [J]. 外国经济与管理, 2000, 22 (8).

[20] 王成昌. 企业技术标准竞争与标准战略研究 [D]. 武汉理工大学, 2004.

[21] 李波. 基于网络效应的标准竞争模式研究 [D]. 浙江大学, 2004.

[22] 余江, 方新, 韩雪. 通信产品标准竞争中的企业联盟动因分析 [J]. 科研管理, 2004, 25 (1).

[23] 李太勇. 中国第三代移动通信标准竞争 [J]. 中国工业经济, 2001 (4).

[24] 陈标杰. 碟机标准之争的背后 [J]. IT经理世界, 2005 (1).

[25] 金雪梅, 王忠友. 从微软一案看信息产业的竞争、垄断与技术创新 [J]. 中国信息导报, 2000 (6).

(原载《经济理论与经济管理》2008年第2期, 与舒兆平、吴瑶合著)

基于行业边界模糊的价值网分析模式
——与价值链模式的比较

一、问题提出

以传统工业为基础的产业经济,行业之间边界固定、分立明显,既构成了企业制定战略的基础,也构成了产业经济的运行基础,也是制定产业政策的基础。自20世纪90年代以来,数字化技术、通信和计算机技术的迅速发展,使以其为技术支撑的诸多行业之间的边界由清晰走向模糊,推进了信息、电信、文化、娱乐、传媒、出版、金融、证券、保险、零售、物流、旅游、酒店等行业之间的相互渗透和融合,在全球形成了大规模并购和重组的浪潮,多元化又一次成为大公司的战略重点。与此同时,资源配置、整合方式也发生了结构性变化,许多新的业态应运而生,形成了新的经济增长点,直接改变了传统产业结构,催生了以信息为基础的新经济,影响广泛、深远。

为此,1996年美国实施重大改革,将电信和媒体统一立法管理,引发了一场电信、互联网、媒体和文化企业的交叉兼并和产业重组。2000年1月,世界最大的互联网服务公司——美国在线与世界上最大的媒体公司——时代华纳通过换股方式实现合并,交易额达1840亿美元,成为互联网业与传统媒体业融合的标志性事件。

同时,行业边界模糊与产业融合也给企业带来了巨大的扩展机会。戴维·莫谢拉(2002)[①]指出,产业融合使资源在更大范围内得以合理配置,从而大大降低提供产品和服务的成本,产生成本优势;同时,融合扩大了网络的应用范围,使各种资源加入网络的可能性增大,产生网络效应;而且,融合导致的生产系统的开放性,将使得消费者成为生产要素的

---

① 戴维·莫谢拉:《权力的浪潮——全球信息技术的发展与前景:1964—2010》,高铦、高戈、高多译,社会科学文献出版社2002年版,第9页。

一部分，产生消费者常规效应。这三方面效应的共同作用，将为企业带来巨大的收益递增机会。

1978年，麻省理工学院媒体实验室的创始人Negrouponte用3个圆圈来描述计算、印刷和广播三者的技术边界，认为3个圆圈的交叉处将会成为成长最快、创新最多的领域。他的开创性思想引起了学术界的关注。

对于产业融合的内涵及其界定，研究者们有着不同的理解。Yoffie（1997）[1]指出，融合就是"采用数字技术后原来各自独立产品的整合"。Greenstein和Khanna（1997）[2]将产业融合定义为"为了适应产业增长而发生的产业边界收缩或消失"。Ono和Aoki（1998）[3]构建了一个用三维坐标表示的理论框架，并借此来阐述电信、广播等媒体信息服务融合的实质。Lind（2005）[4]更是指出：融合无处不在（convergences are ubiquitous），并将仅用于定义信息通讯业产业融合的概念扩展到了更广泛的领域，"融合是分离的市场间的一种汇合和合并，跨市场和产业边界进入壁垒的消除"。日本著名产业经济学家植草益（2001）[5]则从产业融合的原因及结果两方面对其进行了更具广泛性和有用性的定义，即产业融合是通过技术革新和放宽限制来降低产业间壁垒，加强产业、企业之间的竞争合作关系。对于行业边界模糊与产业融合及产生的原因，大多数研究将其归功于技术创新和技术进步。Malhotra（2001）[6]揭示了信息技术融合的技术基础，认为数字技术的出现是产业融合的重要驱动力。数字技术使隶属于不同产业的企业因为产业间供需双方的连接而成为直接的竞争对手。Sahal（1985）在进行了对技术创新的研究以后，指出技术融合所产生的创新活动及其在一系列产业中的广泛应用和扩散会激活那些原本死气沉沉

---

[1] Yoffie D B. *Competing in the Age of Digital Convergence.* U. S. : The President and Fellows of Harvard Press, 1997.

[2] Greenstein S, Khanna. "What does industry mean?" In: Yoffie D B. *Competing in the Aage of Digital Convergence.* U. S. : The President and Fellows of Harvard Press, 1997.

[3] Ono R, Aoki K. "Convergence and New Regulatory Frameworks". *Telecommunications Policy*, 1998, 22（10）: 817–838.

[4] Lind J. "Ubiquitous Convergence: Market Redefinitions Generated by Technological Change and the Industry Life Cycle". *DRUID Academy*, 2005（1）: 27–29.

[5] 植草益：《信息通讯业的产业融合》，载《中国工业经济》2001年第2期。

[6] Malhotra A. *Firm Strategy in Converging Industries: An Investigation of US Commercial Bank Responses to US Commercial-investment Banking Convergence.* Maryland University, 2001.

的市场，推动某些产业的发展，就如数字电子学对计算机和通讯业所产生的影响那样。Bally（2005）[1] 认为，技术融合不仅仅发生在信息传输业，在诸如保健食品、数码相机、包装技术、机械工具等领域均有技术融合发生，因此，技术融合是从根本上改变以往各独立产业或市场部门的边界，并使它们融合成一个新的竞争环境的技术共同成长过程。

面对行业边界模糊这一环境的重大改变，企业做出各种战略反应。Estabrooks（1995）探讨了计算机、通信、媒体、娱乐业、金融服务（业）等行业的许多公司对技术变化做出的战略反应，并着重描述了企业为了实现规模经济性和范围经济性而做出的跨产业融合的多元化战略反应。Tapscott（1996）注意到，在这个融合的时代，一些公司视野狭隘，只关注自己的市场和资源；另一些公司则拥抱融合，通过多元化的投资进入相近产业。随着一些行业边界变得日益模糊，跨产业边界的新服务、新产品大量出现，使得基于产业分立的传统规制框架面临巨大挑战。Martha（2001）[2] 等人指出，信息产业的融合导致跨产业边界服务的出现，这些变化使得传统上基于确定的产业边界或是针对某一产业而设置的规制机构难以有效地发挥作用，因此应该对原有机构的组织功能进行调整使之适应新的产业环境。Poullet 等人（1995）在对欧洲普遍使用的二分法（或称"部门法"）规制体系进行了系统分析以后指出，媒体和电信产业之间的融合将在有关竞争性保护、多元化保护以及普遍服务等方面，与现行规制体系发生冲突，因此在构建新的规制框架时应该着重关注所存在的问题。Blackman（1998）[3] 分析了电信和其他传媒产业间的技术融合所产生的规制问题，认为产业融合将会导致可供选择的网络增多，从而提高了市场的竞争程度，使得信息服务变得更为广泛可用。因此，必须重新检查原来基于市场失灵威胁和公共利益的规制基础，重新设计一种适应信息市场的新的规制框架。

---

[1] Bally N. "Deriving Managerial Implications from Technological Convergence along the Innovation Process: A Case Study on the Telecommunications Industry". *Swiss Federal Institute of Technology*, 2005.

[2] Martha A. "Garcia – Murilloand MacInnes IFCC Organizational Structure and Regulatory Convergence". *Telecommunications Policy*, 2001 (25): 431 – 452.

[3] Blackman C R. "Convergence between Telecommunications and Other Media: How should Regulation Adopt?". *Telecommunications Policy*, 1998, 22 (3): 163 – 170.

应该指出,上述文献多是注重于对产业融合的研究。然而,产业融合是企业对行业边界模糊这一重大环境变化的战略反应的结果。因此,本文在分析相关文献的基础上,探讨行业边界模糊特征、趋势,分析价值链分析模式的局限性,分析以顾客为中心的价值网分析模式的局限性,在此基础上提出基于行业边界模糊的价值网的分析模式,探讨其对传统分析范式的冲击,进一步就行业边界模糊对企业扩展进行经济学分析,最后借鉴欧洲、美国的经验,针对我国当前产业政策进行思考并提出建议。

二、行业边界模糊的特征与趋势

(一) 行业边界模糊的三种基本形式

我们可以按照行业所提供的产品或服务的实物与非实物形态之间的关系,即按无形产品之间、有形产品之间、有形产品与无形产品之间这三种基本形式,讨论行业边界模糊的情况。

1. 无形产品之间的行业边界模糊

无形产品之间的行业边界模糊最典型的例子就是电信、广播电视和出版业的融合。从专用平台到非专用平台的转换,以及从低宽带要求到高宽带要求的转换,在电信、广播电视和出版三个产业融合中是十分关键的内容。因为从专用平台到非专用平台的转变,意味着三大产业运作都是在同一个操作系统中工作,是在这种互连的基础上,再加上从低带宽要求转向高带宽要求,电信、广播电视和出版三大产业才得以产生真正意义上的产业融合。在电信、广播电视和出版三大产业融合过程中,不仅语音、视像与数据可以融合,而且通过统一的实现技术使不同形式的媒体彼此之间的互换性和互联性得到加强。这样,无论是照片、音乐、文件、视像还是对话,都可以通过同一种终端机和网络传送及显示,从而使语音广播、电话、电视、电影、照片、印刷出版以及电子货币等信息内容融合为一种应用或服务方式。

2. 有形产品之间的行业边界模糊

有形产品间的行业边界模糊最明显的就是"3C 融合",即计算(computing)、通信(communication)和消费电子产品(consumer electronics)的融合。奥冯索和萨维托(Alfonso & Salvatore)等人在 1998 年的研究表明，20世纪80—90年代期间，计算机、通信、半导体以及其他电子产品行业发生了较明显的产业融合现象，并且与其他融合现象不明显的产业相比较，该产业的绩效得到了明显的提高，且产业绩效与技术融合状况存在正相关关系。① 根据权威数据统计机构IDC在20世纪末的一项调查显示：客户希望数字娱乐设备可以集传统的电视、电话、PC、游戏、影音娱乐等相关功能于一身，而现在大部分IT厂商和消费类电子厂商的产品也都在朝这个方向努力，即利用同一个终端实现所有移动信息的交互功能，整合尽可能多的应用。

3. 有形产品与无形产品之间的行业边界模糊

有形产品与无形产品间也出现了行业边界模糊的趋势，如最近几年"4C融合"概念的提出。所谓"4C融合"，是在"3C融合"的基础之上，加多了一个"content"（内容）作为融合的元素，以满足未来人们在任何时间、任何地点，通过任何设备来实现计算、沟通和娱乐的需要。这表明在信息产业中，设备制造商、网络运营商以及内容提供商之间，在业务方面已经越来越多地互相渗透与进入。这方面比较典型的例子有IBM、惠普等。IBM和惠普一直以来以设备制造为主业，但进入20世纪90年代以来，它们开始逐渐转型，转向以信息服务、咨询服务提供为主，而设备制造所占业务收入逐渐降低。这就是企业由有形产品行业逐渐向无形产品行业渗透、转化的典型例子。

（二）产业融合在特定产业中的具体体现

行业边界模糊首先出现在以信息作为主要产品载体的产业，进而波及对信息技术有广泛应用的各种传统产业。我们几乎可以认为，信息化所带来的行业边界模糊已经波及几乎所有的第三产业与相当多的传统产业。下面仅就几个典型的产业融合加以论述。

1. 信息产业与文化产业的融合

新闻出版、广播电视和音乐娱乐等文化产品最终表现为信息形式，信息技术的发展促进了文化产品的创新。数字技术为所有的信息产品提供了一个统一的平台，技术融合同时也导致了文化产品传播渠道的融合。例

---

① Gambardella A, Torrisib S. "Does Technological Convergence Imply Convergence in Markets? Evidence from the Electronics Industry". *Research Policy*, 1998, 27 (5): 445～463.

如，信息技术融入电影制作技术，使电影仿真效果得以加强，出现了 3D 电影等新的表现形式。数字技术和互联网技术的发展，使网络游戏成为青少年群体中的一种新兴娱乐形式。纸张作为书籍等出版物的传统载体逐渐被电脑和互联网所替代，电子书的出现对传统出版和印刷行业产生了巨大冲击。在数字化条件下，电视和电影的传统网络很大程度上与互联网发生了融合，数字电视已经成为电信运营商和传统媒体产业争夺的焦点。

信息产业与文化产业之间的融合直接体现为企业间的合并。例如，2000 年美国在线和时代华纳的合并，成为传统媒体产业和互联网产业间融合的里程碑。尽管互联网泡沫的破灭让许多最早实施类似多元化战略的企业没有获得预期协同效应，但这些企业仍然非常重视技术发展以及行业边界模糊的趋势。

2. 金融服务业的相互融合

信息技术的发展提高了银行、证券、保险等传统三大金融部门之间的信息共享程度，各种金融信息能够利用先进信息技术更为全面、迅速地得到披露；同时，经济发展带动了金融产业的需求增长。在这两方面的推动下，金融产品的创新加速，大量新型金融衍生产品得以应用，而这些衍生产品实际上很难沿用传统的银行、证券和保险三大类标准进行划分。金融服务业在信息技术支持下发生了边界模糊。

目前，西方的商业银行几乎全部都是全能银行，为客户提供综合服务。例如，花旗集团就把所有业务划分成 9 个核心类别。2003 年，这 9 个核心类别业务盈利情况为：信用卡收益占集团收益的 21%，消费者融资占 11%，消费金融占 24%，资本市场占 26%，交易服务占 4%，私人客户服务占 5%，保险及年金占 4%，私人银行占 3%，资产管理占 2%。①

3. 家电业与信息产业的融合

根据权威数据统计机构 IDC 在 20 世纪末的一项调查显示：客户希望数字娱乐设备可以集传统的电视、电话、PC、游戏、影音娱乐等相关功能于一身。2003 年，美国数字家庭工作组对数字家庭框架提出一个完整的相关构想。数字家庭作为一场实现人类居住环境和生活方式的根本性变革，跨越建筑、环境、家电、信息和通信诸多行业领域，从另一个角度为

---

① 周永发：《西方商业银行发展动向》，载《现代商业银行》2005 年第 1 期。

3C融合提供了明晰的思路。

2006年年初，英特尔在中国推出了新一代家用电脑平台"欢跃"（VIIV）。英特尔试图借此整合硬件、软件和内容供应，以构建统一的数字家庭解决方案。在新的价值网中，不仅包括传统的 PC 厂商，还容纳了像海尔、长虹朝华、TCL、海信等一大批家电厂商。

4. 信息产业与传统制造业的融合

传统制造业纷纷加强自身企业信息化的实施力度，以信息化带动工业化发展。目前，信息化已经成为装备制造业发展的一个主要动向，数控机床（NC）、柔性制造单元（FMC）、柔性制造系统（FMS）、计算机集成制造系统（CIMS）、工业机器人、大规模集成电路及电子制造设备等的开发与推广应用，促进了装备制造业与信息产业之间的技术融合。

5. 新的业态的形成

行业边界模糊及其之间的交叉融合必然带来新产品、新服务的出现，从而形成新的业态。其中，最为典型的是现代物流业。在20世纪80—90年代，物流产业的变化比自工业革命以来几十年所发生变化的总和还多，其主要推动力量包括微机和数据处理技术的商业化以及通信技术的发展。现代信息技术使分散在不同部门、不同地域之间的物流信息实现交流和共享，从而达到对各种物流资源进行有效协调和管理的目的。早在20世纪80年代，物流企业已经开始应用条形码和 EDI 技术将顾客和供应商连接起来。20世纪90年代末互联网的快速发展大大降低了数据通信成本，进一步推动了物流资源的整合。①

三、行业边界模糊与价值链分析模式的局限性

（一）价值链分析方式

价值链的概念由迈克尔·波特于1985年在其名著《竞争优势》中提出。波特认为可以把企业创造价值的过程分解为一系列互不相同但又相互联系的增值活动。由于产品技术的复杂程度日益提高，单个企业几乎不可能完成所有的生产经营，于是形成了前后顺序关联的、横向延伸的、纵向

---

① 骆温平：《第三方物流》，上海社会科学出版社2001版。

有序的活动集合，从而形成产业价值链。传统价值链模式见图1。实际上，产业价值链是由供应商、制造商、分销商和顾客的价值链相互联结而成，是企业价值链在产业层面上的延伸，是多个价值链的整合。① 在产业链中，每个环节都由若干同类企业组成，它们之间是竞争关系，而上下游企业之间是交易关系。

图1 传统价值链模式

价值链是企业根据外部环境、内部资源来制定战略的一种分析方法。通过价值链分析，企业能够较容易地识别自己在市场中所处的位置，以确定业务重点，制定正确的战略。

（二）行业边界模糊与价值创造活动

随着信息技术和互联网的发展，行业之间的技术、业务、运作和市场的通用性增强，跨行业的业务交叉和创新成为可能。企业之间、产业之间的联系更加广泛，企业向其他产业扩展和渗透的现象日益普遍，促进了更大范围的竞争与合作，以至在有的情况下很难判断企业属于哪个行业。

在技术创新和政府放松经济性管制的共同作用下，各产业之间的进入壁垒降低，不同产业之间形成了共同的技术基础和市场基础，各个产业之间的传统边界趋于模糊甚至消失。企业的价值创造活动已经不再局限于本产业的价值链上，而是向其他产业延伸，融合其他行业的产品和服务，形成价值网。因此，企业在多个行业的交叉与渗透已无法用价值链理论作为指导。在行业边界模糊的环境下，企业的跨行业扩展行为需要有新的、更适合的分析模式，这就是本文第五部分所提出的基于行业边界模糊的价值网分析模式。

---

① 李平、狄辉：《产业价值链模块化重构的价值决定研究》，载《中国工业经济》2006年第9期。

四、以顾客为中心的价值网模式

价值网概念首次出现在 Mercer 顾问公司著名顾问 Adrian Slywotzky 的名著《利润区》(*Profit Zone*, 1998)。他指出,由于顾客的需求增加、互联网的冲击以及市场高度竞争,企业应该改变事业设计,将传统的供应链转变为价值网,如图 2 所示。① 此概念的提出,引发了国内外学者对此的研究和探讨。Kathandaraman 和 Wilson (2001)② 在他们提出的价值网模型中,将优越的顾客价值、核心能力和相互关系作为价值网的三个核心概念,着重体现价值网是以顾客为核心的需求拉动网络。而在 Verna Allee (2000)③ 看来,价值网是一种除了交换商品和服务,还融合了知识和其他无形利益的价值交换体系,他对价值网的形成及其所包含的元素做了分析。Weiner 等人 (1997)④ 在对美国的电力产业进行研究后认为,电力企业必须从纵向一体化向基于价值网的虚拟一体化转变,这个虚拟的价值网

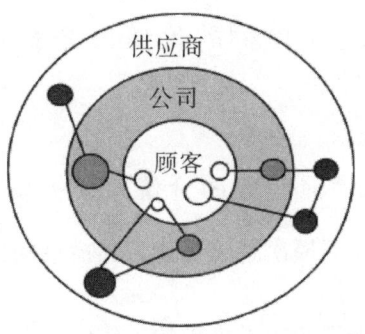

图 2 以顾客为中心的价值网模式

---

① 亚德里安·J. 斯莱沃斯基、大卫·J. 莫里森等:《发现利润区》,凌晓东等译,中信出版社 2002 版。

② Kathandaraman P, Wilson D T. "The Future of Competition-Value-Creating Networks". *Industrial Marketing Management*, 2001 (30).

③ Allee V. "Reconfiguring the Value Network". *The Journal of Business Strategy*, 2000, 21 (4).

④ Weiner M, Nohria N, Hichman A. "Value Networks:The Future of the U. S. Electric Industry". *Sloan Management Review*, 1997, 38 (4).

包含了电力在从生产、供应、分销、能源服务、电力市场和IT产品与服务在内的所有环节。

对价值网做出进一步研究的是Sherer（2005）[①]，他认为传统供应链的线性结构限制了对上下游企业的协调，不能有效整合顾客的需求。因此，在信息技术的支持下，倡导使用价值网的概念来突出其协调和整合功能。有学者将"价值网"称之为"价值群"（范晓阳，2004）[②]，认为企业可通过一系列的经济交易和制度安排，重新安排价值群中供应商、合作伙伴、客户的角色和关系。价值群的概念指出了单个价值链的交叉现象，但并没对此种现象出现的原因进行分析。

从上述分析中可以看出，以顾客为中心的价值网强调的是由于顾客需求的增加，另外强调核心能力的作用，包括企业的形态（如虚拟企业），是对其功能的描述。本文提出基于行业边界模糊而形成以企业（主体企业）为中心的、跨行业边界的渗透和扩展而形成的价值网。该价值网与上述以顾客为中心的价值网属于不同的分析范式。

五、基于行业边界模糊的价值网分析模式及其对传统分析范式的冲击

（一）基于行业边界模糊的价值网分析模式的提出

基于以上分析，我们提出基于行业边界模糊的价值网分析模式，如图3所示。

对于所提出的基于行业边界模糊的价值网，有如下说明：

（1）在行业边界模糊环境下，基于行业边界模糊的价值网围绕某个行业价值链展开，见图3所示的横向大箭头，并以该行业的某个主体企业为出发核心。

（2）基于行业边界模糊价值网的主体企业在图中处于中间位置。从主体企业的上游企业看，除了与原价值链中的上游企业发生联系外，又与

[①] Sherer S A. "From Suply-Chain Management to Value Network Advocacy: Implications for E-Supply Chains". *Supply Chain Management*, 2005, 10 (2).

[②] 范晓阳：《从价值链到价值群的演变》，载《经济与管理》2004年第10期。

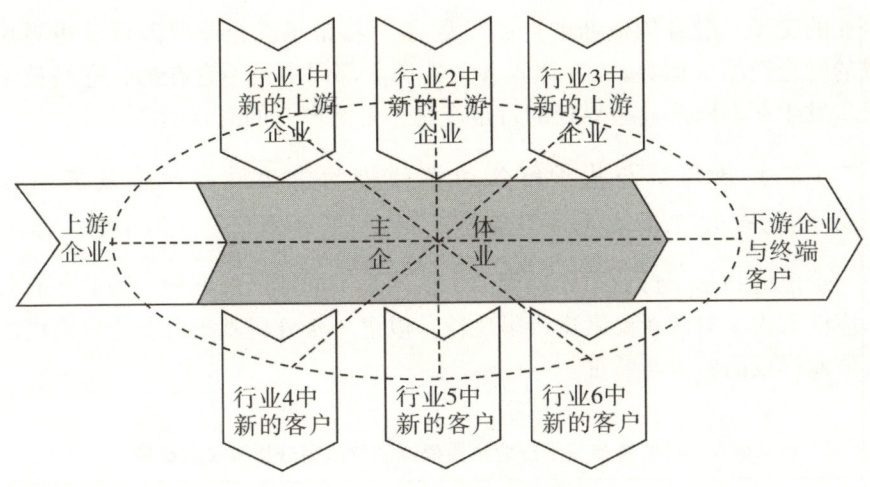

图3 基于行业边界模糊的价值网

其他行业1、行业2、行业3……（这些行业此前往往是与主体企业所在行业无关的行业）以及新兴行业中新的上游企业发生联系，获取它们提供的产品和服务。

(3) 从主体企业的下游企业/客户看，除了与原价值链中的下游企业发生联系外，又与其他行业1、行业2、行业3……（这些行业此前往往是与主体企业所在行业无关的行业）以及新兴行业中的新的下游企业发生联系，为它们提供新的产品和服务。

由以上分析可知，基于行业边界模糊的价值网的分析模式与图1传统价值链分析模式完全不同（对此，将在下面做专门比较），也与图2以顾客为中心的价值网分析模式完全不同。基于行业边界模糊的价值网的分析模式是以企业为中心、为主体，即从企业的资源、能力出发，与其他行业资源、能力相结合地去发现客户的需求，创造新的需求。因此，基于行业边界模糊的价值网为我们提供了一种新的分析范式

行业边界模糊，技术和市场的融合使得以往在各自产业价值链上发展的企业，逐渐地形成了以某个行业的主体企业为核心的价值网，在它们的交叉处涌现出许多具融合性质的新产品和新服务。正如图3的虚线所示，主体企业、上游企业、下游企业、行业中新的上游企业、行业中新的客户之间都有相互关系。在不同产业价值链的上游企业、行业中新的上游企业也可以通过技术创新、产品（服务）创新、管理创新与主体企业或其他

企业的交叉、融合创造新的产品（服务）与市场。企业突破行业边界形成的融合产品（服务），在原先各自的产业部门中是不存在的，它是技术进步发生在不同产业边界处的特定产物，是跨产业的混合型产品。

（二）价值链与基于行业边界模糊的价值网的比较及其对传统分析范式的冲击

价值链和基于行业边界模糊的价值网是不同环境的产物，因此各有其适应性。表1对两者要素进行了比较，以进一步分析基于行业边界模糊的价值网形成的原因与特征。

表1 价值链与基于行业边界模糊的价值网分析模式的比较

对比要素	价值链	基于行业边界模糊的价值网
背景时代	20世纪80年代以前	20世纪90年代末
经济特征	资源经济	知识经济、信息与网络化
行业边界的界定	可按业务活动的纵向延伸界定	业务活动不仅纵向延伸，并向其他方向扩展，因而难以界定
扩展的方式	行业内的一体化	行业内的一体化、跨行业的多元化
可实施策略	集团协作、战略联盟、纵向一体化等方式	纵向一体化、合资、合作、虚拟企业、更广泛的战略联盟、网络化等方式
经济理论解释	交易成本理论	交易成本理论、范围经济性、网络经济性、速度经济性
分析范式的含义	S-C-P分析范式、波特"五力模型"、相关或无关多元化	对S-C-P分析范式、波特"五力模型"、多元化的冲击

第一，背景时代。在20世纪90年代以前，产业间分立明显，行业边界清晰，价值链的分析模式顺应了当时的环境。然而，进入20世纪90年代，行业边界模糊化现象的日益普遍使价值链的分析效力受到了制约，逐步形成基于行业边界模糊的价值网模式的分析模式。

第二，经济特征。在20世纪80年代以前，企业的发展大都依赖自身拥有的传统资源，体现为资源经济的特征。20世纪90年代以来，伴随着知识导向的经济增长、信息与互联网技术的发展、企业间的信息交换与知识共享，给企业的扩展带来了更大的空间。

第三，行业边界的界定。价值链分析模式可按业务活动的纵向延伸对行业的边界进行界定；而在基于行业边界模糊的价值网分析模式下，企业的业务活动在价值网各个方向的延伸使行业边界难以界定。

第四，扩展的方式。价值链分析模式下，企业大多采用行业内一体化方式实现扩展；与之相对应，在基于行业边界模糊的价值网分析模式下，企业可以通过向价值网的各个方向延伸实现多元化的扩展。

第五，可实施策略。在价值链的分析模式下，企业扩展策略的选择面较窄；而在基于行业边界模糊的价值网分析模式下，企业扩展可选择的策略更为广泛，形式也较为灵活。

第六，经济理论解释。企业在两种分析模式下的一体化扩展行为都可以用交易成本理论来解释。然而，在基于行业边界模糊的价值网分析模式下，企业通过信息化手段实现跨行业的多元化扩展，体现了企业既能获得速度经济性和网络经济性，又能获得范围经济性。

第七，分析范式的含义。在传统的资源经济环境下，形成了几种典型的分析范式。它们是结构（structure）—行为（conduct）—绩效（performance）即S-C-P分析范式、波特的"五力模型"以及相关多元化与无关多元化的分析模式，当然也包括价值链分析模式。然而，在行业边界出现模糊的情况下，上述分析范式的有效性值得考究。例如，S-C-P分析范式把外生的产业组织的结构特征（规模经济性要求）看作是企业长期利润的来源，认为不同产业具有不同的规模经济性要求，因而它们具有不同的市场结构特征。但是，在行业边界模糊的情况下，上述产业组织结构特征不复存在，S-C-P分析范式的前提便受到冲击。同样的理由，波特的"五力模型"、相关多元化、无关多元化的分析范式也受到冲击。而基于行业边界模糊的价值网分析模式，则从更广阔的范围，从新的市场环境，结合原有价值链和其他行业的联系，对企业内外资源的整合进行分析。

六、行业边界模糊与企业扩展的经济学分析

行业边界模糊以及产业融合为身处其中的企业带来了巨大的机遇与挑战。行业边界模糊与企业扩展的经济学分析可以从以下几个方面展开。

（一）基于行业边界模糊的价值网分析模式，以（主体）企业为核心展开，强调企业对市场的引导、创造作用与资源配置作用

从企业与市场的关系看，基于行业边界模糊的价值网分析模式围绕以（主体）企业为中心的跨行业边界的渗透和扩展而形成的价值网展开分析。它强调企业对市场的能动性，强调企业对市场的引导、创造作用。在行业边界模糊的环境下，许多企业（正如图3的虚线所示，不仅是图中的主体企业，也包括其他价值链上的企业）做出战略反应，主动地、创造性地整合其他行业的资源。这样，企业创造出差异性产品、新产品、新服务，从而引导顾客需求，创造新的市场，起到资源配置的作用。这与价格机制所起的资源配置作用有根本的不同。企业突破行业边界形成的融合产品（服务），在原先各自的产业部门中是不存在的。它们是技术进步发生在不同产业边界处的特定产物，是跨产业的混合型产品（服务）。同时，伴随着新的产品、新的服务的出现，也会出现新的业态、新的企业。

（二）信息技术的发展和互联网的应用，使企业在更大范围内追求速度经济性

随着信息技术的发展，近年来许多新产品的开发正跨越多重技术领域，并往往涉及信息技术方面的投入，以使企业的产品与其他企业的类似产品形成明显的差异，从而取得有利的市场地位。于是，以数字化技术为基础，行业之间出现交叉与渗透。行业之间不仅沿着原有业务活动产业链的扩展有了越来越强的关联性，而且围绕基于行业边界模糊的价值网的所有企业，加速了资源转化过程及各种要素、产出的流动，在更大范围内带来速度经济性。

同时，信息技术的应用加快了传统产品和服务的更新换代，使企业能够对市场需求迅速做出反应，甚至创造出新的需求，从而改变市场活动的

方向。这方面的例子多不胜数，如传统彩电向高清数字电视的转变、印刷图书向电子图书的转变、全球定位系统（GPS）在物流上的应用等。另外，整合有效的信息系统，有助于企业在业务、生产、物流、营销等环节中加快其经营作业的速度，提高其快速反应的能力。这方面的例子在各行各业的电子商务应用中屡见不鲜。

（三）整合外部资源，搭建更大的网络应用平台，获取新的和/或更高的附加值，获取网络经济性

企业通过实现行业间的业务交叉渗透，整合外部资源，扩大企业业务范围，获取网络经济性。例如，电信运营商在其通信网络的基础上加入天气信息元素，提供手机天气预报的增值业务；报业集团通过互联网的应用推出电子版报纸，开展更具便捷性与成本优势的新业务。另外，这样也可以使企业所经营的商品或服务附加上新的和/或更高的附加值，并使企业经营成本大大削减，给企业内成员带来乘数效应①。

（四）通过业务整合，在更大范围内获取规模经济性和范围经济性

一方面，跨行业的业务整合可以推动企业业务量的增加、规模的扩大，获取规模经济性。另一方面，新业务可以与现有业务共享品牌声誉的平台、分摊各种市场营销和管理费用，包括成长性、效率提升、市场扩展、成本节约等，获得范围经济性。例如，在21世纪初，摩托罗拉、惠普、戴尔等跨国IT巨头都相继进入家电领域。而在20世纪90年代末，国内的海尔、海信、TCL等消费类电子巨头也进军IT设备制造领域。另外，受网络经济性影响的技术会产生正反馈的效应，使业务活动的融合能够获取规模经济性与范围经济性带来的经济受益。

（五）突破了无关多元化的概念，使不相关的业务关联起来，形成新的业务增长点，甚至形成新的行业

传统观点认为，无关多元化所涉及的业务活动之间基本上不存在相关性。然而，技术进步、信息技术的发展，行业之间的相互渗透，在原有业

---

① 毛蕴诗：《公司经济学》，东北财经大学出版社2002年版，第303页。

务中融入其他行业的业务元素，使原本不相关的业务关联起来而形成新的业态。通过这种产业融合，企业打破了产品生命周期和传统业务在时空上的约束，实现了产品和服务的延伸，开发出具有成长潜力的新市场，形成新的业务增长点，甚至形成新的行业。

在现实中，这种例子比比皆是。单机版电脑游戏开发商在游戏开发中引入互联网与实时通信技术，推出了年轻一代的新宠——网络游戏；手机制造商在手机产品中融入了数码相机功能、MP3 音频解码功能，甚至具备操作系统的智能功能，使得手机逐渐演变为数码相机、MP3 随身听等产品的替代品，这种集多功能于一身的手机产品越来越受到消费者的青睐。这些新产品、新服务往往都能开发出具有潜力的新市场，为企业带来巨大的增长拉动力。以腾讯公司为例，其传统产品是互联网实时通信软件QQ，在与电信运营商进行了技术融合后，推出了新产品移动 QQ，即通过手机与互联网上的 QQ 好友进行通信，此新产品为腾讯公司带来了近 50%的营业收入，并一度保持 30% 以上的年增长率。

（六）推行更广泛的战略联盟，发挥价值网的协同效应，有利于建立进入壁垒、获取持续竞争优势

基于行业边界模糊的价值网形成，可以使企业更容易、更有效地扩大产品线，进入一种新的产品领域，改善市场渗透并在现有的区域范围中提供更好的服务，或者以较低的风险在新的区域范围内营销产品、开发新的技术等。一方面，通过推行更广泛的战略联盟，企业可以很好地整合内外部资源，提供更多样、更便捷的产品和服务，为消费者创造更大的价值。例如，日本最大的移动信息运营公司 NTT DoCoMo，通过与应用服务提供商之间的战略联盟，使其 i-mode 业务获得极大成功，丰富的多媒体增值业务迅速风靡全日本，有效地提升了用户的 ARPU 值，并为顺利开展 3G 业务打下了坚实的基础。另一方面，通过建立起广泛的战略联盟，企业还可以进一步增加客户的转换成本、转购成本，增加竞争者的进入成本，从而建立起较高的进入壁垒，有利于企业获得持续的竞争优势。通过广泛的战略联盟获取竞争优势的典型例子就是银行卡的发行。各大银行竞相与百货商场、餐厅、航空公司、酒店等零售终端建立起合作关系，共同推出刷卡消费优惠。通过这种捆绑关系，银行可以借助对方的市场力量稳固自身的顾客群体并进一步开发出潜在市场，从而获得竞争对手难以复制的竞争

优势。

由于行业边界模糊成为一种普遍的现象，与资源经济相关的几种典型的分析范式在解释企业行为、绩效上存在很大的局限性，因为如前所指出其分析的前提——行业之间边界固定，行业之间分立明显——已经不复存在。在资源经济框架下，规模经济性、范围经济性是企业效率、利润的主要来源，也是其扩展的主要动因。然而，在行业边界模糊的环境下，对企业的扩展行为、绩效的解释有了新的观点。原有的扩展方式已经无法榨取规模经济性与范围经济性，即它们不再是企业效率、利润的主要来源。企业在追求规模经济性与范围经济性的同时，以更多的方式在更大的范围内追求速度经济性与网络经济性，并借助正反馈作用和网络效应，获取更高的效率，获取收益递增。

七、基于行业边界模糊的价值网——以电信运营商为例

电信业是20世纪80年代以来发展最为迅猛、变革最为彻底的一个行业，其发展演进对从价值链到基于行业边界模糊的价值网分析模式转变的应用研究具有很强的实践意义。20世纪80年代初，美国对电话市场开始放宽管制，拆分了AT&T公司，逐步开放市场，引入竞争；英国则通过《电信法》对"英国电信"（BT）实施私有化；我国也在1994年成立了中国联通，开始了中国电信业现代意义上的变革。在近10年的时间里，电信业发生了激烈的演变和迅速的发展。伴随着电信业务的不断创新，电信网络得到了迅速的扩张升级，电信运营市场越做越大，上下游市场的参与者也日趋增多，竞争环境和产业格局已变得异常复杂，结果是原有电信业的价值链迅速地被分解。新的供应商和新的客户的加入，形成了以电信运营商为核心，与金融、娱乐、医疗等其他行业相互渗透的价值网。

在移动通信的2G时代，由于企业以语音业务为主，产业链结构简单，基本上由设备制造商、运营商和客户顺序构成。移动数据业务提供商只是依附于电信运营商而存在。进入3G时代，运营商之间的竞争正在升级换代，单纯的业务、规模之间的竞争模式已经成为过去，以运营商为核心的市场价值网之间的竞争模式正在形成（见图4）。运营商对价值网中环节、要素的掌握，将决定市场的竞争效果。所以，从价值网的角度来说，各个环节间的合作经营、共同盈利是3G商业运作的关键。作为价值

网核心环节的运营商必须整合上下游的业务，创造、建立有效的商业模式和盈利模式，创造、引导新的客户需求，构建一张共赢的价值网。

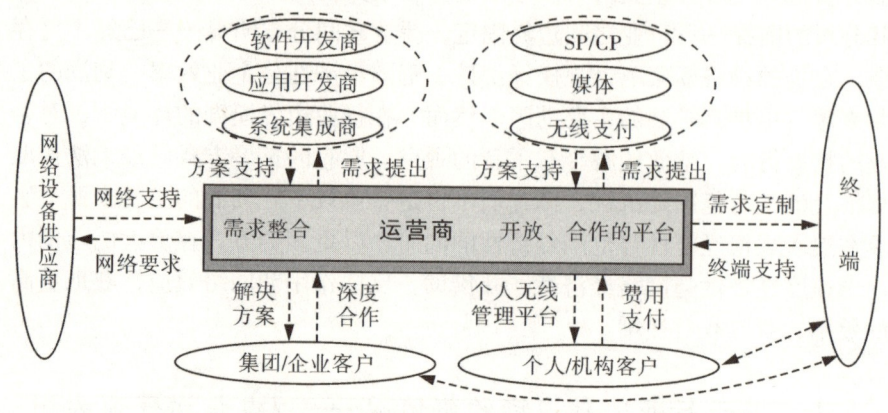

图4 基于行业边界模糊的价值网——以电信运营商为例

第一，运营商与设备供应商、终端厂商的合作，这是电信运营商新业务开发和推广的关键环节。与设备供应商的合作包括技术培训、在设备开发方面的交流、争取设备供应商的买方信贷等。与终端厂商的合作包括技术联盟、研发联盟和资本合作。中国联通CDMA的机卡分离、双网双待机等，在技术和合作模式上都是这方面成功的案例。

第二，与内容（应用）提供商的合作。在这种合作中，运营商必须准确定位自己，即运营商是"平台提供者"和"用户聚集者"。同时，要建立利益分享机制，运营商获得通信费，内容（应用）服务费要合理分成。日本的i-mode之所以获得巨大成功，表现在用户层面是它的价格优势和丰富的内容，而在商业模式方面则是"内容提供商可以专注于开发内容，NTT DoCoMo则替它打理好所有的计费和分账。用户被不断更新的、方便的、有用的内容所吸引"。

图4是以电信运营商为核心的价值网示意图。图中的网络设备供应商、软件开发商、系统集成商、内容提供商等是上游企业；个人客户、集团客户则是其下游企业或终端客户；企业手机银行、银证转账、银基通等业务是电信运营商和金融业交叉形成的新服务。另外，如图4所示，上游企业与个人客户、集团客户也可能形成一种网络关系。

例如，美国最大的移动运营商 Verizon 与迪士尼签订长期合作协议并推出全新的视频服务内容；韩国 SK 电讯开通专用游戏门户"GXG"；中国电信与百代（EMI）共同开发了明星语音短信业务；中国移动与香港英皇娱乐公司推出"英皇盛世"，开发了 MTV 音乐专区等业务。这些都说明了网络运营商和娱乐业交叉业务的深入开展。据调查显示，收发电子邮件、下载音乐和看电视是消费者最希望在手机上拥有的新服务，这些都为内容（应用）提供商、互联网服务提供商和电信运营商提供了更大的合作空间。网络运营商与医疗行业之间渗透的最典型例子是英国的 Mamety 公司，该公司是一家医疗器材公司，它与无线网络运营商结成联盟，整合了产品制造商、信息中心和医院等资源，为心脏病患者提供服务，收取信息服务费。

图 5 是近年中国联通业务收入结构。由图 5 可见，中国联通增值业务收入正在迅速增加，而传统语音业务收入所占比例在相应减少。而增值业务收入的增加正代表了基于行业边界模糊的新业务扩展的结果。

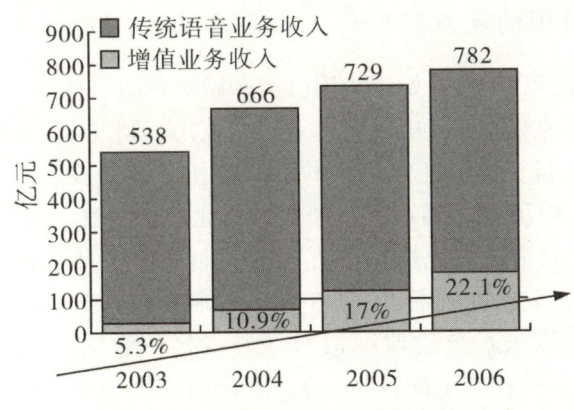

图 5　中国联通业务收入结构
数据来源：中国联通上市公司年报。

八、美国、欧洲的反应及其对我国产业政策调整的启示

行业边界模糊对传统产业组织理论提出了新的挑战，同时对基于这种理论的政府管制工作提出了新问题。由于市场边界的不确定，传统判定产

业集中度和垄断的方法已经不再适合。因此，基于"结构—行为—绩效"（S—C—P）的产业组织分析框架受到冲击，建立于此基础之上的政府管制方式也应随之调整。

西方发达国家是信息技术革命的发源地，也是调整产业政策的先行者。早在20世纪70年代，以卡恩（Kahn）教授为代表的一批西方学者就指出，传统政府管制模式压制技术革新，导致企业低效率运行，引发工资和产品价格相继上升，是资源无效率配置的重要原因。美国是最早实行放松管制的国家，其后是日本和欧洲部分国家，而后又波及许多其他发达国家和地区。①

在世纪之交，互联网大规模发展的浪潮进一步推动了各个国家管制改革的进程。例如，在西方发达国家的积极推动下，1996年12月，WTO签订了在2000年实现信息技术产品零关税的全球性协议。1997年2月，WTO又签订了在2000年全面开放电信市场的协议。1997年11月，WTO再次通过协议，全面开放金融市场。

（一）美国的反应与对产业政策的调整

从20世纪70年代开始，美国已经开始对金融、铁路、航空货运、天然气、有线电视、原油、电气等行业开始放松管制（deregulation）。例如，1975年5月1日，取消证券市场的股票委托手续费规定，开始放松对证券业的管制；1976年，通过了《搞活铁路业和管制改革法》，放松了对铁路运费、企业合并、线路撤销等方面的管制；1977年，通过了《放松航空货运法规》，放松了航空货运业的进入管制和费用管制；1978年，通过了《天然气政策法》分阶段取消对气井价格的管制；1982年，通过了《加恩－圣·杰曼存款金融机构法》，准许商业银行进入证券市场，扩大了银行资金筹措范围，扩大了金融机构的资金运用范围，放松了针对银行在地域上和业务上的管制，加强了金融业的竞争。② 到1988年，管制行业所提供的产品产值占美国GNP的比例从1971年的17%降到了6.6%。③

从20世纪90年代开始，美国政府针对通信、金融、物流等发生边界

---

① 植草益：《微观规制经济学》，中国发展出版社1992年，第168页。
② 植草益：《微观规制经济学》，中国发展出版社1992年版，第169～181页。
③ 张磊：《产业融合与互联网管制》，上海财经大学出版社2001年版。

模糊的行业，通过修订法律和改革管制机构等一系列措施，进一步调整了管制体系。

1996年，美国政府将电信和媒体统一立法管理，新电信法摒弃了1934年《电信法》中基于自然垄断理论的管制方式，旨在通过引入竞争而实现在新技术环境中放松管制。新《电信法》不仅通过一系列条款降低电信业的进入壁垒，而且打破了传统电信、广播和电视业之间的行业边界，允许电信公司以多种方式提供原来只有广播和电视业才拥有的业务。这一调整导致美国媒体企业和信息服务企业的规模空前扩大，产业迅速整合、集中。但是，这种调整方式的基础是美国管制机构的统一以及对媒体内容管制的开放。早在1979年，联邦最高法院就已经判决停止公用有线电视的节目管制和无线电节目的内容管制（联邦通信委员会从1934年成立伊始就已经拥有对各种公共载体和广播的管制权）。因此，尽管美国针对通信和媒体的管制政策改革取得成功，但对其借鉴仍须结合国情。

在金融业，美国政府于1999年通过了《金融服务现代化法》（Financial Services Act of 1999），废除了1933年制订的《格拉斯—斯蒂格尔法》，允许以金融控股公司的方式进行混业经营。这标志着美国金融业分业监管的时代已经过去，进入了混业经营的全能银行时代。[①] 美国对发生边界模糊的金融行业采用了以银行为中心的"伞状"监管体系，"美联储"作为这一"伞状监管者"的最终目标就是保障整个金融体系的安全。由于金融行业的混业经营有可能带来系统性风险，中央银行参与对此类金融结构的监管显然是有其优势的。[②]

物流产业是伴随着信息产业发展起来的新兴产业，其中涵盖仓储、运输、包装、报关和信息系统建设等多个行业的职能。为解决各种运输方式之间的衔接与协调问题，有的政府正在筹建"大运输部"，以实现对交通运输集中统一管理。

一系列的产业改革措施给美国经济产生了巨大的推动作用。第一，显著降低了电信、金融和物流等行业的价格水平；第二，许多行业的收费方式以及相关的新服务类型大量增加；第三，企业效率和服务质量有了很大

---

① 蔡汉明：《浅析中国金融控股公司改革》，载《湖北大学成人教育学院学》2004年第4期。
② 中国银监会上海监管局政策法规处：《欧洲对混合金融集团的监管》，载《国际金融报》2005年1月21日第8版。

改善；第四，改革带来了新一轮需求的放大，推动了经济增长。①

（二）欧洲的反应与对产业政策的调整

欧洲各国的金融业管制改革都得到欧盟相关文件的指引。1993年，欧共体各成员国通过协商，全面推行全能银行制度。2002年，由欧盟颁布的《金融集团指引》确立了针对全能银行等各种混业经营的金融集团的监管基础，各欧盟成员国必须在2004年8月前将其转化为国家法律，并且在2005年1月1日起生效。这些指引只是对各个成员国金融机构的最低要求，各成员国需要在此基础之上自行选择是否制定更为严格的规则。另外，这种针对金融集团的监管属于补充性质，金融集团内部的各单位个体仍要受到单独监管。

法规和政策的改变需要相应的管制机构配合。1997年，英国金融服务管理局（Financial Services Authority）的成立有力地推动了一体化金融监管模式的发展。2002年后，德国、奥地利、爱尔兰、比利时、荷兰等国相继成立了类似的一体化金融监管机构。然而，这些一体化的监管机构的监管要求和监管责任有较大差别，它们的监管方式也不尽相同。②

顺应电信和广播电视业边界模糊的要求，欧洲电信业也发生了巨大的变革。例如，1997年欧洲委员会发布的"绿皮书"（Green Paper）针对"三网融合"，认为电信、广播电视和出版三大产业融合不仅仅是一个技术性问题，更是涉及服务、商业模式乃至整个社会运作的一种新方式，并把产业融合视为新条件下促进就业与增长的一个强有力的发动机。③ 在"绿皮书"指导下，欧洲各国政府纷纷加大管制改革的步伐。例如，英国政府于1998年7月发表"绿皮书"《管制通信——处理信息时代的融合》，初步明确了管制改革方向与采取渐进式的改革方式。在这一文件指导下，英国政府实施了一系列管制改革措施。第一，为了更好地协调各种传统管制机构，在各传统管制机构之间建立协调小组，由公平贸易管理局牵头设置了两个常设委员会负责跨领域或重叠管理事项。第二，明确了消

---

① 周振华：《信息化与产业融合》，上海人民出版社2003年版。
② 中国银监会上海监管局政策法规处：《欧洲对混合金融集团的监管》，载《国际金融报》2005年1月21日第8版。
③ European Commission. *Green Paper on the Convergence of the Telecommunications, Media and Information Technology Sectors, and the Implication for Regulation* [Z]. Brussels, 1998.

费者导向的改革路径，出台共有设施的检讨议案，明确政府保护消费者利益的责任，确定管制目标。第三，改革竞争法，加强了对反竞争行为的限制，加大了针对垄断势力的惩罚力度。第四，主管电信和媒体产业的部门共同寻求保障双方网络互联互通的法律。第五，针对一些领域重点改进管制框架，包括公众电视广播服务、内容控制、无线电频谱、从模拟广播向数字广播过渡等。英国政府这一系列渐进式改革措施推动了产业融合的发展，提高了管制的有效性，并且能够及时适应条件的变化。但是，这种经过改革的管制模式需要加强对细节的审查，有可能带来管制成本的提高。①

（三）对我国产业政策的启示

放松管制已经成为发达国家与地区政府管制改革的趋势。放松管制有利于促进行业边界模糊和新产业的发展。然而，在我国不仅存在部门分割、业务分割，而且还存在地域分割。这严重地阻碍了企业做大做强，阻碍了新兴业态的形成，企业难以获得规模经济性与范围经济性，资源效率难以充分发挥。特别是发生边界模糊的行业都具有较强的垄断特征，因此当渗透与融合涉及这些行业时，遇到的阻力相对更大。因此，产业政策调整要求政府打破部门与业务的分割，要对原有的部门设置和审批流程实施大刀阔斧的改革，以开放、公平、公正的行业政策促进各行业的融合和发展。

各国经验表明，很难找到一种有效保持对各产业内不同业务独立管制的方式。在金融领域方面，可以逐渐对银行、保险、证券等业务实施统一监管，鼓励混业经营，以利于金融企业规模经济性和范围经济性的进一步发挥。针对通信运营商，可以通过新牌照的发放，实现移动、数据、固定电话等业务的统一经营。针对物流业，应尽快整合各相关部门的物流资源，尤其是加快整合物流信息资源。

[原载《中山大学学报》（社会科学版）2008 年第 1 期，与王华合著]

---

① 张磊：《产业融合与互联网管制》，上海财经大学出版社 2001 年版，第 163～166 页。

日本在华跨国公司竞争地位与竞争优势研究

跨国公司作为推动经济全球化的重要力量,使国与国之间的经济关系逐步走向互相渗透、横向联合、广泛合作、利益共享的新时代。自20世纪90年代以来,全球跨国投资规模迅速扩大,中国经济的迅速发展以及由此形成的巨大市场吸引了众多外国投资者。按照《2002年世界投资报告》的数据,从1990年以来,流入中国的直接投资逐步增加。1998年亚洲金融危机以后,流入中国的外国直接投资有所减少。但是,与全球跨国投资急剧下降的趋势不同的是,2001年流入中国的直接投资又增加了约15%,中国成为全球唯一大幅度增加外国直接投资的发展中大国。2002年,中国引进外资数量一举超过美国,跃居世界第1位。日本由于其本身的经济实力以及地理位置等因素,自中国实行改革开放以来就在对华直接投资方面扮演重要的角色。从投资流入的情况来看,20世纪80年代以来,日本对华投资金额一直明显高于英、德、法等欧洲发达国家,并有9个年度超过美国居于发达国家对华直接投资第1位。2001年,日本在华企业数已达2467家,仅次于美国居于第2位。① 日本对华直接投资不但在投资金额、企业数量上居于世界前列,而且日本在华跨国公司也表现出很强的竞争能力,如汽车业的丰田、本田,家电业的松下、三洋等。本文以在华投资的日本母公司为问卷调查对象,探讨日本在华跨国公司的竞争地位、竞争优势的决定因素。

一、文献综述

企业的竞争优势已经成为战略管理领域的一个重要研究方向。对企业竞争优势的研究通常是从企业内外两个方面进行的。文献研究表明,近20年来,基于企业资源观来探讨竞争优势的研究颇丰。例如,Rumelt 认

---

① 根据《跨国商业外经统计年鉴1952—1988》《跨国统计年鉴1990—2002》《东洋经济》(2002、1999、1994、1989年版)。

为，隔绝机制是维持竞争优势的重要手段，此种隔绝机制包括专有性资产、转换和搜寻成本、消费者和生产者的学习、团队一体化的技巧、独特资源、特有信息、专利和商标、声誉和想象力、进入的法律约束、原因不明等；又如 Barney 指出，只有那些不可交易、不可模仿、不可替代的资源才能创造价值，从而形成企业的竞争优势。另外，环境分析对于研究竞争优势也非常关键，因为环境的变化会改变资源对企业的重要性。有些学者对过于强调内部资源状况而忽视外部环境因素的资源观学者提出了严厉的批评，他们认为仅从企业内部资源探讨竞争优势是无意义的循环。

由于跨国公司面临的环境与国内公司截然不同，其竞争优势的形成必然也有所区别。跨国公司的对外直接投资理论有关优势问题的假定有两种主要观点：一是垄断优势理论的观点，二是 Dunning 的国际生产折衷理论中有关企业优势的观点。垄断优势理论的观点类似竞争优势的资源观，主要是从跨国公司内部研究竞争优势，而国际生产折衷理论包含公司特征和外部环境两个方面。因此，从专属优势、区位因素、内部化优势三个方面出发研究跨国公司的竞争优势比较全面。

二、研究假设与研究问题

垄断优势理论认为，为了与熟悉当地环境、市场和商业条件的大公司竞争，外国进入者势必具有某些可转移的优势，具有这种优势使外国投资者往往拥有垄断和进入东道国市场的机会。Dunning 在前人的基础上，将垄断优势发展为专属优势（或称所有权优势），认为跨国公司的专属优势包括对有价值资产的拥有和跨国公司有效的行政管理能力两方面。显然，跨国公司的专属优势越明显，越有利于其海外业务开发过程中优势地位的建立。据此，给出以下假定。

研究假设 1（H1）：日本跨国公司的专属优势对其在华经营的竞争优势有积极影响。

经典的区位理论认为，生产成本是决定厂商区位的主要因素，跨国公司往往会选择生产成本最低的区位开展业务。Dunning 总结了 4 方面的区位因素：市场因素、贸易壁垒、成本因素以及投资气候。许多学者认为东道国的区位因素可以概括为两大类：其一是资源禀赋，如自然资源、劳动力资源、接近市场等；其二是政治、经济、法律、基础设施等情况。有些学者认为，外商在华投资的区位因素包括城市经济文化因素、交易成本因素、生产投入供应因素、市场因素以及投入成本因素。跨国公司为了取得有利的竞争地位，必须选择具有区位优势的地区进行对外投资。某种意义上来说，东道国的区位因素有利于形成竞争优势，这种关系可以归纳成以下假定：

研究假设2（H2）：日本跨国公司在华经营所面临的区位因素对竞争优势有积极影响。

Dunning指出，跨国公司的内部化优势是指企业将拥有的专属权优势在内部使用而带来的优势。由于某些产品或技术通过市场转移时会提高交易成本，因此，企业可通过内部化非完全性市场以减少交易成本。尽管从内部化的实质看，它不是指公司所拥有的优势本身，而是将优势在公司内通过资源转换实现增值的过程，但从结果来看，内部化有利于巩固、提升其竞争优势。为此提出以下假定：

研究假设3（H3）：日本跨国公司在华经营的内部化程度对竞争优势有积极影响。

在H1—H3的基础上，演绎出本文的研究问题如下：

研究问题（RQ）：日本在华跨国公司与全球其他竞争者相比以及与中国本土竞争者相比，它们的竞争地位如何？哪些与国际生产折衷理论一致的因素决定其在华开展业务的竞争优势？

三、研究方法

（一）样本特征

本研究以日本在华设有制造和销售法人分支机构以及合资企业的非金融业母公司为对象，不包括仅设有代表处的母公司。母公司资料、数据来自《海外进出企业总览》（日本东洋经济报社会社编，2002）。

笔者于2002年8—10月访问日本神户大学期间，对702家日本在华设有法人机构（公司、企业）的母公司的总经理或董事长寄发书面调查问卷。702家公司中，有2家因地址不详退回；有2家回函说明公司已经破产不能回答；有2家公司认为涉及公司秘密，回函表示不能回答。实际寄发调查问卷698份，有230家公司寄回问卷，回收率达32.95%，回收情况令人满意。

样本企业的基本特征如下：

按 2001 年数据，上述 702 家制造业母公司总计在华设有 2647 家法人分支机构（公司、企业），平均每家母公司设立 3.77 家分支机构。应答问卷的日本在华投资母公司至少在海外 2 个以上的地区开展业务，部分大公司的业务甚至遍布全球，其中主要分布在东南亚、北美、欧洲，提及率分别达到了 86.5%、73.9% 和 58.9%。

应答的日本母公司在华分支机构主要分布在电机、化学、机械、运输机械、精密机械、纺织等行业。母公司雇员人员在 1000 人以下的占样本总数的 47.8%；10000 人以上的共 15 家，占 6.5%。其中国子公司雇员人数在 200 以下的为 30.7%，2001 人以上的为 18.0%。（参见表 1）

表 1　日本在华跨国公司的行业分布与雇员人数

行业	百分比（%）	母公司雇员人数	百分比（%）	中国子公司雇员人数	百分比（%）
电机	17.3	1000 以下	47.8	200 以下	30.7
其他制造业	11.9	1001～5000	36.1	201～500	25.9
化学	11.1	5001～10000	7.0	501～1000	15.4
机械	11.1	10001～15000	2.6	1001～2000	10.1
运输机械	9.5	15001～20000	1.3	2001 以上	18.0
精密机械	9.5	20001 以上	5.2		
纺织	9.1				

应答的日本母公司 2001 年全球销售收入最大的为 134244 亿日元，最小的为 0.80 亿日元，平均为 3703 亿日元；其中国子公司该年度的销售收入最大的为 3000 亿日元，最小的为 0.25 亿日元，平均为 100 亿日元；其中国子公司对日本母公司总销售收入的贡献最大的为 80%，最小的为 0.02%，平均不到 12%。

从以上企业雇员人数、销售收入等数据可以看出，与母公司相比，在中国的经营机构以中小型规模为主。

应答的日本母公司投资中国的高峰为1993、1994以及1995年；投资于中国采用的主要形式是合资企业和全资子公司，提及率分别达到了68.3%和65.2%；在中国开展的业务类型主要有"零部件生产""装配"和"贸易"，提及率分别为58.7%、63.0%、57.0%；在华投资的地域主要集中在"长江三角洲""珠江三角洲"和"渤海地区（大连、天津周围）"，提及率分别为68.3%、35.3%和32.6%。

（二）变量衡量

1. 竞争地位

跨国公司在竞争中所处的地位通常可以分为5种情形并形成一个层次：支配地位、优势地位、有利地位、维持地位、劣势地位。企业竞争地位的确认往往采用竞争者的数量、市场份额等指标，但本次研究涉及企业数量较多，行业分布较广，获取这类数据比较困难，因此，对日本在华跨国公司的竞争优势衡量采用以下两个主观变量来确定：

（1）日本在华跨国公司相对全球其他竞争者的竞争地位。

（2）日本在华跨国公司相对中国本土竞争者的竞争地位。

2. 竞争优势的决定因素

根据 Dunning 的国际生产折衷理论，可以从以下3方面解释竞争优势的决定因素。

（1）专属优势。跨国经营必须有相对于当地公司的竞争优势以抵消所缺乏的当地优势，如更好的信息、与当地同行已有的关系等。这些专属优势可以沿着公司的价值链进行识别，并分别按有形资产和无形资产的方式体现其竞争优势。本研究使用的指标包括日本在华跨国公司的产品系列、研发能力、制造技术、零部件采购能力、资金实力、在华投资经历、文化培训、质量管理与交货能力和销售网络与售后服务等9项一般竞争力量的评价。

（2）区位因素。东道国的环境对外国公司可视为威胁或机会。环境是一个复杂的配置，其涉及诸多方面，但最为重要的是相关的当地因素。这可以根据在评估东道国风险和机会的文献中提出的投资环境的定义来识别。在本研究中，采用了20个区位因素用于日本跨国公司评估在华经营的环境：政府效率、外资法、政府官员与公众对外资的态度、服务方面（咨询、银行）、官员的廉洁、一般管理成本（办公房租、交通成本等）、劳动力成本、许可证的获得程序、当地雇员的任职及离职态度、货币稳定性与汇率、中方履行合同的状况、短期资本的可获得性、外资企业税率、法规的完善与执行、环境法、当地政府的激励措施、基础设施、政治稳定性、经济政策等。

(3) 内部化优势。跨国公司内部市场建立和协调能力有利于跨国公司竞争优势的建立。本研究采用子公司产品销往母国市场的比例、筹供来自母国市场的比例这两个指标,衡量日本在华跨国公司实际形成的内部化优势。

四、分析结果

(一) 竞争地位

根据本文提出的衡量方法,日本在华跨国公司竞争地位包括两个方面:与全球竞争者相比的竞争地位,与中国本土竞争者相比的竞争地位。问卷回答者被要求根据"利克特五分制"进行评估(1 = 非常有利,5 = 非常不利)。

如表2所示,与全球竞争者相比,没有一家日本在华跨国公司处于"非常不利"的竞争地位,15.8%的企业处于"非常有利"的地位,45.2%的企业处于"有利"的竞争地位,平均分为2.3。整体上来看,日本在华跨国公司与全球竞争者相比,处于比较有利的竞争地位。

表2 日本在华跨国公司的竞争地位

竞争地位	相对全球竞争者		相对于本土竞争者	
	提及次	提及率(%)	提及次	提及率(%)
非常有利	35	15.8	81	36.8
有利	100	45.2	68	30.9
一般	72	32.6	46	20.9
不利	14	6.3	20	9.1
非常不利	0	0	5	2.3

与中国本土竞争者相比，仅有 5 家日本在华跨国公司处于"非常不利"的竞争地位，高达 36.8% 的企业处于"非常有利"的竞争地位，30.9% 的企业处于"有利"的竞争地位，平均分为 2.1。从整体上来看，日本在华跨国公司与本土竞争者相比，同样处于比较有利的竞争地位。

尽管日本在华跨国公司与全球其他竞争者、中国本土竞争者相比的竞争地位有所区别，与后者相比，日本跨国公司的竞争地位更为有利，但由于三者在中国这同一市场上开展业务形成竞争，因此两指标必然存在一致性。这一点从两者显著的相关关系也可得以体现（$P = 0.000$）。

（二）竞争地位与竞争优势的决定因素

1. 专属优势

如表 3 所示，用于衡量专属优势的 9 个指标的平均值为 2.53，说明目前在华投资的日本跨国公司总体上具有一定的专属优势。而居于前三位的依次为：生产与制造技术、质量管理与交货能力、在华投资经历，平均值分别为 2.15、2.22、2.39；居于后三位的依次是文化培训、零部件采购能力、销售网络与售后服务，平均值分别为 2.81、2.72、2.70。

表 3　专属优势与竞争地位的回归分析

专属优势变量	M^*	竞争地位			
		与全球竞争者相比		与本土竞争者相比	
		Coefficients	t	Coefficients	t
产品系列	2.48	0.214**	3.426	0.134*	1.964
研发能力	2.61				
生产与制造技术	2.15	0.247**	4.008		
零部件采购能力	2.72				
资金实力	2.67				
在华投资经历	2.39	0.257**	4.391		
文化培训	2.81				
质量管理与交货能力	2.22			0.282**	4.097
销售网络与售后服务	2.70	0.211**	3.557	0.174*	2.384

(续表3)

专属优势变量	M^*	竞争地位			
		与全球竞争者相比		与本土竞争者相比	
		Coefficients	t	Coefficients	t
F 统计值		35.764**		16.682**	
R^2		0.462		0.196	
调整后的 R^2		0.450		0.184	

M^*：五分制平均得分（1 = 非常有利，5 = 非常不利）。
$*p \leqslant 0.05$，$**p \leqslant 0.01$，双尾检验。

回归分析表明，在衡量专属优势的9项指标中，与全球竞争者相比，日本在华跨国公司的竞争优势主要来自产品系列、生产制造技术、在中国的投资经历和销售网络与售后服务；而与中国本土竞争者相比，日本在华跨国公司的竞争优势主要来自产品系列、质量管理与交货能力、销售网络与售后服务。

2. 区位因素

如表4所示，日本在华跨国公司一般并不认为存在明显的区位因素。绝大多数企业认为在中国经营环境一般，有关20项区位因素的均值为2.93，稍稍趋向于认为中国环境有利。他们认为最大的问题是法规的完善与执行，其次是许可证的获得手续。在华经营的最大机会是劳动力成本低，其次是当地雇员的素质、当地政府的激励措施和一般管理成本。

表4 区位因素与竞争地位的回归分析

中国的区位优势	M^*	竞争地位			
		与全球竞争者相比		与本土竞争者相比	
		Coefficients	t	Coefficients	t
法规的完善与执行	4.02				
许可证的获得手续	3.70	0.263**	3.116	0.162*	2.056
环境法	3.63				
官员的廉洁	3.52				

(续表4)

中国的区位优势	M^*	竞争地位			
		与全球竞争者相比		与本土竞争者相比	
		Coefficients	t	Coefficients	t
政府效率	3.46				
外资法规	3.42				
中方履行合同的状况	3.38				
服务方面（咨询、银行）	3.31				
短期资金的可获得性	3.12				
基础设施	3.08				
当地雇员的任职、离职态度	2.96	0.223**	2.646		
外资企业税率	2.83				
货币稳定性与汇率	2.78				
政府官员与公众对外资的态度	2.72				
经济政策	2.69				
政治稳定性	2.54				
一般管理成本（办公房租、交通成本等）	2.25				
当地政府的激励措施	2.23				
当地雇员素质	2.21			0.233**	2.961
劳动力成	1.76				
F 统计值		35.764**		16.682**	
R^2		0.462		0.196	
调整后的 R^2		0.450		0.184	

M^*：五分制平均得分（1 = 非常有利，5 = 非常不利）。

* $p \leq 0.05$，** $p \leq 0.01$，双尾检验。

回归分析表明，问卷调查所列的 20 个区位因素中，许可证的获得手续（$P < 0.01$）、当地雇员的任职、离职态度（$P < 0.01$）对日本在华跨国

公司相对于全球竞争者的竞争地位有积极的影响。而许可证的获得手续（$P<0.05$）、当地雇员素质（$P<0.01$）这两个指标对日本在华跨国公司相对本土竞争者的地位有积极影响。

3. 内部化优势

内部化优势通过日本在华跨国公司与母国市场的交易进行测度，以两个指标为代表：返销母国市场的比例、来自母国市场的筹供比例。应答问卷的日本跨国公司中，48.9%的公司返销母国市场的比例只占总销售的30%以下，34.7%的公司返销母国市场的比例超过50%，16.5%的公司返销母市场的比例介于30%～50%。

应答问卷的日本跨国公司中，27.9%的公司来自母国市场的筹供比例不到30%，47.7%的公司来自母国市场的筹供比例高于50%。这2个内部化指标有显著的相关性（$P=0.000$）：返销母国市场的比例大的公司，来自母国市场的筹供比例也较高。

但是统计分析表明，日本在华跨国公司返销母国市场的比例和来自母国市场的筹供比例均与竞争地位并无显著的相关性。

五、讨论与结论

本文根据对223家在华日本跨国公司母公司的调查结果，通过回归分析，可以清楚地看到假设1和假设2得到了验证，专属优势、区位因素对日本在华跨国公司的竞争地位存在积极的影响。

从整体上来看，日本在华跨国公司无论是相对于全球其他竞争者还是相对于跨国本土竞争者，都处于比较有利的竞争地位。这一竞争优势地位的取得，源自内外两个方面，即专属优势和区位因素。

具体而言，在专属优势方面，与全球竞争者相比，日本在华跨国公司的竞争优势主要源产品系列、生产和制造技术、在华投资经历、销售网络与售后服务4个因素；而与中国本土竞争者相比，竞争优势主要来自产品系列、质量管理与交货能力、销售网络与售后服务3个方面。在区位因素方面，与全球竞争者相比，日本在华跨国公司的竞争优势来自于许可证的获得手续、当地雇员的任职及离职态度2个因素；与中国本土竞争者相比，竞争优势来自许可证的获得手续、当地雇员素质2个因素。

本次研究中，假设3，即日本跨国公司内部化优势与竞争优势之间的关系并未得到证实。原因可能是在指标设计方面，尽管 Kobrin 的研究表明产品销往母国市场的比例、筹供来自母国市场的比例这 2 个指标是衡量内部化的灵敏指标，但在理解上，问卷回答者可能将产品误解为仅指方便衡量的有形产品，而忽视了另一重要部分：技术和知识产品。

参考文献

［1］ Barney J. Firm Resource and Sustained Competitive Advantage［J］. Journal of Management，1991，17（1）：99—120.

［2］ Buckley P J，Casson M C. The Economic Theory of the Multinational Enterprise：Selected Papers［M］. London：Macmillan，1985.

［3］ Buckley P M，Casson M C. The Future of the Multinational Enterprise［M］. New York：Holmes & Meier，1976.

［4］ Dùlfer E. Internationales Management［M］. Mùnchen：Oldenbourg，1997.

［5］ Dunning J. The Theory of International Production［A］// Khosrow F. International Trade. New York：Taylor & Francis，1989.

［6］ Hymer S H. The International Operations of National Firms：A Study of Direct Foreign Investment［M］. Cambridge：MIT Press，1976.

［7］ Kobrin S. An Empirical Analysis of the Determinants of Global Integration［J］. Strategic Management Journal，1991，12：17—31.

［8］ Kumar B N，Yunshi Mao，Ensslinger B. Global Strategic Management of German MNCs in China：Patterns and Determinants of Sustainable Competitive Advantage In the Aftermath of the Asian Crisis［C］. Asian Post-crisis Management，2002：64—80.

［9］ Porter M. Changing Patterns of International Competition［J］. California Management Review，1986，28（2）：9—40.

［10］ 迈克尔·波特. 竞争优势［M］. 北京：华夏出版社，2001.

［11］ 毛蕴诗. 跨国公司战略竞争与国际直接投资：2 版［M］. 广州：中山大学出版社，2001.

［12］ 帕拉哈拉德，伊夫·多茨. 跨国公司使命：寻求经营本地化与全球一体化之均衡［M］. 北京：华夏出版社，2001.

［13］ 王志乐. 2002—2003 跨国公司在中国投资报告［M］. 北京：中国经

济出版社，2003.

[14] 魏后凯，贺灿飞，王新. 外商在华直接投资动机与区位因素分析[J]. 经济研究，2001（1）：67—76.

[15] 赵曙明. 新经济下的企业经营管理：现状、挑战与思考[J]. 管理科学学报，2003，6（4）：90—94.

（原载《管理科学学报》2005 年第 3 期，与汪建成合著）

当代跨国公司撤资理论及其新发展

目前,我国经济学界对国际直接投资的研究多集中于跨国公司的投资进入方面,而对跨国公司的退出即撤资现象则很少触及。实际上,撤出投资与投资进入一样,都是企业国际化经营中的一种战略。本文首先回顾对跨国公司撤资问题的研究,然后考察关于跨国公司撤资条件、动因和障碍的理论,以及撤资理论的新进展。

一、跨国公司撤资问题研究的历史回顾

跨国公司撤资(divestment),是指外国投资者(包括外国公司、企业等经济组织)撤出资本,全部或部分地终止在东道国或地区的生产经营活动。例如,跨国公司的国外子公司按公司章程规定终止经营并清算(liquidation)、股权分立(spin-off)、出售子公司(sell-off)、抽资(disinvestment)和破产(bankruptcy)等。在国外有关文献中,与撤资在同等意义上使用或含义基本相同的术语还有 divestiture(剥离)、exit(退出)、abandonment(放弃)、retrenchment(收缩)、withdrawal(收回、撤出)等。跨国公司是国际直接投资(或对外直接投资、外国直接投资)的主体,因此,可以把跨国公司撤资视为与国际直接投资相对应的概念。从东道国的角度看,跨国公司撤资也就是外国企业或外商从位于本国的独资企业或合营企业中撤回资本的行为或活动,所以,也可以简称为外商撤资(foreign corporate divestment)。

根据跨国公司的本意,撤资可以分为自愿撤资和非自愿撤资。顾名思义,自愿撤资(也称主动撤资)是跨国公司根据国外子公司的经营状况或母公司发展的需要,自行决定的撤资行为。麦克德莫特认为,从国外撤资有两种情况:①防御型自愿撤资(defensive foreign divestment),即作为海外子公司严重亏损后的反应所采取的撤资行为,一般表现为出售资产、自愿清算等;②进攻型自愿撤资(offensive voluntary foreign divestment),即为维持母公司的竞争优势所采取的撤资行动,主要采取资产剥离、股权

分立、股权转让等方式。非自愿撤资是指无论跨国公司意愿如何，被迫退出在东道国或地区的生产经营，也称被迫撤资。这主要是指被东道国政府接管，如国有化、征用或没收，以及被债权人申请破产还债等情形。

对跨国公司撤资的研究主要集中在前者，即自愿撤资行为。

对跨国公司撤资问题的研究始于20世纪70年代。这是因为，尽管国际直接投资活动早在1914年以前就出现了，但是跨国企业的空前增长是在1945年以后。从"二战"结束到20世纪70年代，以喷气机和计算机为代表的运输和通讯领域的革命，使资本、技术和管理技能的大规模国际转移成为可能。在此期间，发达国家对外直接投资不断扩大，其增长率高于国民生产总值的增长率。随着跨国生产经营的不断扩大和发展，跨国公司从国外撤资的活动也更加频繁。据哈佛大学对180家美国跨国企业的调查，1951—1975年，从东道国撤出的子公司达3152家，占新建子公司数的2.8%。撤走的比率从1950—1965年的10%～12%，上升到1966—1970年的26.3%，在20世纪70年代又升到42%。跨国公司从国外撤资事件的不断增加，引起了当时国际经济学界的注意。

那么，什么条件下跨国公司会考虑撤资，其动机又是什么呢？要从理论上回答和解释这些问题，首先必须对跨国公司对外投资的相关理论进行梳理。

1. 跨国公司对外投资的有关理论

美国学者海默（1960）较早利用产业组织理论研究了对外直接投资，也就是跨国公司的进入问题，凯夫斯（1971、1974）和金德尔伯格（1973）进行了补充。他们认为，对外投资是寡占市场中企业争夺市场的行为，这种现象在生产差异化的产品的寡占市场中尤其普遍，即当一个企业拥有某些无形资产，如某些生产和管理上的诀窍，而这些诀窍又无法以许可证交易或以直接出口的方式获得最大利益时，对外投资就成为企业获利的最佳方式。巴克莱和卡森（1976）则认为，企业对外直接投资并不主要是因为企业特有的知识产权优势本身，而是企业通过内部组织体系以较低成本在内部转移该优势。这样，才能以较低成本在国外发挥技术优势，并且不使这些无形资产泄密，保证企业为技术创新所付出的代价得到回报，实现利润最大化。此外，维农（1966）、约翰逊（1977）和尼克博克（1973）等人分别从产品生命周期、区位因素、寡占反应等角度，分析了跨国公司对外投资的原因。这些理论虽然各有所长，但缺乏一个具有综合解释能力的理论框架。英国著名学者邓宁（1988）综合并吸收了以往的对外直接投资理论，提出了"国际生产折衷理论"。他认为，企业对外进行投资必须具备三个先决条件：企业自身所具有的特殊的技术和经济优势（也称竞争优势）、内部化优势和区位优势。只有三个条件同时具备，才能促成对外直接投资。在对外直接投资的研究中，威尔森（1980）的分类方法对分析国际撤资行为很有帮助。威尔森以海默的理论为基础，把国际直接投资划分为主动型投资和防御型（或反应型）投资。前者是指企业为了利用其特定的优势而对外投资；后者则是指企业不一定是为了利用其优势增加收入，而是为了防止海外寡头企业获得竞争优势。这样，当企业的特定优势消失时，撤资就可能发生。

2. 对跨国公司撤资问题的研究

最初研究跨国公司的撤资问题，是从一些撤资案例的分析开始的。吉尔默（1973）发现，跨国公司每次决定撤资之前，都会更换海外子公司的高层管理人员。这种普遍的现象可能表明，把高层管理人员从心理上与准备撤销的单位分离对做出撤资选择是非常必要的。托尼登（1975）通过 8 个案例分析了美国跨国公司撤资的规模、原因和过程。胡德和扬（1979）认为，撤出投资无论对跨国企业还是对东道国来说，都是一个政治上敏感的问题，特别是对发展中国家的就业问题会产生严重影响。通过对 40 家大型多元化公司的实地考察，杜海姆和格兰特（1984）得出结论：一个业务单位的实力，与公司内部其他业务单位的关系，及与竞争对手相比，其母公司的财务状况，是撤出该业务单位的重要影响因素。虽然许多学者从不同角度对跨国公司撤资的现象进行了研究，但能形成比较系统理论的并不多。其中，博迪温（1983）、凯森（1986）、汉密尔顿（1993）等人对跨国公司撤资成因的分析较为深入，尤其是博迪温的撤资理论影响最大。另外，美国哈佛商学院教授波特从产业经济学的角度，考察了企业的退出壁垒（exit barriers），并把它扩展运用到跨国企业从东道国的退出问题上来，形成了较为系统的撤资障碍说[①]。

二、跨国公司撤资的决定因素

跨国公司撤资实际上是国际直接投资的对立面。当对外投资未能实现预期目标时，跨国公司撤资的现象就可能发生。所以，在有关跨国公司撤资的理论中,将对外直接投资理论进行逆运用来研究撤资的决定因素比较流行。

1. 博迪温的撤资条件说

如前所述,邓宁的"国际生产折衷理论"认为,企业对外直接投资必须具备3个先决条件:企业自身所具有的特殊的技术和经济优势(也称竞争优势)、内部化优势和区位优势。博迪温将邓宁的3个前提逆转过来,提出跨国公司从国外撤资的3个条件:第一,企业不再拥有比其他国家企业更强的优势;第二,企业还拥有竞争性优势,但认为与其通过对外投资运用这些优势,不如将其出售或租赁给国外企业,也就是说,将优势内部化使企业不再有利可图;第三,在企业看来,凭借其内部化的竞争性优势在国外进行生产已不再有利可图,也即通过出口比对外直接投资更为有利。"国际生产折衷理论"要求3个条件同时满足,才能促成对外投资。而在博迪温看来,从国外撤资只要具备上述条件中的一个就够了。此外,博迪温还将已有的跨国企业撤资理论区分为基于条件的撤资学说、基于动机的撤资学说和基于促发事件的撤资学说。英国学者麦克德莫特在其1989年出版的《跨国公司:撤资与披露》一书中,研究了5个国家的11个跨国公司,如胜家(Singer)缝纫机、胡佛(Hoover)电气、固特异(Goodyear)轮胎、卡特皮勒(Caterpillar)等。在英国撤资的决策过程中,就运用了博迪温的分类方法。博迪温的国际撤资理论是邓宁"国际生产折衷理论"的逆转,他的理论对以后跨国公司撤资的研究影响很大。

2. 凯森的撤资理论

1986年,凯森以克莱斯勒将其在英国的子公司出售给法国标致汽车公司作为案例,对跨国企业撤资问题进行了分析。他提出,有必要区分两种撤资:关闭与转让。他认为,关闭海外子公司的原因可能是选址错误,也就是说,该子公司所在地可能适合于其他行业或生产其他产品。而把子公司的所有权转让给他人,可能是因为所有权归属错误所致,其他企业收购子公司是因为他们认为可以比原来的公司更好地利用其子公司的资产。凯森的观点其实也是对外直接投资理论的逆转,即当国际生产经营的条件发生变化时,母公司就可能做出撤资决定(包括关闭或转让子公司)。他的研究结论可以看作是对博迪温撤资条件说的一个补充。

3. 汉密尔顿和乔(Chow)的撤资决定因素说

在借鉴了杜海姆和格兰特的研究成果的基础上,汉密尔顿和乔

(1993)经研究发现,导致公司做出撤资决定的因素主要有3个:①外部环境的影响,如宏观经济环境欠佳,企业所从事的产业成长速度下降等;②公司组织出现资本短缺或高度多元化等特征;③公司财务状况不良,如子公司投资回报低、收入增长慢、母公司价格收益比率较低。他们认为,在所有这些因素中,最重要的因素是被撤资单位所获得的投资回报低,其次是其成长前景差。这一点与杜海姆和格兰特的结论是一致的。但是,汉密尔顿和乔强调了宏观经济环境和产业成长状况对撤资的影响,也就是说,除了子公司自身经营不善或母公司整体战略需要这些主观因素以外,撤资也有可能是东道国客观经济环境造成的。可见,他们对跨国公司撤资决定因素的分析更加深入、全面。

综上所述,不利的社会经济环境是跨国公司决定撤资的条件,而为适应环境变化,恢复和维持公司的竞争优势则构成了跨国公司撤资的主要动机和目的。因此,撤资是跨国公司对其从事生产经营所处的国际环境发生不利变化时的一种战略反应。

三、跨国公司撤资的障碍

跨国公司撤资实际上也就是从东道国的市场退出。从经济学的角度看,企业撤资或退出是因为它们感觉到投资回报再也不能超出资本的机会成本了。但企业撤资的决策和过程并不容易,与国内企业退出某一产业市场一样,跨国公司从东道国市场的撤出也会遇到许多障碍或壁垒。凯夫斯和波特(1976)等人对此进行了详细分析。波特认为,企业的退出面临以下几个方面的壁垒。

1. 企业资产的专用性

如果企业某项业务的固定资产或流动资产,或者二者同时对特定业务、企业或使用的地方是高度专业化的,就会降低企业投资的清算价值从而产生退出壁垒。

2. 退出的固定成本

企业退出时产生的大量固定成本,往往降低业务清算价值的有效值,进而提高退出壁垒。例如,企业退出要面临劳动力的安置成本、产品备件成本、已签合同的违约金等。

3. 战略性退出壁垒

当退出的业务是企业整体战略的一部分，并且它与该战略的其他业务密切相关时，这个业务的退出就会破坏整个战略的效果，并可能降低资本市场对企业的信心，降低企业的财务信用。

4. 信息壁垒

企业的一项业务与其他业务的联系越紧密，特别是存在共用资源或一种买卖关系时，掌握这项业务的真实经营状况就越困难。一项相关业务的成功能够掩盖另一项业务的经营不善，形成退出的信息壁垒，从而影响了撤资决策。

5. 管理和情感壁垒

企业之所以做出撤资的决策，不仅仅是出于收益与成本的比较。许多案例研究表明，退出牵涉到被撤资单位管理层对业务的情感纠葛与投入，还有他们对自身能力与成就的自豪感。被撤资单位的历史越长，其高级管理人员转向其他企业或职业的流动性越低，这些顾虑对母公司的撤资计划阻力越大。妮斯（1981）曾分析了分部经理在14次撤资决策中的作用。她认为，撤资的发动是公司管理人员的任务，而这项任务是分部经理所不愿承担的。

6. 政府和社会壁垒

撤资经常意味着失业和损害地方经济，因此，企业撤资往往会遇到政府和社会方面的阻力，关闭一个企业特别是国外的分支机构，有时是很难的。撤资的代价可能是企业在其他方面做出让步。即使政府不干预，阻碍退出的社区压力和非正式的政治压力也可能非常高。美国固特异橡胶轮胎公司在瑞典的子公司，因瑞典工资水平过高等原因发生了亏损，于1976年决定关闭。此项决定若付诸实施，将导致1000多名当地工人全部被解雇。由于瑞典是福利国家，此举在该国议会和工会引起了强烈反应，以致最后固特异橡胶轮胎公司被迫取消了关闭企业的决定。

尽管存在上述重重退出壁垒，波特认为，在采取其他防御性竞争战略仍然无法奏效时，企业还是应当考虑撤资。企业撤资的条件是：①退出壁垒低，或随着产业的发展，退出壁垒降低；②创造壁垒阻止竞争对手进入的机会很少；③潜在的或现有的竞争对手拥有优越的资源；④竞争对手投资收益率目标低或有恶意竞争的特征。实行撤资战略的企业，应在该产业衰退的早期出售业务才能使净投资的回收最大化。因为出售得越早，资产的其他市场未饱和的可能性越大。有些情况下，在衰退前或在成熟期内从该业务中撤出资本更为可取。一旦衰退明显，产业内外的资产购买者将在讨价还价中占据很强的有利地位，这不利于企业的撤出。波特等学者用产业组织理论对企业退出障碍、条件和时机的分析，无论是对一国的国内企业，还是对跨国公司都是适用的。这是因为，把产业组织理论运用到国际直接投资领域，我们可以发现，跨国公司的进入至少包括两个方面：一是投资母国企业对投资东道国的资本进入，二是投资母国企业对投资东道国特定的产业市场的进入（这里我们不考虑子公司产品全部出口的情形）。相应地，跨国公司的退出也包括两个方面：即投资母国企业从东道国撤出资本和从东道国某一产业市场的退出。所以，从一定意义上讲，产业经济学关于企业退出的理论既是研究跨国公司撤资问题的一个非常有用的方法，也是解析跨国公司撤资行为的理论基础。但是，跨国公司撤资的原因和障碍要比国内企业的退出复杂得多。要全面理解跨国企业撤资的问题，还必须综合考虑其他一些因素，如东道国与投资母国在政治、经济和法律制度上的差别以及不同文化方面的差异。所以，如何把产业组织理论与国际直接投资理论有机结合起来，寻求对跨国公司撤资有关问题的更全面的解释，仍需要进一步的研究。

四、当代跨国公司撤资行为与以剥离为主的公司重构

20 世纪 90 年代中期以前，关于跨国公司撤资的理论有两个主要观点：一是把企业从国外撤资的条件看作是对外直接投资前提的逆转；二是把从国外撤资视为对外投资活动或对外投资项目的失败，也就是说，撤资是由于过去判断失误、现在无能为力和未来形势更加恶劣而做出的痛苦决策。因而在人们看来，撤资现象是消极的和令人失望的。自 20 世纪 90 年代中期以来，有关跨国企业的文献开始认识到应该区分不同性质的撤资行为，并从母公司全球战略的角度来探讨从国外撤资的具体行为和动机。

马里奥蒂和皮塞特勒（1999）沿用了麦克德莫特关于防御型自愿撤资和进攻型自愿撤资的划分方法，在对 1990—1996 年期间意大利跨国公司的 1067 个海外子公司进行研究后，进一步把撤资行为从性质上区分为投资失败（failure）和公司重构（restructuring）战略的一部分。投资失败引起的撤资是指一家海外子公司在获利能力、投资回报和成长等方面，未

能达到预期的经营效果，迫使母公司不得不放弃国外投资，以期恢复公司原有的竞争优势。而重构战略导致的撤资则与母公司应付外部环境变化所实施的成功战略（如在撤出某一地区投资的同时，增加在其他地区的投资）有密切的关系；或者与母公司竞争优势发生的变化密切相关，这些变化使公司撤资后能把释放的资源集中于已过度多元化的业务（主业）上，从而使撤资相对来说更加有利可图。

事实上，在20世纪80年代以来的全球性公司重构浪潮中，战略性业务退出（strategic business exit）及与之相配适的资产剥离已成为跨国公司撤资的重要方式（实际上，"剥离"与"撤资"在英文中均为"divest""divestment"或"divestiture"）。公司重构是以"战略—结构—过程"为思路，对企业的组织结构、业务组合及财务结构进行战略性调整，是从总体到局部的全面改革，它包括业务重构（business portfolio restructuring）、财务重构（financial restructuring）、组织重构（organizational restructuring）和与之相适应的组织紧缩（downsizing）、范围紧缩（downscoping）等内容。对公司重构的研究表明，全球国际大公司的重构是对20世纪60—70年代企业（集团）过度多元化的反思和矫正，是对通过并购过度扩张的逆向调整。这就导致大规模的剥离、分立、分拆、管理层收购等现象。根据戴维（1997）和威斯通（1995）等学者对资产剥离现象进行的研究，资产剥离主要在以下具体动机。

1. 改变战略，包括更换或放弃主业

有些公司出售其他业务是为了集中精力做好主业，如IBM向西门子AG（Siemens AG）公司出售了罗姆（Rolm）公司的制造业和开发业务，并与其建立了一家联营公司，为IBM产品在美国的销售和罗姆公司的电键板业的服务业务提供方便。有时，即使出售企业的原始业务也并非由于过去的错误，而是因为机会或环境发生了变化。

2. 通过出售，收获过去的成功，使资产增值

有的企业剥离资产是收获过去投资的成功，或者是把资产出售给更适合的公司。资产剥离后，可以释放一些财务和管理资源，以便用于开发其他机会。这种剥离表明成功而非失败（或错误）。例如，美国一家跨国公司集团对在我国投资项目的筛选时就有一项基本原则——"项目须有多种套现方式"。也就是说，一旦投资项目盈利，前景看好，就将其"获利了结"，从而完成一个投资周期。该公司出资近3亿美元，参与了我国十几个工商业项目的投资。其中，有的项目已取得成功，该公司果断出售并撤出了资金。

3. 子公司为保持竞争力所需要投入的资源超出了公司的供给能力

有时，留在某个地区或行业继续经营需要追加投资，而追加这种投资可能是企业没有能力或不想承担的。近几年，为了适应市场的全球化发展，生产啤酒的国际大公司进行了重构，包括弱化产出低的或与啤酒不相关的业务，强化以啤酒为主的核心业务。如 Foster's 酿酒集团就放弃了在英国的酿酒公司的股份，并将在英国的 Inntrepreneur Pub 的地产卖给 Nomuro 公司。

4. 子公司的继续经营会给公司带来不利影响

如果子公司经营不善、亏损严重，会使公司整体业绩不佳。1995 年 2 月，美国惠而浦公司开始与北京雪花电器集团公司合资经营"北京惠而浦雪花电器有限公司"。由于成本高企、销路不佳，造成巨额亏损，为避免亏损扩大及拖累公司其他业务，惠而浦公司将 3300 万美元的投资转让，收回了 200 万美元。此外，子公司的业务可能与母公司或其他子公司不相适应。随着时间的推移，有的子公司与母公司在市场、用户、管理人员、雇员、价值观及需求等方面的过大差别会造成这种局面。

5. 公司急需大量资金而又不能从其他合理途径获得

为偿还到期债务以缓解公司财务危机，世界 500 强之一的施乐公司正在出售业务发展势头很好的施乐（中国）有限公司。而全球第二大个人电脑直销商 Gateway 在 2001 年 8 月宣布，为扭亏为盈，决定实行一系列业务重构计划，包括全球裁员 5000 人，及时停止马来西亚、新加坡、日本、澳洲、新西兰等地业务，还有可能涉及关闭欧洲业务。此外，也有企业为了给新投资项目融资而进行资产剥离。1989 年，爱默生电子公司以 1.49 亿美元的价格，向 BSR 国际 PLC 公司出售了 5 个部门，从而得到了这家英国公司 45% 的股份。

6. 置换

某些公司剥离次要业务的同时会收购一些相关业务，以增强其核心业务，置换就是为收购而撤离的一种方式。Dana 公司就是这方面的例子。该公司在 1997 年为了收购中欧的 Filtron Filters 等 4 个业务单位（这些业务单位的年销售额达 14 亿美元），剥离了 Dana 欧洲配送系统、美国重型框架工程业务等 7 个业务单位（这些业务单位的年销售额近 11 亿美元）。

通过置换，Dana 公司撤出了那些销售回报或投资回报低、增长慢、经营亏损或者市场份额受到侵蚀的业务领域；同时，增强了其供应完整的旋转底盘的能力。

7. 小型公司在国际市场竞争中的劣势

与世界主要啤酒酿造企业相比，德国 Grolsch 公司规模较小、盈利水平较低。虽然它较早地进入了波兰市场，并持有啤酒酿造商 Brewpole 25% 的股权，但在 Carlsberg 和南非啤酒集团（SAB）等大公司的挤压下难以生存，被迫于 1998 年将其股权转让，退出波兰。

出于以上任何一种或几种动机，跨国企业都可能会剥离国外（也包括国内）的一些资产。而对国外资产进行剥离的过程也就是跨国企业从国外撤资的过程。剥离的目的在于使整个跨国企业组织摆脱海外那些不盈利的、需要太多资金或与母公司其他活动不相适应的业务，降低业务多元化和区域多元化的程度，从而使公司集中有限的资源，致力于恢复或增强自己的核心优势。20 世纪 80 年代国际大企业掀起了"回归核心业务"的浪潮。1981—1987 年，约 50% 的美国 Fortune 500 家最大工业企业重新集中于核心业务。在 1988 年，Fortune 500 家名单上的公司从事单一业务或主导（dominant）业务的达 53%，而在 1974 年该比例只有 37%。1994年，美国公司完成的剥离总值达 226 亿美元。进行剥离的公司的股票市值在第一年平均上升了 20.2%，而同期标准普尔股价指数仅上涨了 1.5%。

五、小结

随着国际直接投资的迅速增长和经济全球化的发展，我们可以预期，跨国公司撤资现象会如同国内企业调整投资的规模和结构一样越来越普遍。虽然国内外不少学者对跨国公司撤资的动因、环境等的理论分析和实证研究做出了有益的探索，但跨国公司撤资理论总体上仍是不成熟的。除了撤资问题牵涉跨国公司内部敏感和保密的决策过程而带来的研究方面的困难外，由于国际生产经营环境的复杂性和多变性，要建立一个体系比较完整的跨国公司撤资理论的分析框架，还需要综合运用国际直接投资理论、产业组织理论、企业战略管理理论、国际经济学等多种理论和方法。因此，跨国公司撤资是一个值得深入研究而又具挑战性的课题。

参考文献

[1] Boddewyn J J. Foreign and Domestic Divestment and Investment Decisions: Like or Unlike? [J]. Journal of International Business Studies, 1983, 14 (3): 23-35.

[2] Duhaime I M, Grant J H. Factors Influencing Divestment Decision-making: Evidence from a Field Study [J]. Strategic Management Journal, 1984, 5 (5): 301-318.

[3] Dunning J. Explaining Internatioal Production [M]. London: Unwin Hyman, 1988.

[4] Hamilton R T, Chow Y K. Why Managers Divest-evidence from New Zealand's Largest Companies [J]. Strategic Management Journal, 1993, 14 (6): 479-484.

[5] Hymer S H. The International Operations of National Firms [J]. Journal of Political Economy, 1977, 85 (5): 103-104.

[6] Michael C M. Defensive Voluntary Foreign Divestment Theory and Empirical Evidence of US MNEs in the European Union [R]. Manchester, Mimeo: UMXST, 1994.

[7] Porter M E. Please Note Location of Nearest Exit: Exit Barriers and Planning [J]. California Management Review, 1976, 19 (2): 21-33.

[8] Sergio Mariotti Lucia Piscitello. Is Divestment a Failure or Part of a Restructuring Strategy? The case of Italian Transbational Corporations [J]. Transnational corporations, 1999, (3).

[9] Torneden R L. Foreign Disinvestment by U. S. Multinational Corporations: With Eight Case Studies [M]. New York: Praeger, 1975.

[10] J. 弗雷德·威斯通,等. 接管、重组与公司治理 [M]. 大连:东北财经大学出版社,2000.

[11] 弗雷德·R. 戴维. 战略管理 [M]. 北京:经济科学出版社,1998.

[12] 迈克尔·波特. 竞争优势 [M]. 北京:华夏出版社,1997.

[13] 胡德. 跨国企业经济学 [M]. 北京:经济科学出版社,1990.

[14] 毛蕴诗,施卓敏. 公司重构与竞争优势 [M]. 广州:广东人民出版社,2000.

[15] 杨宇光. 经济全球化中的跨国公司 [M]. 上海：上海远东出版社，1999.

[原载《四川大学学报》（哲学社会科学版）2002 年第 2 期，与蒋敦福合著]

硅谷机制与企业高速成长
——再论企业与市场之间的关系

美国硅谷自创立20多年来,已创造出庞大的社会财富和个人财富,引导着全球电子技术革命的脚步。硅谷使美国经济在20世纪90年代持续增长,对经济增长的贡献率在30%以上。全球100家最大的高科技公司的20%以此为大本营,这些公司的股票市值超过5000亿美元,大大超过市值仅为1100亿美元以生产汽车闻名的底特律和具有1400亿美元市值的华尔街金融服务公司。

本文从系统的角度深入探讨了美国硅谷高科技企业的高速成长机理,认为硅谷是由大学与科研机构、风险资本机构、综合服务机构、人才库、创业精神和创业板市场构成的一个特殊生态系统。笔者重点从经济学的角度分析了硅谷生态系统运行的机制特征,认为硅谷机制作为一种新经济条件下的市场逐次定价机制,决不会因目前暂时出现的周期性经济减速而失灵,相反,它所体现的公司经济与企业家型经济的融合,是对市场不完全性的克服,同时也是一种围绕知识聚集资本的新的要素组合方式。

如果说美国的通用电气公司、杜邦公司、德国的西门子公司等代表着传统大企业,其成长花了70年左右时间的话,那么日本的三菱、日立、松下等现代企业成长为世界级企业则已经大大缩短为50年时间,而像韩国的三星、现代、LG等这些新型企业的成长更是只用了30年时间。如今,这一成长历程却在硅谷缩短为20年,硅谷模式也随着这些企业走向全世界,成为各国、各地区争相效尤的新模式。

在此,笔者通过对硅谷机制与企业高速成长之间关系的进一步描述,再一次阐明公司经济与企业家型经济的融合所具有的强大市场生命力,同时也说明建构企业与市场之间新型关系对于促进高新技术企业高速成长的重要性。

一、硅谷系统的要素构件组成

一批高科技企业坐落在一起并不一定是真正的"硅谷"。硅谷类似于一个生态系统,这个生态系统为企业的"灵活再循环"提供机制上的保证与环境条件。在这个稳定的机制框架下,形形色色的利益实体相互争食又共生共长、共同作用,就像大自然生态系统一样。硅谷生态系统主要由以下几个系统要素构件组成。

1. 作为技术创新基础与源泉的大学和研究机构

研究机构与一个地区的经济崛起是密不可分的,有学者甚至称大学为"地区发展的催化剂"。大学、公司及政府的研究机构是硅谷生态系统中最明显的组成要素,这些机构不但训练出硅谷发展所需要的大批人才,也创造出有待进入商品化的大量技术。因此,大学、公司及政府的研究机构是硅谷技术创新的基础和源泉,是硅谷生态系统的营养基。在硅谷,有许多相互竞争的公司为支持共同的研究目标而携手合作,这种非正式的合作与交流对于形成"横向结构"(horizontal structure)与"集体学习"(collective learning)模式至关重要。

2. 不断促进创新和创业的风险投资机构

根据美国小企业管理局的统计,新公司创造的新产品数比大企业多250%。而美国国家科学基金会的一项研究表明,新公司的每1美元研究与开发费用所获得的创新大约是大公司的4倍。而且,新公司可以在较短的时间内使创新进入市场,平均时间大约只需2.2年,而大公司则需要3.1年。[①] 风险投资机构在硅谷生态系统中扮演了不断促进创新和创业的重要角色:首先是金融支持,其次是人才支持,最后是管理支持。风险投资家们为注资的企业带来技术技能、操作经验和行业接触网络以及现金资本。据统计,美国的风险投资公司有90%以上为独立的企业,一般的非金融机构和个人也积极介入风险投资活动,一半以上的资金来源为养老金基金。在投资企业的特征上,美国风险投资多偏好于投资初创期企业和高科技企业,从而获取高收益。投资于初创期企业的比例为30%,是日本的2倍。投资于计算机软硬件、生物技术、医药、通讯等行业的投资占总

---

① 郁义鸿等:《创业学》,复旦大学出版社2000年版,第14页。

投资额的 90% 左右。美国健全的风险投资体系不仅为初创和成长中的风险企业提供持续的资金支持，还提供从技术、管理、营销、财务到融资上市等一揽子综合性支持。

3. 综合性服务基础设施为硅谷生态系统的高速运行提供基础性"硬件"与"软件"

硅谷是一个集工程师、电子公司、专家顾问、风险投资和基础设施供应商为一身的庞大专业协作体系。高科技企业实际上是将技术作为最核心的能力资源独立出来后创立的一种新的企业形态，它把技术作为专业化基础，而把传统企业的其他职能分离出去，并由不同的专业化公司完成。硅谷专业化服务与设施的结合足以为企业的正常运行提供"整套服务"。例如，合同管理样品、试验品甚至产品的生产都可以交给专业化的生产公司；公共关系公司为产品包装设计、销售战略、市场推广等提供帮助；会计服务公司提供记账、缴税、理财服务；猎头公司可以为企业网罗所需要的各种人才；专业设备公司可以按公司的生产流程设计出专门的设备；法律服务机构可以解决公司的注册、分立、收购、兼并协议和专利技术保护等问题。另外，甚至还包括如专门负责消毒实验室的清洁公司、每日输送液态石油气的煤气行、销售耐力测量仪器的机械商店等。高效率的专业化服务带来时间与管理成本的节约，使新创高科技企业能专注于技术创新和产品开发，而无须关心市场开拓、内部管理、财务运作、管理人员配备等问题。具备充分的信息流与快速而高度专业化的市场服务体系，无疑大大提高了硅谷新创企业的经营效率，使得企业的创业与成长更加容易。硅谷高科技企业真正要做的主要是技术开发及其商品化。

4. 具有世界背景的、精于高技术而且经验丰富的脑力资源人才库

硅谷也是优秀人才的集中地。早在 20 世纪 80 年代，硅谷就聚集了 6000 多位博士，占加州博士总数的 1/6，而加州是美国受过高等教育人士密度最大的州。人才库对于不断创新、技术含量高的硅谷来说也是重要的组成要素。20 世纪 80—90 年代，有专业技能的移民在硅谷的数量不断上升，占到了大多数技术公司工程师总数的 1/3。截至 1998 年，来自中国和印度的工程师所创建的企业，占到了硅谷技术产业的 1/4，这些公司销售额加总超过168亿美元①。相关数字见表1。各国、各个领域的专门人才被硅谷的繁荣吸引过来,形成庞大的人才库。这些人才的世界背景,又使他们在进入硅谷的公司后,通过自行回国创业、派往回国等方式迅速将新技术、新产品扩散到新的国家,从而使硅谷企业一开始就是全球化的,在企业全球化经营中具有特殊的有利地位。

表1 硅谷高新技术产业中主要人员的受教育程度

学历	印度人		华人		白人	
	数量	百分比（%）	数量	百分比（%）	数量	百分比（%）
硕士和博士	4043	55	7612	40	34468	18
本科	1581	22	5883	31	59861	31
其他大学	792	11	3551	19	64081	34
高中毕业	600	8	1002	5	23488	12
低于高中毕业	279	4	1170	6	9319	5

资料来源：U. S. Census 1990, PUMS.

另外,硅谷的新移民企业家建立了越来越多的专业和社交网络,跨越了国家界限,使资本、技能和技术的流动变得更为容易。他们建立了跨国团体,提供信息共享、联系和信任,使当地的生产者能够参与日益全球化的经济。事实上,世界上少有地方能像美国那样具有国际化的人才环境,与像硅谷这样具有如此多的精于高技术而且经验丰富的脑力资源人才库。

5. 勇于创新、乐于冒险、不怕失败的创业精神

从20世纪60年代开始,许多具有创业精神的科学家、研究者建立了数以百计的研究企业。在硅谷形成了一种鼓励创新、宽容失败的文化环境,创业者在不断进行着"试错"活动。硅谷每天都有大量的公司死亡,也有新的公司不断地创立,也正是在失败中积累的经验、不断地实践和善

---

① 钱颖一、肖梦：《走出误区：经济学家论说硅谷模式》,中国经济出版社2000年版,第27页。

于从失败中学习,孕育了硅谷企业走向成功的种子。企业家勇于创新、乐于冒险、崇尚开拓进取以及敢于承受失败的精神支撑着硅谷公司不断推陈出新。在硅谷,创业者艰苦工作、勤于思考,他们总是力求将投资者的主意和自己一个个美妙的想法变成现实,即使暂时失败了,也会不屈不挠地寻求新的成功。正是这种创业精神,形成了硅谷生态系统中无限的创新动力和繁衍生息能力;也正是通过这种"创造性破坏",资源流向了那些最具竞争力的企业与最有能力的企业家手中。正如熊彼特所说:"不要以为技术创新就好像是在公园里散步,每个人都能高高兴兴;技术创新是一个很残酷的过程,如果你成功了,你将毁掉别人的事业。"

6. 提供社会融资和资本退出的创业板市场

美国的全国证券交易商自动报价系统(NASDAQ,纳斯达克)股票市场为硅谷公司的上市创造了十分有利的条件,被誉为"风险投资的温床"①。绝大多数的硅谷企业谋求上市时业绩欠佳,所以没有资格在纽约证券交易所(NYSE)上市。而纳斯达克对上市公司的历史业绩要求不严,过去的表现不是融资的决定性因素,关键是公司是否有发展前景和空间,这就为新兴高技术企业创造了十分有利的条件。尽管纳斯达克的创业板市场不在硅谷,但它与硅谷差不多同时起步,紧密关联,成为硅谷系统中一个重要的要素。随着高科技企业的技术逐步成熟,企业盈利稳定增加,产品成为成熟的市场产品,高科技企业就通过在创业板市场上市。创业板市场为硅谷的高科技企业的社会融资提供了条件,使硅谷高科技企业能聚集大量的社会资本,同时也为风险资本退出高科技企业创造了条件。

上述六大要素构件彼此联系、相互影响,形成了如图1所示的硅谷生态系统。

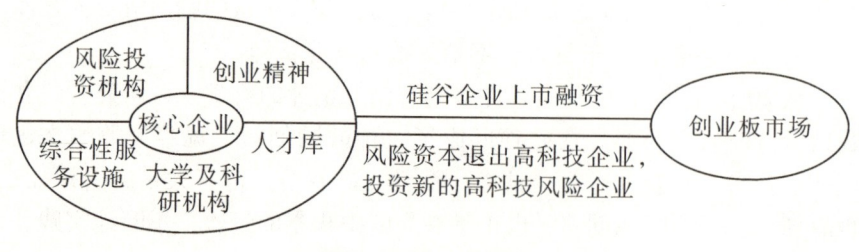

图1 硅谷生态系统

---

① 严恒元:《美国纳斯达克:推动新经济发展的火车头》,载《经济日报》2001年9月15日。

二、硅谷机制特征与企业高速成长

硅谷企业创造了一个又一个快速成长的奇迹，一些公司甚至在短短若干年内便完成了从起步到世界500强的发展过程。应该说，它们之所以能够突破企业成长的瓶颈、排除成长的障碍，是与硅谷独特的运行机制密不可分的。正是通过这种机制的作用，使得这些分布在生态系统内各要素构件能够不断地进行"灵活再循环"，进而维持硅谷企业的持续高速成长。

总体而言，硅谷机制与企业高速成长间的新型关系体现于以下几个方面。

1. 在缺少硅谷机制的条件下，小企业与独立发明者的成果往往为大公司所占有

在20世纪80年代以前，硅谷机制尚未形成，小企业与独立发明者的成果往往为大公司所占有，大公司是技术成果转化的主要承担者。这是由于大公司对技术成果的转化有充足的资金、人才、设备和市场设施的保证，而小公司相对于大公司来说，在资金、技术、人才和企业规模等各方面都处于劣势，对于自己开发的新产品和技术，往往难以在短时期内进行大规模生产。即使是小公司耗尽资金和时间首先推广这种新技术或产品，也会因为大公司的市场竞争优势以及广告、价格、促销等使小公司难以扩大市场。这迫使小公司将技术成果转让给大公司，由大公司来完成技术成果的市场化过程，如空调、喷气发动机、直升机等。同样，在缺少硅谷机制的情况下，许多独立发明者的重要发明也只能最终为大公司所占有。这方面典型的例子有：钛金属、柯达彩色胶卷、杜邦公司的涤纶纤维、施乐公司快速复印机的开发与市场化等。

2. 硅谷机制催生了世界级的大公司

在硅谷机制下，小企业与独立发明者的首创大批技术成果得以迅速市场化，甚至成长为全球性的产品。例如，对当今世界影响深远的袖珍计算机、影像游戏机、个人电脑、无线电话、激光技术、微处理器，以及浏览器、JAVA、搜索引擎等产品和技术，都是由硅谷的中小高科技企业发明并推广的。硅谷通过其特有的生态系统，为个人利用技术、实现技术成果市场化，并迅速筹集社会资金扩大生产、形成规模，提供了一种新的机制，弥补了小企业和独立发明者由于资金、市场、规模上的劣势而难以承担技术成果转换风险的不足。因此，硅谷机制催生了世界级的企业，使许多创业者在有生之年就能看到自己的企业成为世界级的大企业。硅谷机制下，任何一个企业，包括那些看似具有垄断地位的大公司，如果不注意技术创新和科技成果的转化，也会在市场竞争中居于不利地位。例如，在20世纪80年代曾独霸计算机业的IBM公司，由于忽视技术创新和市场新的需求，在个人计算机领域被惠普（HP）等小公司后来居上，一度面临困境。

3. 企业在频繁的新陈代谢中得以超高速成长

硅谷公司间的信息交流异常活跃。当一家公司创造出新产品、新技术时，往往会以召开新闻发布会、展示会等形式宣传、展示新技术，传递各自掌握的各种技术、产品信息。伴随着信息的快速传播，各个公司原以为可以保持很久的技术秘密逐渐地被公开，成为推动整个硅谷技术创新的共享成果，同时促使新产品的生命周期不断缩短。产品生命周期的缩短，又反过来促使技术以更快的速度更新，以适应开发新产品和市场竞争的需要。因此，硅谷生态系统机制在加速信息传播的同时，促进了技术的不断创新。硅谷依靠知识这种独特的营养基，不断地吸收来自环境的养分，促进系统内部的新陈代谢。这种新陈代谢的具体表现是新企业的不断涌现和大量企业的被淘汰。据统计，在美国，1996年新创建风险投资企业52万家，同年有24.5万家风险投资企业倒闭。硅谷每天要面对最多的就是失败，因为硅谷人知道，正是在失败中积累起来的经验和不断的实践、不断地从失败中学习，孕育了硅谷企业走向成功的种子。例如，著名的Sun公司从20世纪90年代初开始研制代号为"Oak"的一种新型网络语言，历经4年，研制工作一度陷入困境，但是基于对这种语言广阔前景的认识，Sun公司更加重视并加大对这种新型程序开发的投入，终于在1995年研制出风行全球的新一代互联网语言——JAVA语言。从实践中学习，在失败中孕育成功，硅谷为企业在激烈的高科技竞争中，创造了高速成长的机制。

三、硅谷机制特征的理论分析

1. 硅谷不仅仅是一个科技园区，它代表的是一种系统

作为一个"以地区网络为基础的工业体系"，或称其为"技术复合群体"，硅谷代表的是一种系统和一种机制，它能够有效地促进各个专业制造商集体学习和灵活调整一系列相关的技术。该地区密集的社会网络和开放的劳工市场，有效地弘扬了不断试验探索和开拓进取的创业精神。系统内各公司之间开展激烈的竞争，与此同时，又通过正式与非正式的交流和合作，相互学习技术和变化中的市场营销方法。在硅谷，大多数公司采用的组织方式是松散联系的班组结构，这种结构十分类似由工程师组成的合作组，能够有效地鼓励公司各部门之间以及各部门与公司以外的供应商和消费者之间进行充分的交流。在网络系统中，公司内各部门职能界限相互融合，各公司之间的界限以及公司与贸易协会、大学等当地机构之间的界限也被打破，他们常常为了共同的研究目标而相互展开合作。像硅谷这样类似生物圈的网络系统，在地区经济聚合的时候最能显示出卓越的生命力。制造商之间不断相互作用，最终使得各公司无论在组织结构上还是管理模式上都有不少共同点。与此同时，该地区企业之间的竞争也在不断加剧，激烈程度非同一般，这就从整体上提升了该地区企业的竞争力。这种聚集式的网络体系极度依赖非正式的信息交流和合作，企业要素也正是在这种环境中才能够迅速流动，从而形成了一种独特的、更为灵活的要素运行机制。

2. 硅谷机制是新经济框架下的一种逐次定价机制，同时也是解决市场不完全性的一种选择

市场并不是万能的。例如，技术作为一种特殊商品，要进行合理定价十分困难。技术商品的取得需要投入有形的试验设备、原料、人力资本与许多看不见的知识、智力、思想等无形资源。技术商品一旦形成，进行再复制时，生产的边际成本主要来自边际固定资产，并随着数量的增加趋近于零。与此同时，技术的不确定性与易变性所带来的风险也极大。因此，这些因素均大大增加了技术产品定价的难度。而硅谷机制却较好地解决了技术商品难以定价这一问题，这种机制简单来讲就是对技术入股一次性定价的修正。在硅谷，一个创业者拥有技术发明或好的创意，但他手中的技术并没有确切的市场价格，合伙开创公司仅仅是基于对技术发展前景的认同。这时，可以对各要素进行初次定价。当风险投资家开始购买公司股份时，由于有新的要素投入或投入的增加，以及对公司、技术的市场前景又有了新的认识，故可以对各要素投入进行第二次定价。当公司进一步发展到在创业板市场上市时，则可进行再次定价。公司上市后，公司技术商品的价值逐渐得到认可，二板市场上的股票价格开始回升。但若是公司的技术开发失败或市场前景不好，则股价下降，甚至遭到淘汰。这就从技术本身的风险角度使技术的价格得到修正，是技术商品价值的回归。若公司成长良好，对各要素投入的定价也通过股市价格而得到反映和回报。技术的定价通过公司股票价格上升被反映出来，并且在资本市场上得到不断修正。因此，硅谷机制可以理解为技术商品的一种定价机制，它是对技术商品市场不完全性的克服。这就使原来一次完成的对技术的定价，变成多次定价并过渡到创业板市场上进行定价。

在硅谷机制下，企业的其他要素也相应得到了合理的报酬。作为一种新经济条件下的定价机制，硅谷机制同时也是解决市场不完全性的一种有效的选择。

3. 硅谷机制凸显了新经济特征，即围绕知识聚集资本——新的要素组合方式体现

在硅谷，企业生产要素的组合突破了原有的方式，它利用知识聚集资本，体现了知识经济条件下一种新的要素组合方式。在硅谷机制下，技术作为核心的生产要素被凸显出来。

传统的生产要素组合方式是"资本—劳动力—技术—生产"，这种机制的核心和起点是资本。只要获得足够的资本和适当的商业机会，资本所有者就可以购买生产资料和技术，利用劳动力进行生产。这是资本在选择劳动力和技术。硅谷机制使传统的生产要素组合方式颠倒过来："科技人员（长期智力投资）—拥有技术和发明—获得风险资本—组织生产"。科技人员及其拥有的技术、发明是组织生产的起点，也是生产要素组合的核心。它的实质是劳动改造和利用资本，是对传统经济机制改造的直接结果。在知识经济时代，劳动者成为"资本拥有者"，不是因为公司股票的所有权扩散，而是由于劳动者掌握具有经济价值的知识和技能，这种知识和技能在很大程度上是投资的结果，同其他人力投资结合在一起形成生产优势。

4. 硅谷的成功，表明美国市场有很高的自组织能力[①]**和很强的生产要素动员能力**

美国有世界上最先进的科学技术，最大、最完善的证券交易市场及制度，还有完善的公司制度和发达的投资中介组织（如投资银行、共同基金）、社会服务中介机构（如律师、会计师、资产评估量事务所）等，这些机构的竞争性互动使硅谷系统在客观上形成了有序结构，系统中的每个个体都具有不断向环境学习的能力和自适应性，硅谷也就成为一个具备高度自组织能力的系统。所有这些条件决定了在美国以知识要素动员其他生产要素的硅谷机制的形成。在硅谷机制下，知识和技术成为最重要的生产要素，发达的市场体系和市场制度为知识、技术要素动员资本、土地、机器等生产要素提供了一个完善的评估、引入和实现公司化、规模化的坚实基础。

钱德勒在其名著《看得见的手》中提出："当管理的协调比市场机制的协调能带来更大的生产力、较低的成本和较高的利润时，现代多单位的工商企业就会取代传统的小公司。"[②] 然而，硅谷高科技企业成长的实践表明，生产资源配置的天平似乎从更多地倾向于大公司的"看得见的手"又转向"看不见的手"——市场机制，或者说是"看得见的手"与"看不见的手"的互动与交替作用。

5. 硅谷高科技企业的迅速成长体现了公司经济与企业家型经济的迅速融合

20世纪初以来，美、日、西欧各国的企业不断扩大规模，使得大企业在市场中的影响与支配作用日益增强，完成了企业家型的家族企业向经理型企业的转换，形成了所谓的"公司经济"。但是，这一转换往往需要一两代甚至更长时间的家族企业家支配企业的渐进过程。

而自20世纪80年代以来，著名的硅谷高科技企业迅速崛起，表明

[①] 复杂适应系统包括无数主体之间相互作用及其与外部环境之间的相互作用，似乎总是处于无政府的混乱状态。实际上，复杂适应系统总是表现出一定程度的秩序，而且秩序是自发出现的。Simpson（2001）称看似混乱的现象中出现的自发秩序现象为自组织。Kauffman（1993）认为，自组织可以被定义为最初无组织的系统，在复杂环境中获取日益增强的自我控制能力之过程，这一过程是在没有任何主题控制或者没有任何外部控制作用于系统的情况下经济主体之间自发相互作用的结果。

[②] 艾尔弗雷斯·D. 钱德勒：《看得见的手》，重武译，商务印书馆1987年版。

"企业家型经济"又开始发挥重要作用,标志着企业家型经济和公司经济的迅速融合。企业家型经济主要是把创新的理念转变为有组织的实际行动,把零散的力量转化为有系统的管理和突出重点的策略。在这些企业中,第一代的创业者作为一个群体(而不是少数家庭成员)控制着公司,短短几年时间内就成为上市公司,实现向现代大公司的过渡。企业保留了企业家型企业的优点,避开了其不足的同时又吸取了大公司管理方面的优点,创造了一种全新的体制。许多创业者同时也是职业经理人,这种新创的高科技企业的成功不只是对资本要素的酬报,而往往是对所有要素都给予回报。

四、硅谷机制对发展我国高科技企业的启示

硅谷模式所取得的巨大成功是诱人的,硅谷系统与硅谷机制是发人深省的。近年来,全世界都刮起了"硅谷风",硅谷也成为见诸各大媒体的热门话题。我国也不例外,江苏无锡的"硅谷计划"正式启动,广州力建中国"南部硅谷",上海将在2001—2005投资1500亿元建设"中国硅谷",还有广西柳州、河北燕郊、四川绵阳、北京、深圳等地均在建设自己的"硅谷"[①]。然而,如果不认真探讨硅谷内在的系统与机制特征,仅仅是利用政府的力量堆砌高新技术产业开发区,那么非但难见其效,还将赔入无数的资金与资源。一个良好的生态系统条件下的硅谷机制与企业高速成长之间的新型关系无疑能给我国高科技企业发展带来巨大的启示。

1. 建设"中国硅谷"首先必须着眼于系统和机制的创新性建设

硅谷的成功本质上是系统的成功、机制的成功。硅谷生态系统中的各部分相互依存、共同发展,促进了系统的演进,形成了不可估价又无法替代的"组织资本"。因此,建设"中国硅谷"首先必须着眼于系统和机制的创新性建设,解决当前阻碍中国高新技术企业形成规模的主要因素。

第一,高科技企业银行融资渠道不畅。高科技企业具有高风险、高回报的特点,而我国目前的金融体系中,中小企业不能与资金市场对接。银行对中小企业的贷款要求很严格,而且一般还要求有资产抵押或者法人担

---

① 参见《美国纽约2001年3月中举行了第二届"硅谷峰会"》,载《中国证券报》2001年4月17日。

保，从而在资金上大大约束了许多高科技企业的发展与壮大。

第二，风险资本市场发育不全。风险资本市场发育不全主要体现在风险资本不足、来源单一，风险投资机构运作不规范。目前，我国的风险资金主要来自政府，这表明我国风险资本市场离真正有效的"市场"还有较大的距离。另外，我国尚没有建立高科技企业上市机制，创业板市场迟迟未能推出，这也就不能为风险投资的有效退出提供条件。

第三，缺乏高效的专业性市场服务机构。市场化、综合性的服务机构使得企业的创立与成长更为便捷。目前，我国还缺乏一批专门为高科技企业提供样品生产、产品推广的中介机构，尤其缺乏能为企业增资扩股的财务顾问公司、投资银行、会计师事务所、技术评估事务所等。专业分工是市场化的重要标志，这早在亚当·斯密的《国富论》中就有清晰的表述。但值得注意的是，专业性市场服务机构并非能计划出来，而是要在市场内在需求中自然萌发出来，这才能够真正体现市场效率。

2. 建设"中国硅谷"要抓紧生产要素市场的培育

硅谷的形成与整个市场机制的完善和市场发育程度有关。建设、发展要素市场是基础性的工作，是系统性工作。实践证明，要素市场是相互配套、相互作用的。总体上看，我国要素市场发育程度很低，还需要大力加以完善。

3. 建设"中国硅谷"要鼓励企业创业与企业家的创新精神

在硅谷这样一个以网络为基础的生态体系中，企业必须为不断适应市场和技术的迅速变化而加以组织，企业的分散格局管理模式鼓励了企业通过技术和资本的自发重组谋求多种技术发展机遇，从而促进创新。这种创新的与众不同之处就在于企业是在生产网络促进的集体学习技术的过程之中萌发创新的。网络作为基础的综合体系支持了分散化学习的过程。

在硅谷，企业家乐于冒险、敢于创新和接受失败是企业家精神的重要体现。企业的失败并不改变人们对企业家的评价，这就使得企业家能够不断从失败中吸取教训，并为下一次创业积累经验。建设"中国硅谷"就必须重视未来的社会文化价值重构，重视技术产品生命周期的缩短和不确定的技术与市场风险，使拥有创新和冒险精神的企业家创业精神同高科技企业的创立发展紧密互动。

五、小结

21世纪初,硅谷地区陷入自20世纪90年代初期以来的最大衰退,2002年年初的纳斯达克指数与2001年的最高峰时相比已跌了60%以上("9·11"事件以前)。例如,亚马逊公司的股价就从2001年每股113美元的高峰一度跌到2002年年初12美元的低价。在高科技泡沫的巅峰时期(1999年的达沃斯世界经济论坛期间),微软首席执行官比尔·盖茨在举行的一次新闻发布会上,一次又一次地被记者们问到相似的问题:"盖茨先生,现在的网络股是泡沫股,对吗?它们难道不是泡沫吗?"最后,有点被激怒的盖茨对记者们说:"它们当然是泡沫,但你们没有问到点子上。泡沫给网络行业带来了很多新资本,这必将更快地推动创新。"① 盖茨的话或许是对硅谷作用的某种注释。

参考文献

[1] 郁义鸿,等. 创业学 [M]. 上海:复旦大学出版社,2000.

[2] 罗杰斯·拉森. 硅谷热 [M]. 北京:中国友谊出版社,1986.

[3] 钱颖一,肖梦. 走出误区:经济学家论说硅谷模式 [M]. 北京:中国经济出版社,2000.

[4] 严恒元. 美国纳斯达克:推动新经济发展的火车头 [N]. 经济日报,2001-09-15.

[5] 小艾尔弗雷斯·D. 钱德勒. 看得见的手 [M]. 北京:商务印书馆,1997.

[6] 安纳利·萨克宁. 地区优势 [M]. 上海:上海远东出版社,1999.

[7] 青木昌彦. 硅谷模式的信息与治理结构 [J]. 比较制度分析,2000(1).

[8] 吉姆·卡尔顿. 苹果公司兴衰内幕 [M]. 北京:新华出版社,1999.

(原载《管理世界》2002年第6期,与周燕合著)

---

① 托马斯·弗里德曼:《世界是平的》,湖南科学技术出版社2006年版。

美国企业竞争力超过日本企业之探究

一、20世纪80年代,日本企业竞争力超过美国,居于世界首位

20世纪80年代至90年代初,日本经济呈现强劲的增长趋势,日本企业的竞争力赶超美国,并多年居于世界之首。据世界经济论坛(WEF)和国际管理开发学院(IMD)在1992年关于世界竞争力的比较总结报告中认为,自20世纪80年代以来,日本企业竞争力与日本国际竞争力(总体)开始位居世界第一位,并保持了近10年之久。表1显示了20世纪80年代初至90年代初美国和日本的国际竞争力(总体)情况。

表1 美国和日本的国际竞争力(总体)排名演变(1981—1992年)

年份	日本	美国
1981	1	3
1983	1	3
1985	3	1
1987	1	2
1990	1	3
1991	1	2
1992	1	5

资料来源:李非:《企业集团理论:日本的企业集团》,天津人民出版社1994年版,第32页。原出处:World Economic Forum. *IMD The World Competitiveness Report*,1992.

不言而喻,支撑日本国际竞争力的乃是日本的企业,特别是占日本经济主要地位的巨大企业及其集团(李非,1994)。企业竞争力一直是国际竞争力评价体系中一个十分重要的子要素。据有关研究显示,企业国际竞

争力与国家竞争力之间的相关系数为0.9204，可见企业竞争力与国家竞争力之间存在较强的正相关性。正是由于日本企业的日益强大，才使其国家竞争力保持领先位置成为可能。

无论是在制造业，还是在金融服务领域，日本企业都在紧紧追赶着曾处于领先地位的美国企业，部分优秀日本企业甚至超过了昔日的竞争对手。例如，在汽车业，丰田和日产成为仅次于通用汽车公司和福特汽车公司的世界第三、第四的汽车制造商；在钢铁业，新日铁超过了泛美钢铁公司；在家电业，日立和松下紧随通用电器公司之后，具有世界第二、第三的实力；在胶片业，富士公司对柯达公司发起了强有力的挑战；在半导体业，日本电气公司已逼近德克萨斯仪器公司；在银行业，日本第一劝业银行在规模上已超过花旗银行、美利坚银行；在保险业，日本的企业已和世界第一流的保险公司平起平坐……

日本企业的迅速崛起与日趋强大使日本的经营管理模式成为20世纪80年代世界经济和企业管理界研究学习的楷模，美国里根总统政府甚至设立了一个专门委员会来研究提升美国竞争力。日本也出版了畅销书《日本可以说不》向美国挑战。然而，自20世纪90年代中后期以来，美日企业竞争力再次发生逆转，美国企业的竞争力超过日本，重新成为世界之首。

二、20世纪90年代美、日企业竞争力逆转

1. 从《世界竞争力年鉴》看美、日企业竞争力演变

在瑞士国际管理开发学院发布的《世界竞争力年鉴（1998）》中，企业国际竞争力的评价指标包含劳动生产率、劳动力成本/报酬指标、管理效率、公司业绩和公司文化五大类，每一大类指标下面又包含若干子指标。根据这一评价指标体系，美国企业在1998年的国际竞争力中居世界榜首，日本则降至第24位。表2显示了日本企业和美国企业自1992年以来国际竞争力的演变过程。

表2 美、日企业国际竞争力排名演变（1992—1998年）

年份	日本	美国
1992	1	14
1993	1	14

(续表2)

年份	日本	美国
1994	1	11
1995	2	6
1996	2	10
1997	7	3
1998	24	1

注：自1995年开始，世界经济论坛与国际管理开发学院分别就各自理解的概念和研究方法独立发布国际竞争力报告。

资料来源：原国家体改委经济体制改革研究院等：《中国国际竞争力发展报告（1999）》，中国人民大学出版社1999年，第144页。

表2显示，日本企业竞争力在1995年以前一直处于世界第一的位置。1995年降至第2位，1997年降至第7位，而1998年更是迅速下滑至第24位。与此形成鲜明对比的是，美国企业在1992—1994年间企业竞争力从未进入世界前10名，1995年却上升至第6位，1996年虽有所下滑，但1997年又上升至第3位，至1998年再次位居世界第1位。

2. 从世界100家最大跨国公司和世界500强的分布变化看美、日企业竞争力演变

根据历年美国《财富》杂志的资料整理出来的世界100家最大的跨国公司（按美、日、英、德、法和其他国家）分布的变化情况，如表3所示。

表3　世界100家最大的工业跨国公司按国别分布的变化情况（1956—1998年）

（单位：家）

年份	美国	日本	英国	德国	法国	其他
1956	79	0	10	7	1	3
1967	69	8	7	9	2	5
1971	58	8	8	11	5	10
1973	49	11	7	12	8	13

(续表3)

年份	美国	日本	英国	德国	法国	其他
1980	44	8	6	11	10	21
1986	43	13	5	11	7	21
1990	33	16	6	12	10	23
1992	27	20	4	15	8	26
1994	23	41	3	12	11	10
1995	24	37	3	14	12	10
1996	24	29	4	13	13	17
1997	32	26	4	13	13	12
1998	35	23	6	14	10	12

资料来源：根据美国《财富》杂志各年度统计。

从表3中可以看出，"二战"后由美国跨国公司支配的对外直接投资格局不断过渡到由美国、西欧、日本三足鼎立格局，同时也反映出自20世纪90年代中期以来美国跨国公司竞争力重新超过日本的特点。1956年，美国最大的跨国公司占世界的4/5强，此后西欧、日本方面逐步发展；到1992年止，美国方面下降到1/4略强，日本方面已占1/5的份额。1995年，《财富》杂志为使评选更全面、更恰当地反映信息时代跨国公司的经营和竞争趋向，改变了传统的评选方式，将工业公司和服务公司合并评选，首次按企业销售收入排名评选出1994年的世界综合500强。其中世界前100家最大跨国公司中，日本已占2/5，而美国仅占1/5强，多年雄居榜首的美国通用汽车公司退居第5位，日本三菱商事则名列第1。前10名大公司中，日本企业占了6家，而且全部是贸易公司。日本企业借助日元升值的优势取代了美国第1的位置，入选公司的数量从1992年的20家增至41家。然而，自1995年以来，美国入选公司逐步增加，到1998年又取代日本，重新成为世界第一。1990年后美、日竞争力演变过程在表4中也充分体现出来了。

表4　1990年以来世界500强中、美、日企业的数量变化情况（1990—1998年）

（单位：家）

年份	美国	日本
1990	164	111
1992	161	128
1993	159	135
1994	151	149
1995	153	141
1996	162	126
1997	175	112
1998	185	100

资料来源：根据美国《财富》杂志各期。

表4表明，20世纪90年代初，日本企业入选世界500强的数量不断增加，相比之下，美国企业数量则不断减少。1990年，美国入选世界500强的企业为164家，比日本入选企业111家多出53家。而到1994年，日本入选500强企业已达149家，与美国入选企业数量151家相差无几。1995年以后，日本入选企业数量又开始大幅度减少，而同期的美国入选企业数量则止跌回升，一大批高科技企业迅速崛起，进入全球500强，如微软公司、电子数据系统公司、戴尔电脑公司、康柏电脑公司等。1998年，美国入选公司数目已达185家，比1997年增加10家，同年则是日本企业倍受打击的一年，该年度仅有100家日本公司进入全球500强排名榜，比1997年减少12家，这些上榜公司的平均收益下降了14%，平均每家日本公司亏损了9000万美元以上，同时世界前20位亏损公司中竟有14家是日本公司。

3. 日本经济复苏缓慢，企业破产加剧

20世纪80年代末、90年代初"泡沫经济"的破灭宣告日本经济增长开始停滞，企业经营状况由此开始恶化。从1992年"泡沫经济"破灭后，日本经济步入萧条和低成长时期，企业经营环境也发生深刻变化，如经济萧条趋于长期化，国内市场需求低迷不振，商品价格持续下降，日元升值速度加快，新技术竞争日益激烈，等等。这一系列变化对日本企业经营产生巨大影响，1994 年 9 月末，日本城市银行和信托投资公司银行等 21 家银行发表的不良债权达到 13 兆日元，而实际估计可能已达到 50～100 兆日元。非金融企业经营状况也趋于恶化，1992 年日本企业收益下降 25%，1993 年下降 24%，尤其是一些大企业出现严重的衰退。由于上述变化以及"大企业病"的出现和加剧，20 世纪 90 年代初以来日本许多大企业经营不佳，或负债累累，或丧失市场，或赤字居高不下，经营持续衰退，有些甚至为其他企业所兼并。1993 年度，川崎制铁、住友金融工业、神户制钢所、NKK、新日铁等日本五大钢铁企业经常赤字达 2753 亿日元，1994 年度的经常赤字虽已减少到 1200 亿日元，但亏损的格局并未得到根本扭转。1994 年，日产公司亏损 600 亿日元，马自达公司亏损 330 亿日元。20 世纪 90 年代后期，许多日本大公司危机迭起，出现严峻的生存问题。1998—1999 年度，占日本国内生产总额 5% 和出口额 1/4 以上的电子业"五巨头"——日立、东芝、三菱电机公司、NEC 和富士通公司中，除富士通公司还有大约 17000 万美元利润外，其他几家公司都写下了赤字，东芝公司还出现了 23 年以来的首次亏损。更有不少金融保险公司和实业公司财务状况恶化，陷入破产境地。自 1997 年以来，日本发生多起破产事件，日本自"二战"以来的十大破产事件均发生在此期间，如表 5 所示。

表 5　日本战后十大破产事件（以负债多少为序）

公司名称	负　债	破产时间
协荣生命保险公司	46000 亿日元	2000 年 10 月
千代田生命保险公司	29000 亿日元	2000 年 10 月
日本租赁公司	22000 亿日元	1999 年 9 月
皇冠租赁公司	12000 亿日元	1997 年 4 月
日荣财务公司	10000 亿日元	1996 年 10 月
LIEECO. Ltd	9663 亿日元	2000 年 5 月
崇光百货公司	6891 亿日元	2000 年 7 月

(续表5)

公司名称	负债	破产时间
东食公司	6397亿日元	1997年12月
日本全财务公司	6180亿日元	1997年4月
TAKUCINHOSHOU. Ltd	6100亿日元	1998年3月

资料来源：《日本保险公司难自保》，载《广州日报》2000年10月25日。

4. 日本制造业竞争力下降，产品频频出现质量问题

经济长期不景气对日本制造业造成了影响，日本制造业存在设备过剩、雇员过剩和债务过多三方面的困扰。日本制造业在20世纪80年代曾经具备其他国家无可比拟的国际竞争力，日本产品在世界范围内享有物美价廉的口碑，"日本制造"的标志也逐渐成为人们心目中认可的高品质、值得信赖的高科技产品的代表。如三菱、东芝、索尼、松下等都成为世界最知名和最有信誉的品牌。但是，自进入20世纪90年代以来，美国制造业逐渐赶超日本，尤其是在半导体、汽车、电机、电脑和通信制造业。如在半导体业，1992年，英特尔战胜了日本的NEC成为半导体生产的第一大厂家；1993年，美国半导体销售额超过了日本。而在汽车和电机制造业，日本企业不断减产，甚至出现赤字；与此相反，美国的同行却在不断增产。

一向具有良好口碑的日本产品在近年也暴露出严重的质量问题。自2000年以来，日本公司的产品接连发生产品质量缺陷。先是东芝笔记本出现质量问题；接着，三菱集团下属的三菱汽车、三菱电机、三菱重工也接连发生产品质量事件，导致三菱品牌陷入严重危机；另外，日本食品业也发生了雪印、森永等牛奶质量问题。上述问题的出现，一方面是受日本长达10年的经济衰退的影响；另一方面也反映了日本企业在20世纪80年代的过度扩张所掩盖的质量和服务问题，其隐含危机暴露较晚。

三、原因分析

美国企业的重新崛起与日本企业国际竞争力的下降是20世纪90年代国际企业管理领域最重大的事件之一。美国企业国际竞争力的上升有着深

刻的经济、技术、制度变动的背景与理论上的渊源。具体有以下几个方面原因。

1. 硅谷机制催生新兴大企业

日本自 1995 年以来入选世界 500 强的企业数目持续下降，除了受日本泡沫经济破裂影响外，还有着更深层的原因，如信息技术发展滞后、企业内外部缺乏高效的要素流动机制、传统大企业国际竞争力下降而新兴企业成长缓慢等。就新成立企业和上市企业的数量、收益率和成长速度而言，美国企业均明显优于日本企业。美国从 20 世纪 80 年代开始到 90 年代，在高科技、软件、多媒体、生物、服务等多个领域里都诞生了新企业，并快速成长起来。美国新成立的企业每年大约有 80 万家，而日本在同时期开业的风险企业只有 10 万家。美国的风险投资企业从企业成立到股票公开发行上市的时间一般都不长，平均为 6 年；而日本的风险企业则需要很长时间，平均为 30 年。美国纳斯达克市场注册的美国企业数，1998 年 12 月为 5068 家，与 1989 年底相比，增加了 775 家，股票时价总额比同期增加了 5.2 倍。与此相反，日本的注册企业数，1999 年 3 月底为 860 家，只相当于美国的 1/6，如表 6 所示。

表 6 日美股票市场的比较

年 度		1989 年年底	1998 年年底
注册企业数	日本全国证券交易商协会	279 家	860 家
	美国全国证券交易商协会	4293 家	5068 家
股票时价总额	日本全国证券交易商协会	12.5 兆日元	12 兆日元
	美国全国证券交易商协会	58 兆日元	300 兆日元

资料来源：[日] 永野隆德：《美国经济为什么持续强劲》，华夏出版社 2000 年版，第 56 页。

原注：日本股票是 1999 年 3 月底情况。

日本中小企业之所以无法迅速成长，主要是由于缺乏培育风险企业的风险投资机制，缺乏资金、技术、人才和管理方面的支持。日本风险投资公司多为银行、保险公司和大企业控股，投资对象倾向于风险较小者，投资于初创企业（创立时间不足 5 年的企业）的比例仅为 16%，且风险投资公司给予风险企业的帮助多限于资金支持。美国的情况则相反，美国的风险投资公司有 90% 以上为独立的企业，一般的非金融机构和个人也积极介入风险投资活动，一半以上的资金来源为养老金基金。因此，美国风险投资多偏好于投资初创期企业和高科技企业，从而获取高收益。投资于初创期企业的比例为 30%，是日本的 2 倍；投资于计算机软硬件、生物技术、医药、通讯等行业的投资占总投资额的 90% 左右。更重要的是，美国健全的风险投资体系不仅为初创和成长中的风险企业提供持续的资金支持，还提供从技术、管理、营销、财务到融资上市等一揽子综合性支持。

美国新兴企业的迅速成长离不开众多富有活力的风险投资机构，但在这些风险企业成功的背后，还有更广泛的支持因素，包括大学和研究机构、综合性的服务基础设施、人才库、企业家精神和创业板市场这五大要素，它们与风险资本机构一起，相互影响，互生互动，共同构成了以高科技企业为核心的硅谷生态系统。硅谷有 7000 多家电子和软件公司，全球 100 家最大的高科技公司中的 20% 以此为大本营。1996 年，这里每周诞生 11 家上市公司，平均 5 天就出现一家新公司，新增 62 万个百万富翁，硅谷公司的股票市值超过 5000 亿美元，大大超过了市值仅为 1100 亿美元以生产汽车闻名的底特律和具有 1400 亿美元市值的华尔街金融服务公司。这里创造出全球著名的公司 Intel、HP、Cisco、3Com、Sun、Netscape 等。硅谷犹如一个企业再生循环系统，它以知识为独特营养基，为企业的"灵活再循环"提供机制上的保证和环境条件。

硅谷机制的一个重要作用在于，它较好地解决了技术商品的定价问题，使小公司也有能力和机会把自己首创的技术成果转化为商品，即硅谷机制为高新技术企业提供了一种创业机制，使之具备迅速成长的客观条件。在缺少硅谷机制情况下，小企业创立的发明成果往往为具有充足资金、技术、人才和规模的大公司所占有。而硅谷通过其特有的生态系统，为个人利用技术获得资金、实现技术成果市场化，并迅速筹集社会资金扩大生产形成规模，提供了一种新的机制。这种新机制克服了大企业技术成果转化的市场不完全性，弥补了小企业由于资金、市场、规模劣势造成的难于承担技术成果转换风险的不足。这就为中小企业迅速成长为世界级大企业创造了条件，同时也对大企业形成了创新的压力。在硅谷机制下，任何一个企业，包括那些看似具有垄断地位的大公司，如果不注意技术创新和科技成果的转化,就有可能在市场竞争中居于不利地位。

2. 公司重构使美国老企业重新焕发活力

公司重构是对20世纪六七十年代企业过度膨胀、过度多元化的反思与矫正,是企业面对环境变动做出的战略反应。广泛的公司重构是美国企业重新获得竞争优势的重要原因之一。美国公司经过了一轮轮持续重构,重新焕发出活力;相比之下,日本传统企业危机迭起,重构乏力。

自20世纪80年代以来,西方国家企业环境发生了急剧的变化,包括越来越多的行业形成买方市场、生产能力过剩、竞争压力加剧、产品创新的压力等。进入90年代后,信息技术迅速发展,市场全球化步伐加快。巨大的环境变化对公司形成了重构的压力。

自20世纪80年代以来,美国许多企业特别是大型企业都陆续进行了持续的重构过程。在80年代,美国最大的1000家公司中有1/3按某种方式进行了业务重构(Bowman & Singh,1990)。重构首先发生在一些绩效或财务状况不佳的公司,其中包括美国电话电报公司(AT&T)、通用电气公司(GE)、西尔斯(Sears)、3M公司等一大批传统企业,重构使这些企业克服了"大企业病",化解了生存危机。在20世纪80年代后期和90年代,重构发展成为普遍采用的战略手段。进入90年代以后,公司重构并无减退迹象,重构范围由制造业扩展到通讯、医疗护理公司、医院等领域,并从绩效或财务状况不佳的公司扩展到一些财务状况较正常的公司。甚至连英特尔(Intel)这样在全球行业中处于领导地位的公司,为适应整个PC市场的迅速变化,也在1997年开始着手对自身的组织机构进行重大改组。

自20世纪80年代以来,日本国内经济增长明显放慢,日本企业虽面临严峻的生存危机,但由于经济、政治体制方面的限制,企业体制与公司治理结构的制约,以及经营管理模式、经营理念等因素,日本公司的重构远不如美国公司那么有动力。诸如政府对企业的较多干预和渗透,企业集团、银行之间的交叉持股,企业对职工长期实行的终身雇佣制和由此形成的观念,以及企业长期以来偏重扩展目标而轻视利润等,均严重阻碍着日本企业的变革。就整体而言,日本企业对重构的反应明显滞后,变革的力度也远不如美国强,即使是在亚洲金融危机造成的巨大压力下,日本企业更多的也只是被动地进行着公司重构。公司重构并没有成为日本企业主动适应环境变动、调整自身业务和组织结构的重要方式。

3. 运用信息技术提高企业竞争力

信息化是自20世纪80年代以来企业技术发展和设备投资的主要趋势。整个80年代，美国用于信息化设备的投资达1万亿美元；自1990年以来，美国经济增长部分的38%来自企业和消费者对信息设备的购买；1995年，美国企业设备投资额为5220亿美元，比1994年增长17.6%，其中信息设备的投资达2493亿美元，占设备投资总额的40%，增长幅度为24.1%，大大超过了设备投资总额的增长。1994年，美国商务部要求10人以下的小公司的财务系统要实现计算机信息联网，1995年美国公司信息化联网率已高达90%。几乎所有公司都建立了自己内部的计算机网络，并与地区的、国家的、跨国的网络连接，实现信息的快速处理、传递和共享。许多美国企业通过采用信息科学技术来获取竞争力，如通用汽车、沃尔玛、梅尔克（医药）、西普伦（石油）等。这些被采用的信息技术主要包括：新产品开发与提高产品质量的信息技术、改善制造工艺流程的信息技术、市场和经营方面的信息技术及在库品管理的信息技术等。相比之下，日本企业的信息化发展则落后于美国企业。虽然日本企业在20世纪70年代中开始在政府支持下加快了半导体和计算机产业的发展，且在80年代中一度超过了美国，但是日本企业和日本经济本身却没有装备和使用这些计算机，需求不旺导致供应下降。尤其是日本经济开放性差、服务性差，这是日本经济信息化落后的一个重要原因。

美国制造业通过信息投资，对生产系统、库存管理、销售系统、商品服务的开发过程、业务流程等方面做了重大改变，提高了劳动生产率，重新获得竞争力。美国制造业的收益力远比日本高。仅以传统的汽车制造业来看，美国1998年度收益最高的企业是福特汽车公司和通用汽车公司，分别为220.71亿美元和92.96亿美元；日本企业中除丰田汽车公司和本田技研工业外，其他公司均低于美国同行的收益，如表7所示。

表7 美日汽车制造业纯利润比较

（单位：亿日元）

美 国		日 本	
福特汽车公司	25066	丰田汽车	3561
通用汽车公司	3357	日产汽车	-277

(续表7)

美 国		日 本	
		本田技研工业	3050
		三菱汽车	56
		松下汽车	387
		五十铃汽车	62
		铃木	243
		富士重工业	337
		大发工业	30
		日野汽车工业	-366

资料来源：[日]永野隆德：《美国经济为什么持续强劲》，华夏出版社2000年版，第157页。

原注1：美国企业纯利润为1998年底情况，将其换算成日元。

原注2：日本企业按销售额顺序排列。

4. 企业治理结构与公司目标战略选择的差异

美国企业与日本企业在治理结构上的差异，在很大程度上影响了二者在公司目标和经营战略上的不同取向，同时也解释了二者为什么会在顺应环境变动的压力及变革的动力方面存在不同表现。企业的治理结构体现了出资者、经理人和利害相关者之间的关系，是关于企业目标如何制定、检验经营方式是否合适的制度。从股东构成看，美国公司的股东主要是机构持股者，股权较为分散。美国1955年机构持股者持有的普通股占全部上市普通股的23.7%，1980年这一比例上升为35.8%。机构持股者持有公司股票的目的主要是为了确保受益人的利益，他们一般通过抛售股票和持有多家公司股票来分散风险和调整投资结构。机构持股者在股票市场上频繁地调整其所持股票的结构，客观上给公司经营者造成了外部压力。相比之下，日本公司中控制股权的主要是法人，包括金融机构和实业公司，日本公司的法人持股比例一直高达70%以上。由于法人股东是法人企业为稳定交易伙伴之间的相互利益关系而持有其他公司的股票，持股的目的是要影响该公司的决策，因此，日本法人企业间的相互持股使公司的股权结构非常稳定，使得企业兼并或收购很难发生。尤其是日本企业的法人股东权益的行使是由法人企业的经理人员来实现的，造成了经营者主宰公司、股东被架空的现象。另外，从外部董事在董事会中所占比例看，美国企业董事会中有半数以上的外部独立董事，这些董事来自社会上的专家学者，通过独立董事的公正监督来确保股东权益。而在日本企业当中，董事会成员主要来自公司内部，实行内部董事制度，监事会的大部分成员也来自企业内部，来自外部的监事会成员大部分也多是从本公司退休的职员、从母公司以及往来银行派遣的成员中选拔。因此，日本企业治理结构主要是由内部成员做内部监督，即具有自我治理结构的特征。当国内经济高速增长，企业顺利发展，同时企业最高领导层具有高度的社会责任感、敬业精神和自律能力时，这种自我治理结构制度能充分利用内外部优势取得良好的效果。但是，由于缺乏有效的外部监督，企业的监督职能一直不能得到有效地行使。特别是当企业处于经济衰退时，由于缺乏有效的外部监督和压力，企业难以通过变革和战略调整来顺应环境变动。

企业治理结构的差异影响了美、日企业对公司目标优先度和公司经营战略的选择。从公司经营目标上看，美国企业追求的首要目标是利润最大化，注重投资的短期收益和股价升值。日本企业则更强调企业的成长，长期以来重视市场占有率和增长率等成长性指标，尤其是市场占有率，而较少关注资本收益率和股东的利益。过去人们一直认为，追求企业经营长期化的公司目标更有利于企业的健康发展，但是，长期以来日本大企业过分追求规模扩张，而忽视利润和收益率，导致近年来日本企业利润大副下降，这使日本企业不得不重新思考利润目标的优先度。在20世纪90年代中后期，日本企业对经营目标优先度的认识有了转变，增加了对股东资本收益率（ROE）、总资本收益率等经营目标的重视。但是，根据日本学者1995年开始对东证一部上市的156个分布于制造、交通运输、金融保险等行业的企业的调查显示，这些上市公司的ROE平均为4%，远低于美国的14%。如果剔除日本和美国的利息差、税率差的影响，日本企业的ROE可以达到9%，但和美国优良企业ROE的20%相比，差距依然很大。

在经营战略上，日本企业过去为追求企业成长而片面追求无止境的规模扩大和全方位的多角化经营，忽视了利润和资本收益率，导致"大企业病"成为日本经济的毒瘤。企业经营目标的偏离和本末倒置使日本企业虽规模巨大，但利润很低，甚至亏损。1997年度《财富》世界500强中，位于第6位的伊藤忠商事和位于第486位的雄谷组分别亏损达7.739亿美元、18.72亿美元。在该年度，日本企业还囊括了500强中最大亏损企业的前5名。这无疑是日本企业片面追求扩大经营规模吞下的苦果。在国际化经营方面，日本企业的经营策略也过于保守和封闭，只重视对外投资，却极少有投资流入，而且对外投资多为设备和地产投资。此外，日本企业对经济全球化和信息产业化反应迟缓，效率低下。相比之下，美国企业则对环境变动做出主动和迅速的战略反应，在积极扩展国际化经营的同时，还注重信息化投资，发展信息技术和网络。

5. 日本传统管理模式的局限性

日本企业的管理模式在20世纪80年代成为世界经济和管理界学习的楷模，但日本企业在环境激烈变动的90年代并未能持续其繁荣兴盛，反而一蹶不振，人们不禁要反思日本企业传统管理模式的局限性。日本企业和美国企业有着截然不同的企业文化、经营理念、决策方式、人事和工资制度。就管理模式的稳定性而言，二者都具有鲜明的个性特征，保持一定程度的稳定性，并会随时代和环境演变而有不同程度的改进。就管理模式的优劣来说，二者各有利弊；但就具体环境而言，两种管理模式的适应性却有不同。日本企业管理模式存在僵化和要素流动缓慢的局限性。例如，在人事制度和工资制度上，日本企业实行的是终身雇佣制和年功序列制，这虽有利于员工的稳定和长期发展，但同时也妨碍了员工之间能力的发挥和竞争，不利于大规模的技术创新。更重要的是，在经济衰退时期，终身雇佣制的传统和经营思想妨碍了企业通过裁员等手段进行财务改善和组织重构，降低了企业抵御风险和衰退的能力。与此相反，美国企业将员工的工资与员工的职务、责任和表现直接挂钩，有利于企业内部竞争和创新精神的培养。同时，雇员数量随经济环境变化而增减，企业承受衰退的能力较强。又如，在决策和意见交流方式上，日本企业强调集体决策和意见一致，决策过程缓慢，虽然决策一旦确定，执行较为顺利，但却难以适应新经济下瞬息万变的市场环境；而美国企业的决策方式则不同，决策过程迅速，虽然企业内部可能会对决策存在不一致意见，但却能对迅速变动的市场环境做出及时的战略反应和调整。自20世纪90年代中后期以来，部分日本企业在环境恶化的压力下也开始意识到原有管理模式中的局限性，并采取了相应的改进策略。

参考文献

[1] 原国家体改委经济体制改革研究院,等. 中国国际竞争力发展报告(1999)[R]. 北京:中国人民大学出版社,1999.

[2] 于中宁. 现代管理新视野[M]. 北京:经济日报出版社,1998.

[3] 毛蕴诗. 现代公司理论及其形成背景兼论企业家与职业经理的区别[J]. 学术研究,2000(1):19.

[4] Porter M E. The Competitive Advantage of Nations[J]. Harvard Business Review,1990(3-4):73-93.

[5] Porter M E. Why U.S. Business is Falling Behind[J]. Fortune,1986(4):255-258.

[6] 毛蕴诗,施卓敏. 公司重构与竞争优势[M]. 广州:广东人民出版社,2000.

[7] 毛蕴诗. 面向21世纪的企业与市场[M]. 广州:广东人民出版社,2000.

[8] 寺本義也. 日本企业的治理结构[M]. 东京:日本生产性出版社,1999.

[9] 迈克尔·波特. 竞争优势[M]. 北京:中国经济出版社,1988.

[10] 水野隆德. 美国经济为什么持续强劲[M]. 北京:华夏出版社,2000.

(原载《南开管理评论》2001年第4期,与程艳萍合著)

论企业与市场的关系

世纪之交，国际经济、技术环境发生着急剧而深刻的变动。中国企业面临着体制转换与结构转换的双重使命，中国企业所处的市场环境也处于体制转换与结构转换的艰难历程。企业的体制转换、结构转换与市场的体制转换、结构转换相辅相成，互联互动。企业与市场的关系一直是我国经济体制改革中的重大问题，但是对企业与市场的关系并未得到认真的梳理、论析。有时它们之间的关系被简单化了，有时它们之间的关系又被复杂化了，也有时人们又将其关系片面化了。理论结合实际地论析企业与市场的关系，是对学术研究的挑战。

一、"国家调控市场，市场引导企业"

在经济学理论中，研究的重点是市场而不是企业。传统的经济学理论认为，在市场机制下，企业和它的经营活动是由市场力量所支配的。市场检验企业的产出，企业必须对市场趋势做出反应，于是实现对资源的配置作用。这一作用的成立实际上隐含着一个重要的假定，即完全竞争的市场机制。在这一假定下，所有的企业都是同质的，并且足够的多而小，因而企业对市场无法产生有意义的影响，而只能被动地对市场做出反应，听由市场决定其是。

在我国的改革过程中，曾经提出过广为人知的改革导向——"国家调控市场，市场引导企业"。它强调了上述经济学理论有关市场对资源配置的作用。这固然是问题的重要一面，但是问题的另一面——企业、企业家、经理对市场的能动作用却在上述的命题中被忽略了。现实中的企业家、经理、企业不仅能对市场产生影响、支配作用，而且能够创造市场、引导市场、替代市场。而这被忽视的一面对于企业来说有着重要的决策含义。

企业与市场的关系有着丰富的内涵。全面、正确地认识企业与市场的关系，应当从二者的相互作用出发，并特别注意被忽视的企业对市场的反作用。

二、企业、企业家、经理与市场互动——市场发现与企业试错过程

企业成长一直是理论与实践领域所关注的课题。许多企业理论家与实际的管理者都曾关注过微软公司。但是,微软公司的成长和成功是多种力量相互作用的结果。由微软公司与IBM公司相互作用的例子,可以提出如下观点:对于微软公司而言,它是一个捕捉市场机会、发展机会的试错过程;而对于IBM公司而言,则是属于战略失误、战术失策的"错试"过程。

社会需要企业提供产品以满足其不断增长变化的需求。但是,企业提供的产品是否符合社会的需要却要由市场检验。如果企业产品符合市场的需要,该产品就会被市场接受,企业也得到发展;如果企业产品不符合市场的需要,该产品甚至企业会被市场淘汰,这就是所谓的市场发现与企业试错过程。

以哈耶克、米塞斯和柯兹纳为代表的市场过程理论认为,市场参与者在竞争过程中会发现新机会并对新机会做出反应,市场是企业家争胜的竞争过程。哈耶克(Hayek,1978)认为,竞争是一个发现过程,信息是竞争过程的结果,"哪些产品是稀缺的或者哪些东西是产品,它们的稀缺程度有多大、价值有多高,这恰恰是竞争所要发现的事实"[1]。竞争是最有效率的发现程序,企业家的作用是发现尚未被注意的利润机会并且通过利用所发现的知识扩散这些机会。米塞斯(Mises,1949)认为,市场是一个不断矫正的过程,受到企业家行动推动并且由积极的企业家抓住利润的行为构成。[2] 柯兹纳(Kirzner,1985)甚至提出,企业家的本质是发现错误,市场过程就是企业家不断尝试各种方式改善自身处境的动态过程,是追求目标的市场主体不断试错的、没有终点的连续过程。[3]

---

[1] Hayek. *New Studies in Philosophy, Politics, Economics and the History of Ideas.* London: Routledge & Kegan Paul, 1978.
[2] Mises. *Human Action: A Treatise on Economics.* New Haven: Yale University Press, 1949.
[3] Kirzner. *Discovery and the Capitalist Process.* Chicago: University of Chicago Press, 1985.

三、企业、企业家、经理对市场的能动作用——支配、创造、引导、替代市场

与传统的经济学理论相反,企业经济学理论研究的重点是企业而不是市场。企业经济学理论认为市场是企业的外部环境因素,认为完全竞争的市场条件与企业的同质性在大多数环境下是不现实的。现实中的企业在规模、资源的占有、竞争能力、潜力、目标、行为等方面都存在明显差异。在决定企业做什么和不做什么方面,并不完全由市场决定。在企业的决策中,其目标、战略要受其内部要素的制约。在企业与市场关系方面,二者之间存在相互作用。企业家、经理、企业的能动性表现在以下三方面。

1. 大企业对市场有着不同程度的支配作用,大企业凌驾于市场之上,使市场成为它的工具

在不完全竞争的市场条件下,企业的某一竞争战略,会对市场、买方、供方、竞争企业产生不同程度的影响,甚至是重大影响。在第二次世界大战结束后,以美、日、欧为代表的发达国家企业,不断扩大规模,使得大企业在市场中的影响与支配作用日益增强,形成了被称为"公司经济"(corporate economy)而表征经济活动主流的现代市场经济。在这一经济体系中,国家的商品和劳务产出的重要份额由大公司提供;公司的大型规模使它们实际上成为支配社会经济、政治的王国[1]。美国经济学家加尔布雷思认为,美国的现代市场经济由两大部分组成。一部分是由1200万个以上的小企业组成的小经济,即所谓的市场体系。这些众多的中小企业仍然听命于市场,随着市场的波动而摇摆不定。另一部分为高度组织化的大经济,即由1000家大企业构成的所谓的计划系统。这些大公司主宰着美国的经济。[2] 对于这些大企业来说,"在决定资源是如何分配的这一点上,价格已不再具有突出的重要意义",依靠大企业在价格数量方面的长期契约,可将市场的不确定性的影响减至最低程度。加尔布雷思认为:"这样的公司不再受市场信息的限制,已凌驾于市场之上,市场成为它的

---

[1] Thompson A J. *Economics of the Firm: Theory and Practice.* 3rd ed. N. J. : Prentice Hall, 1981.
[2] 加尔布雷思:《新工业国家》,何欣译,"台湾国立编译馆"1972年版。

工具。"①

2. 企业、企业家或职业经理人通过产品创新、制度创新、组织创新来创造、引导市场

在相当多的情况下,企业通过发现、创造新的需求来创造市场②,从而改变市场活动的方向。由于人们的需求极其广泛,存在不同层次,并且是不断发展变化的,不仅自发的需求在变化,派生的需求更是不断更新。因此,企业通过产品创新创造市场始终存在大量的机会与可能。这方面的例子可以举出许多,诸如20世纪以来杜邦公司所发明的一系列化纤产品,电子领域的彩色电视机、电子计算机、随身听、数码照相机等的发明都创造了规模巨大的新市场。

在另外的情形下,企业可以进行制度创新,寻找市场的启动力量。例如,19世纪美国首创的消费信贷启动了闲置的农机生产能力,满足了农场主对农机的需求。这种制度后来在住宅、汽车以及许多耐用品市场中得到广泛应用,大大加速了企业与市场的成长。又如,银行信用卡的出现改变了金融服务的方式,对市场的扩展起到了积极的引导作用。

企业通过组织创新同样可以创造市场,很典型的例子如连锁店这种企业组织形式的出现,使得公司既能获取规模经济性,又能满足极其分散的消费者的市场需求。同样,麦当劳、肯德基也是通过组织创新从而创造出巨大市场的典范。

企业创造市场是通过企业家来实现的。许多学者尤其强调企业家对发现市场和创造市场的能动作用。最早提出企业家精神概念的是熊彼特(Schumpeter,1934),他甚至把企业家尊称为"市场经济的英雄"。这些观点都表明了企业家对市场的创造、发现和推动作用。在现代的大工商企业里,由于职业经理人部分代替了过去企业里企业家的决策作用,因此我们有理由认为,上述观点同样适用于这些高层的职业经理人。

3. 企业替代市场——内部化与企业的资源配置作用

著名的诺贝尔经济学奖得主美国教授科斯认为,由于存在不肯定与市

---

① 李非:《企业集团理论:日本企业集团》,天津人民出版社1994年版。
② 柯兹纳认为,企业家竞争过程在短期内通过发现推动市场均衡倾向的功能居于重要地位,在长期中通过发现、发明和创新实现经济增长和促进经济发展具有更为重要的意义。当然,长期的企业家过程可以理解为连续的短期过程或短期过程的扩展。其实,真正的发现必然含有或多或少的创造性成分。

场失效,如果市场交易活动的成本难于衡量或过高,公司可能将市场交易活动放到组织内部进行,通过管理权力对资源进行有目的的配置、协调,以减少交易活动成本。或者说,当管理上的协调比市场机制的协调更能带来较大的生产力、较低的成本和较高的利润时,公司就会设置新的业务机构,替代以前由市场提供的业务,从而在一定程度上企业起到了替代市场的作用。这就是内部化理论与"看得见的手"对资源配置的作用,它对现代公司活动及其与市场的关系提供了一种新的解释。钱德勒(1977)对美国近100多年以来所做的实证分析认为,自由市场上的交易逐渐被企业内部的管理协调所取代。

四、市场替代企业——外部化与内部市场

企业支配市场、创造市场、替代市场的结果都造成了企业的大规模扩展。不过,市场与大企业的关系远不是如此简单。首先,尽管企业替代市场的活动随着企业的成长、扩展而迅速增加,但是市场规模并未因此而缩小。相反,市场规模与企业规模都是同时扩大的。其次,大企业的过度扩展带来了新的管理问题。许多像国际商用机器(IBM)、美国通用汽车(GM)、西门子(Seimens)这样的大公司,过去曾从其巨大的规模经济性、范围经济性中获得了压倒性的竞争优势。而现在与小而灵活的公司相比,规模太大反而成为竞争中的不利因素。

内部化的结果使大公司发展成如同整个国民经济那样庞大的经济体系,在企业内部形成高度集中的计划机制,造成组织失效。企业主管可以随意调动资源,指令某个单位以某种价位出售某种产品,或制订指令性财务指标,甚至追求与公司利益不一致的个人目标等。公司的横向扩展的一个后果是对其成本的影响。随着公司规模不断继续扩大并超过某一规模(最大有效规模),就会导致成本的上升,即出现规模不经济性。规模不经济性常常体现在公司扩大后的管理、协调、控制的困难上。公司越大,需要向上层经理提供的用于决策的信息就越广泛并越昂贵。在大型企业中,上层决策者所做的决策涉及的层次会较多,因而较不灵活。此外,还由于企业过分庞大、层次机构过多、官僚主义盛行、权责不清、办事拖拉,这种类似中央计划的机制难以适合集团经济。为此,大企业必须寻找一种有效的组织形式,在规模与有效性之间、在范围与有效性之间做出一

种选择与权衡。市场替代企业又反过来成为问题解决的选择方案。市场替代企业体现为两种方式，一种方式是外部化，另一种方式是在企业实行内部市场。

1. 外部化

与内部化相反的是企业活动的外部化。外部化是对"组织失效的一种解决方案"。外部化有两种方式，一种方式是放弃原先由企业自行处理的业务，而交由市场解决。当企业内部的交易活动成本过高，或该项活动对企业较不重要时，或当业务处于困境，无成长希望，外部化行为就可能发生，这样就变企业内部交易为一般的市场交易。外部化的另一种方式是企业分立。大企业将一些业务、职能部门分离出去成为独立的子公司，以避免规模过大的缺点，并发挥不同业务、职能部门的能力。近10年来，率先由美国企业发起的企业重构（restructuring）的主要内容之一是业务重构，将一些业务放弃或改由市场提供。美国排名前500家的公司都已发展得如此庞大，以至于现在不得不再将权力分散给一些独立的部门，这些部门也就成了独立的大厂商。如果将它们作为独立的公司来考虑，有许多部门甚至可登上美国前100家大公司的排名榜。例如，按德国西门子公司于1998年11月宣布的大调整计划，将有50个业务部门脱离公司母体，与此相关的6万名员工也同时分离出去。

甚至在企业管理的职能方面也出现了类似的现象。正如在1910年时，公司上层管理职能的新职位是靠市场解决一样，到了20世纪90年代，通过缩减规模，许多管理职能又更多地交由市场解决，因为有着庞大内部机构的公司需要降低成本和增加灵活性。一些极富扩张性的市场专门机构，如EDS和服务大师（Service Master）正更多地承担大型层级结构公司过去的内部管理职能。在许多行业，在到底是选择公司自己还是选择市场专业机构的成本权衡上，天平似乎回到市场一边。而那些未能选择市场的公司，则在管理方面扩大了自治，因此，这些公司的经理需要兼具高技术、专业化、协调等方面的工作和更广泛的管理责任。

2. 内部市场与组织制度创新

内部市场的概念代表了并往往伴随着组织创新。内部市场本质上是克服"市场失效"与"组织失效"的一种选择。内部市场概念的产生，是因为大企业由许多内部企业组成，这些企业之间相互进行业务交易，同时，也与该大企业之外的客户进行交易。这种内部市场经济，可使企业发生类似外部市场那样快速而连续不断的结构变化。当企业要推出新产品、提供新服务、进行新交易时，不管在内部还是外部，就会自动形成一种富于创造力的相互作用关系，使市场机制的长处得到充分的发挥。

近年来，西方一些大公司不断引进市场体系，超越层级结构的、称之为内部市场的组织机构正在出现。这种组织机构越来越多地采用了"内部承包""内部顾客""模拟市场"以及属于市场经济特性的其他形式的内部关系。有些厂商甚至采用了"内部杠杆接管"（LBOs）（利用借入资金接管公司），以让经理们对这些企业实施真正的控制。有些全球性的公司，比如阿塞亚·布朗·博韦里（ABB），在世界各地有上千个利润中心，这些利润中心往往有自己的市场、顾客及竞争对手。这些中心也会向母公司的其他部门推销产品，为同一批顾客相互展开竞争，甚至还会将合同给予其他的公司竞争者。

内部市场体现了企业组织创新与制度创新，它表现在两个方面。首先，组织结构由层级结构转向内部企业结构。在这一过程中，传统的权力结构主要被"内部企业"所取代，公司由这些内部企业所构成。所有的内部企业都要对效益负责，但在执行业务活动时，享有如同外部企业那样的自主权。其次，企业主管主要是通过设计和调节企业的经济手段、政策，而不是用指令方式来实施管理。例如，通过财务、风险资本公司、信息、咨询、经销服务、战略、政策、激励、企业文化等方面的手段。领导的职能着重于搞好协调和合作。

内部市场当然也会引起任何市场机制本身的问题。不过，内部市场会产生外部市场的一些优点。一些已采用类似体制的公司的实例，如我国的邯郸钢铁公司的实践，说明这种做法可带来可观的效益。20世纪90年代以来，一些大公司的权力金字塔已开始演变成一种扁平式的、分权的组织机构，变成了多个小型的利润中心，由一个网络将这些中心联结在一起。这一变动正形成一种趋势。

五、有组织的市场——企业间的长期交易

为了同时克服"市场失效"与"组织失效"，企业可能选择一次性交易与内部交易之折衷——长期交易。一次性交易代表了典型的市场机制行

为，而内部交易则是企业内计划化的结果。长期交易方式的选择也是建立在对有关成本—效益的权衡之上。日本学者认为，支持长期交易的因素包括人质机制①作用和交易信息的积累与共享。在交易过程中，一方靠向另一方提供像"人质"那样的东西而使长期性交易更容易维持的事时有发生。所谓"人质"，除了资本设备之外，还包括积累在企业中的人力资本和技术信息，等等。只要它们不是通用资本，都会成为"人质"。它是一种非契约的关系，与不同的文化传统有关；而交易信息的积累与共享则涉及信息成本方面，认为长期交易可降低信息成本。② 另外，在长期交易中，竞争内容不仅包括价格、质量、交货期，而且包括经营管理的其他方面，因为这些竞争内容在长期交易中可以被察觉与对比。当然，长期交易也存在若干弊端，如信息不公开、不透明，交易可能不公平，着眼于局部效率，等等。但是，长期交易在英美之外的一些具有不同文化传统的国家和地区较为普遍（如日本），并有适用性。

六、小结

"无形之手"与"有形之手"共同调整着社会资源的分配。市场与企业孪生，企业存在于市场之中，市场存在于企业之间，二者相互作用。企业在不断创造市场的过程中，又与市场相互替代，但终为相生相长。在市场经济的"童年"，企业犹如沧海一粟，但随着经济的发展，特别是在经济高速成长期，少数企业便向大规模化、集团化发展，随即成长为股份公司或集团公司，形成了大公司经济。大公司经济的出现，标志着市场经济走向发达与成熟。一方面，巨大的企业或企业集团通过创新与内部的管理职能（有形之手）调节着社会资源的配置方向和数量，其已在相当程度上取代了无形之手——市场价格机制。另一方面，大企业通过不断调整与市场的关系，伴随着组织与制度创新，又将市场机制引入企业的各个角

---

① 人质机制又称为抵押机制，是指交易双方做出不能在市场上自由交易的特殊投入，以增加双方退出交易关系的障碍，从而使交易关系趋于稳定。人质机制涉及长期交易中的多种交易，往往同时进行；涉及的不是通用资本而是专用资本设备、人力资本、技术信息等。如果一种交易终止，其他所有交易也都终止的话，人质机制就会起作用。

② 今井贤一、小宫隆太郎：《现代日本企业制度》，陈晋等译，经济科学出版社1995年版。

落,在克服"市场失效""组织失效"的过程中,探索适应不断变化环境下的有效的组织体制。

[原载《中山大学学报》(社会科学版)1999年第6期]

中国上市公司的亏损问题与重构研究

10 年来,我国上市公司在总量扩张的同时,存在着质量下降的趋势,亏损的公司不断增加并面临着生存危机。本文分析了我国上市公司为解决生存问题而重组失败的根源和国外公司重构①成功的原因,在此基础上,提出了规范上市公司重组行为的对策。本文认为,上市公司重组成功的关键是面向市场,对企业的核心业务与其他业务的组合进行战略重构,以期获得并维持企业的竞争优势。

一、上市公司的"三年"现象与严峻的企业生存问题

近 10 年来,我国资本市场获得了长足的发展,取得了举世瞩目的成就。截至 2000 年年底,我国上市公司已达 1211 家,比 1990 年增长了 120 倍;境内股票市价总值 4.8 万亿元,比 1990 年的 12.3 亿元增长了 3900 倍;10 年来,境内外上市公司筹资总额达到了 9443.2 亿元。资本市场的发展,明显改善了上市企业的负债结构,推动了企业的技术改造和产业升级,使我国能源、交通、通讯等基础产业得到了快速发展。

但是,随着市场规模的扩大,上市公司也暴露出越来越多的问题,引起社会各界特别是证券监管部门和投资者的密切关注。其中比较突出的问题之一就是所谓的"三年"现象,即上市第 1 年盈利、第 2 年持平、第 3 年亏损(另一种说法为"上市第 1 年盈利、第 2 年亏损、第 3 年垃圾")。比较典型的例子是广州冷机(0893)。广州冷机于 1998 年 12 月底上市,当年每股收益为 0.23 元;到了 1999 年年底,每股收益就降至 0.07 元;2000 年中期则跌到 -0.08 元。1999 年 6 月 9 日,在深交所上市的声乐股份(0915)在招股说明书中预测,当年净利润为 2238 万元,但实际只完成了预测的 81.2%,每股收益 0.20 元;到了 2000 年 6 月底,主营收入锐

---

① 本文中的"重构"与"重组"意义相同。谈及国外公司时往往采用"重构"一词,谈及国内公司时则往往采用"重组"一词。

减48.1%，净利润减到139万元，每股收益仅为0.0154元。更有甚者，上市1年就加入亏损行列，如大元股份（600146）、兴发集团（600141）、桦林轮胎（600184）。根据公布的资料，至2000年年底，资不抵债（每股净资产低于1元）的上市公司已达12家。

上述"三年"现象表明，我国上市公司的经营管理存在很多问题，其中一些公司已面临着严峻的生存危机。

二、上市公司的亏损分析

根据公开披露的财务报告，我国上市公司的亏损有逐年增加之势。

首先，是亏损面的扩大。从1994—1998年，亏损公司占全部上市公司的比例从0.68%上升到5.70%；1999年为7.90%；2000年中期已高达18%，亏损企业有117家。其中，至2000年6月底，已连续亏损1年半以上的企业有66家（见表1），其2000年中期每股收益与全部上市公司平均每股收益0.1073元的标准差为0.4184元。

表1　66家亏损企业情况表

序号	代码	简称	2000年中期每股收益（元）	行业	地区
1	0003	ST 金田	−0.215	综合	深圳
2	0010	ST 深华新	−0.45	纺织	深圳
3	0014	ST 深华源	−0.184	计算机	深圳
4	0015	PT 中浩	−0.38	食品	深圳
5	0025	ST 特力	−0.38	机械	深圳
6	0033	新都酒店	−0.014	酒店	深圳
7	0047	深中侨	−0.29	房地产	深圳
8	0409	四通高科	−0.0246	计算机	深圳
9	0411	凯地丝绸	−0.188	纺织	浙江
10	0416	青岛国货	−0.0298	商业	山东

(续表1)

序号	代码	简称	2000年中期每股收益（元）	行业	地区
11	0504	ST 港澳	-0.0638	房地产	北京
12	0515	PT 渝钛白	-0.29	化工	重庆
13	0529	粤美雅 A	-0.138	纺织	广东
14	0535	猴王 A	-0.01	材料	湖北
15	0536	ST 闽闽东	-0.0726	机电	福建
16	0545	恒和制药	-0.014	药业	吉林
17	0546	ST 吉轻工	-0.081	综合	吉林
18	0555	ST 黔凯涤	-0.0927	化纤	贵州
19	0556	ST 南洋	-0.22	仓储运输	海南
20	0561	陕长岭 A	-0.0197	家电	陕西
21	0585	ST 东北电	-0.025	机电	辽宁
22	0588	ST 粤金曼	-2.385	农林牧渔	广东
23	0602	ST 金马	-0.2431	旅游	辽宁
24	0605	中联建设	-0.037	机械	北京
25	0613	ST 东海 A	-0.05	酒店	福建
26	0638	中辽国际	-0.112	工程承包	辽宁
27	0653	ST 九州	-0.1165	贸易	福建
28	0658	ST 海洋	-0.127	农林牧渔	福建
29	0662	广西康达	-0.0181	贸易	广西
30	0675	银 ft 化工	-0.097	化工	四川
31	0689	ST 宏业	-0.18	综合	广东
32	0696	ST 联益	-0.0502	钢铁	四川
33	0788	合成制药	-0.026	药业	重庆
34	0805	炎黄在线	-0.0855	自行车	浙江

(续表1)

序号	代码	简称	2000年中期每股收益（元）	行业	地区
35	0838	西南化机	-0.106	机械	四川
36	600083	PT红光	-0.17	电子电器	四川
37	600097	ST恒泰	-0.125	农林牧渔	海南
38	600109	成百集团	-0.175	商业	四川
39	600137	ST包装	-0.266	包装	四川
40	600150	沪东重机	-0.086	造船	上海
41	600610	ST中纺机	-0.0315	纺织机械	上海
42	600625	PT水仙	-0.2253	家电	上海
43	600629	ST棱光	-0.096	材料	上海
44	600633	PT双鹿	-0.116	家电	上海
45	600658	ST京天龙	-0.085	商业	北京
46	600683	宁波华联	-0.05	商业	浙江
47	600696	ST豪盛	-0.057	建材	福建
48	600703	活力29	-0.14	日用化工	湖北
49	600706	长安信息	-0.044	通讯	陕西
50	600708	东海股份	-0.065	综合	上海
51	600721	ST百花村	-0.33	酒店	新疆
52	600734	实达电脑	-0.1777	计算机	福建
53	600745	康赛集团	-0.11	服装	湖北
54	600759	ST琼华侨	-0.067	综合	海南
55	600765	力源液压	-0.024	机械	贵州
56	600806	ST昆机	-0.012	机械	云南
57	600813	ST鞍一工	-0.0956	工程机械	辽宁
58	600818	ST永久	-0.11	自行车	上海

(续表1)

序号	代码	简称	2000年中期每股收益（元）	行业	地区
59	600833	PT 网点	-0.162	房地产	上海
60	600837	PT 农商社	-0.46	综合	上海
61	600845	ST 钢管	-0.12	钢铁	上海
62	600848	自仪股份	-0.027	仪器仪表	上海
63	600853	北满特钢	-0.158	钢铁	天津
64	600855	PT 北旅	-0.14	汽车制造	北京
65	600874	ST 渤化	-0.0567	化工	天津
66	600898	ST 郑百文	-0.3071	商业	河南

资料来源：根据2000年12月9日《粤港信息日报》和有关资料整理。①

其次，上市公司的亏损额不断增加。有学者对上海证券交易所（本文简称为"上交所"）上市公司进行了分析：1995—1998年，亏损企业的亏损总额从42135.46万元增加到403279.38万元，占总股本的比例从0.74%上升到2.81%。此外，上市公司的盈利能力也呈下降趋势，股东的投资回报一年不如一年。1994—1998年，深沪两市上市公司平均每股收益分别为0.35元、0.24元、0.23元、0.25元和0.20元，净资产收益率分别为13.19%、10.66%、9.34%、9.82%和7.79%。总体来看，我国上市公司存在随着时间的推移，经营业绩不断下降的趋势。虽然上市公司2000年中期平均每股收益达到0.1073元、净资产收益率达到4.1615%，但这些指标基本上是靠新上市的公司和受让、受赠优质资产进行重组的公司维持的。

从亏损企业的行业分布来看，表1中的66家企业中，亏损面最大的是机械行业，共有7家，占样本数的10.61%。机械行业属传统行业，技术含量较低，通用产品的生产能力过剩，成长性不佳。其次是综合类企业，有6家，占比9.09%。这一类企业亏损的原因主要是主营业务不突

---

① 参见2001年2月9日的《中国证券报》。

出，缺乏核心竞争力。商业行业和纺织、化纤、服装行业各有5家亏损企业，均占7.58%。其中，商业企业的市场竞争比较激烈，如果缺少经营特色和一定的规模，很难取得理想的业绩。纺织、服装行业亏损的客观原因是近年产品的市场价格不升反降。其他亏损较多的行业还有家电、计算机通讯、酒店旅游，各占6.06%；材料、农林牧渔和钢铁，各占4.55%。从亏损的地区分布看，亏损企业最多的是上海，有11家，占66户企业总数的16.67%；其次是深圳，有8家亏损企业，占12.12%。这说明，企业上市越早、越多的地区，亏损企业越多。四川和福建各有6家亏损企业，各占9.09%，也是亏损较多的省份。北京、辽宁分别有4家，各占6.06%。广东（不包括深圳）、海南和湖北各占3家，占4.55%。

除了部分企业严重亏损外，上市公司的财务运行状况在整体上也是令人担忧的。最新一项科研成果表明，用国际通用会计准则来衡量，我国80%以上的上市公司存在财务隐患。即使根据国情大幅度降低评价标准后，仍有近20%的企业存在较为严重的财务问题。这些企业的平均资产负债率、应收账款增长率与主营业务增长率之比等指标，都远远高于国际标准[①]。

三、上市公司陷入困境的原因分析

越来越多上市公司陷入艰难的困境不是偶然的，它是不合理的企业内部管理体制、外部经营环境等多种因素共同作用的结果。

1. 上市前过度"包装"所掩盖问题的暴露

我国现有上市公司约9成是对国有企业进行股份制改造后申请发行并上市的。企业改组为股份有限公司必须达到国家规定的产业政策要求、法律标准和资产、财务等重组的要求，通常喻为"包装"。但是，由于国有产权的性质、股票发行制度和不成熟的市场结构等多种复杂的原因，有的公司故意违反国家有关的法律和规章，违背真实性的核算原则，进行有计划的财务造假（如掩盖虚假出资、资产质量差、经营亏损等舞弊行为），不惜代价按上市标准对企业进行过度"包装"，以达到上市"圈钱"的目的。事实证明，一些上市公司（及其控股公司）与其中介机构（包括主

---

① 转引自2001年3月20日的《羊城晚报》。

承销商、会计师事务所和律师事务所）和地方政府之间存在严重的"共谋"倾向①。过度"包装"的结果必然是上市后企业的虚假成分很快暴露，这在一些夕阳产业如钢铁、机械以及市场竞争比较激烈的家电业和农产品加工业表现得较为突出。以生产彩显为主的 PT 红光（600083）曾在招股说明书中承诺，将募集的 4 亿元资金全部用于扩建彩色显像管生产线项目，并会给公司带来上亿元的利润。但令人震惊的是，就在上市的 1997 年，红光实业公司就亏损 2 亿多元，把筹集的资金亏去一半。不仅如此，该公司 1996 年"盈利"5400 多万元实为亏损 1 亿多元。这是非常典型的恶意欺骗。类似弄虚作假的企业还有琼民源、郑百文等。

2. 企业环境发生了急剧的变化

自 20 世纪 80 年代改革开放以来，我国企业经营的外部环境已经发生了十分显著的变化。但是，由于向市场机制的转换和对外开放是一个渐进的过程，加之短缺经济的存在、市场不完全、消费者不成熟和对落后企业的保护，所以，企业环境的严峻性并未充分显露。进入 20 世纪 90 年代以后，随着改革的深化和开放的扩大，市场机制在资源配置中已逐步占据主导地位，国内买方市场初步形成，企业间的市场竞争日益激烈。一方面是许多行业的利润越来越薄；另一方面是许多企业在前一段的扩展中，背上了沉重的债务负担。特别是外商投资企业的大量进入和市场的国际化，更使国内市场呈现出国际竞争的特点。面对这种形势，许多上市公司的产品需求减少，库存增加，债务高企，连年亏损，甚至处于资不抵债的境地。

3. 企业改制的形式多于内容，机制转换并未真正实现

在我国特有的上市公司的股本结构中，占总股本约 2/3 的是不能流通的国家股和法人股。这种股本结构必然导致资本流动性较差，上市公司之间的购并活动难以展开，无法实现资源的优化配置；与此同时，国有股占控股地位的上市公司董事会常常为上级主管部门所控制，导致新的政企不分，在董事长兼任总经理的情况下，还容易形成事实上的"内部人控制"，无法构建有效的公司治理结构。此外，许多国有大中型企业采取部分改制重组，往往导致大量的关联交易和同业竞争问题，这就为上市公司

---

① 据 2000 年 10 月 21 日《上海证券报》的报道，中国证监会依法查处了西藏圣地股份有限公司股东虚假出资问题，对违反证券法律法规的有关中介机构和个人做出通报批评。类似问题已屡见不鲜。

规范运作和健康发展留下了很多隐患。

4. 企业自身管理基础差

有些上市公司不注重基础管理工作，热衷于浮夸和虚名，最终走入穷途末路。郑百文（600898）于1996年4月成为郑州市第一家上市企业，按其公开披露的资料，1986—1996年的10年间，其销售收入增长45倍，利润增长36倍；1996年，实现销售收入41亿元，全员劳动生产率470万元；1997年，其主营业务规模、资产收益率等指标在深沪上市的所有商业公司中均排序第一。然而，就在1998年，郑百文在中国上市公司中创下了每股净亏2.54元的最高纪录，1999年全年又亏损9.8亿元，再创上市公司之最。郑百文一落千丈的原因是多方面的，但管理失控、经营不善是重要原因。在未经过可行性论证的情况下，郑百文从1996年开始投入上亿元资金，建立全国性的营销网络，成立了40多个分公司。由于制定了不科学的销售策略，为完成指标，各分公司不惜采用购销倒挂的办法，大量商品高进低出，形成不断亏损的恶性循环，最终导致各分公司在1998年下半年相继关门歇业。目前，郑百文有效资产不足6亿元，而亏损超过15亿元，拖欠银行债务高达25亿元。此外，还有一些公司不顾自身承受能力和有关法规，为股东单位提供巨额担保，导致官司缠身，无法进行正常的生产经营。

5. 缺乏技术积累和处理交叉性技术项目的能力

多元化作为企业经营的一种策略，如能成功，或可成为企业新的利润增长点，或可达到分散经营风险的效果，否则会招致更大的风险和亏损。部分是迫于市场竞争日趋激烈的压力，部分是出于维持二级市场形象的需要，许多公司对股市炒作的热点题材感兴趣，特别是对生物技术、电子技术、电子商务等业务趋之若鹜。它们将募集到的资金贸然投向自己并不熟悉的领域，潜伏着很大的技术风险，如"触网"类企业辽宁成大（600739）、宁波华通（600768）、农产品（0061）、漳泽电力（0767）等，但网络项目并没有带来盈利或明显的效益。无论是投资电子商务类和门户网站类的上市公司，还是投资有线电视网和网络设备的上市公司均是如此。其主要原因是技术积累不足，投资力度不大，企业对业务方向、收费模式、市场潜力等还不够了解[①]。涉足生物技术的公司更由于缺乏核心

---

① 见2000年10月21日的《中国证券报》。

技术，只能处于跟踪和模仿阶段，难以在创新方面有所作为。

四、上市公司重组的陷阱与误区

为了摆脱困境，许多亏损的上市公司在地方政府和控股公司的支持和策划下，找到了一条出路——重组。最初的重组主要是资产重组，这是1995年前后由上海市一些经营状况不佳的上市公司提出来的。从那时起，我国上市公司掀起了一股重组热，且有愈演愈烈之势。上市公司重组的方式主要有资产置换、资产出售、兼并和收购、托管经营、控制权有偿转移等。据统计，上市公司的重组事件在1997年发生405起，1998年有657起，1999年升至1110起；到了2000年，重组更是风云迭起，仅10月至11月份，公告资产置换和资产转让的公司就超过120家。

客观地说，作为实现资源优化配置的一种手段，重组确实使一些上市公司的资产结构趋于合理，资产质量得到提高，经营状况得以改善。如申能股份（600642），作为一家公用企业，上市之初存在许多非经营性和非电力项目资产。1997年6月，申能股份将其持有50%以上权益的5家非电力企业出售给申能集团公司；与此同时，申能集团公司把下属的崇明电力公司的资产注入申能股份。此举使申能股份的主营业务更加突出，资产利用率大大提高。其他一些上市公司如金丰投资（600606）、上海医药（600849）、华联超市（600825）等，经过成功的重组运作也都发生了脱胎换骨的变化。

但是，也有一些公司并没有把重组作为重整旗鼓的机会，而是把它作为利益调节工具，甚至完全是为配合在二级市场"炒作"而搞报表重组、假重组，向投资者特别是中小投资者布下了陷阱。

1998年，ST粤海发（600647）通过一项重大的资产置换取得收益3537.70万元，不仅一举扭亏为盈，净资产收益率竟跃居沪、深两市榜首。但后来的事实真相表明，粤海发对正大新亚餐饮的投资仅56万美元，出让时经评估资产的净值为-48万元，却作价4000万元。其资产置换所得收益完全是虚假的。另一典型案例是闽福发（0547）。闽福发的第一大股东以实物资产认购配股的形式，将福州蓄电池厂注入该公司。这个蓄电池厂曾被看作是新的利润增长点，但实际上其资产质量极为低劣，资产负债率高达98.55%。这次重组不仅没有为闽福发带来利润，反而使闽福发多背上了1600万元的直接负债和1400万元的或有负债。可以说，这些所谓的"重组"是上市公司故意玩弄的欺骗手法。当然，有的公司也有诚意进行重组，但由于缺乏整合策略，生搬硬套，未能达到重组的预期效果。例如，1998年太极实业（600667）曾将大量资产剥离出去，置换进来2家效益较好的精纺呢绒和服装厂，当年主营收入比上年增长97.96%。可是到了第2年，主营收入只有上年的88.52%，净利润与重组前相比还少了11.66%，重组已无效益可言。至2000年中期，该公司主营业务毛利率下降了33.76%，净利润为－2678万元。而北京中燕（600763）更因资产重组未果于2001年1月5日发布预亏公告。据统计，1999年1月至2000年1月，ST类公司中采用过股权转让、资产置换和资产剥离的共有19家。其中，2000年上半年"摘帽"的有11家，但2000年中期每股收益高于0.10元的只有2家，亏损的有3家，其余的处于微利状态。未"摘帽"的8家公司中，半数继续亏损，1999年还是ST的红光公司则加入了PT的行列。

由此可见，上市公司以"保壳""保配"股资格为目的实施重组，属于短期行为，这种做法很可能会使企业重组出现战略性失误：①忽略了资产的互补性和兼容性，不能实现公司新旧资源的整合，因而不利于企业的成长；②重组不是面向市场，没有落实到强化主营业务或核心业务上，没有形成企业特有的竞争优势，也就不可能扭转其在竞争中的不利地位。

五、借鉴国外公司重构的经验，面向市场进行战略重组

我国上市公司存在的问题，不论是亏损扩大还是重组失败，都表明一个严峻的事实：企业迫切需要一种适当的战略，克服生存危机，迎接不断变化的生存环境的挑战。20世纪80年代以来，以美国企业为代表的全球性公司重构也许能给我们一些有益的启示。

众所周知，20世纪90年代国际企业管理领域最重大的事件之一是美国企业国际竞争力的重新崛起。从国际著名杂志《财富》的排名中可以看出，1998年全球500强发生了很大变化：美国在500强企业中增加了23家；欧洲变化不大，保持原有的地位；而日本减少26家，也就是说，日本减少的数量基本上由美国填补了。这种现象出现的根源在哪里呢？我们认为，美国企业国际竞争力的上升与美国许多企业特别是大企业陆续进

行公司重构有着密切关系。自 20 世纪 80 年代以来，美国最大的 1000 家公司中有 1/3 按某种方式进行了业务重构，这种趋势至今仍在继续。

所谓公司重构是以"战略—结构—过程"为思路，对公司进行战略调整、结构重构，以及业务、财务、组织方面全面跟进，是从总体到局部的全面改革。其内容包括业务重构、财务重构和组织重构，以及与之相伴随的紧缩规模、紧缩范围、兼并、分立、剥离等方式和手段。

公司重构的基础与核心是面向市场实施业务重构，也就是基于长期战略而对公司业务活动范围进行调整、平衡，包括放弃一些业务和兼并一些业务，其落脚点是构造公司新的业务组合。为落实新的业务组合而对企业组织、财务和资产进行的调整，是业务重构的辅助手段，为业务重构服务和配适。虽然业务重构中包含购并，但是剥离与分立或分拆则是当今企业非常流行的战略。剥离的目的在于使组织摆脱那些不盈利、需要太多资金或其他与公司不相适宜的业务，从而使企业致力于加强自己的核心优势，降低多元化经营的程度；而分立是大企业将一些业务、一些职能部门分立出去成为独立子公司，以避免规模过大的缺点，并发挥不同业务、职能部门的能力。

国际大公司成功进行重构的典型例子是美国的通用电气公司（GE）。通用电气公司总裁韦尔奇自 1981 年上任后，对该公司采取了一系列重构战略，对 20 世纪 60 年代以来企业业务无序扩张和核心竞争力不明确的现状开始大刀阔斧地改造。1990 年，通用电气分离了价值 90 亿美元的业务，包括电视设施、矿业和计算机芯片业务；与此同时，花了 240 亿美元购并了新的业务部门。此外，通用电气还抓住时机，大举进入与其制造业相关的服务业，加强对自身产品的服务，不仅增加了企业稳定可靠的收入，而且提高了产品的使用效率和质量。到了 1989 年，其 14 个"战略经营单位"中，有 12 个是美国乃至全球的市场领先者。1978—1998 年，公司雇员从 40 万减少到 29.3 万，而销售额却增长了 5 倍，利润增长了 9 倍。

与 GE 相似的是全球最大的信息产业企业 IBM 公司。IBM 公司成立于 1914 年，80 多年来一直引领信息产业的潮流。但由于经营管理等方面的原因，20 世纪 90 年代初期公司的形势急转直下，市场份额和企业形象逐渐下降，面临严重的危机。在关键时刻，郭士纳入主 IBM。他为了保证企业的长期持续发展，提出了"合理规模"（right sizing）的口号，对公司的战略目标做了重新调整。特别是在业务重构上，为配合由传统的硬件供应商的单一角色,向全面提供硬件、软件和行业解决方案的信息技术服务商的角色逐步转变,用兼并、分立、剥离等手段对 IBM 的业务进行了重新组合,突出 IBM 适应全球竞争的核心业务的地位。这些措施推行不到1年时间,即至 1994 年年底,IBM 便扭亏为盈,走上良性运转轨道。

此外,其他一些国际大公司如美国可口可乐、德国西门子等也都进行了相关的公司重构,并取得了良好的成效。

实践证明,许多国际大公司如福特汽车公司、通用电气公司、杜邦公司等,虽然都经历了兼并和多元化扩张的发展过程,但是它们之所以能稳步成长,根本原因是它们的产品市场迅速扩展,是因为它们比竞争对手更迅捷、更有能力、更有效率。它们在行业内部逐步取得支配地位的优势,直接归因于其出色的经营管理策略和与大批量生产和销售方法相伴随的单位成本的明显降低。微软公司的成功,同样是依靠其快速的产品开发下的不断开拓和适应变化的大规模市场的战略。所以,企业重构或重组取得成功的关键,归根到底是必须面向市场,对企业的核心业务及其与其他业务的组合进行战略重构,以期在国内外获得更大的市场份额,取得更有利的竞争地位。

六、讨论与建议

综上所述,与国外公司重构相比较,国内上市公司重组存在的主要问题是:重组的动机和目的是"保壳"或"保配"股资格,突出表现为年终突击重组、报表重组、滥用关联交易的虚假重组,甚至为配合市场炒作的恶意重组。由于重组缺乏实质内容和长远目标[①],在短期内扭亏为盈之后又陷入困境的企业屡见不鲜。这些现象表明,我国上市公司的重组及有关的经营决策行为还有待进一步规范,企业的经营机制还未得到真正的转换。究其根源,主要是产权结构和资本市场存在先天性缺陷。如前文所述,我国大部分上市公司因改制不彻底,股权结构不合理,在此基础上难以构建有效的法人治理结构。没有有效的治理结构,企业就缺乏足够的激励机制做出最优的战略性重组决策,重组无效难以避免。

---

① 没有实质内容的重组如此之多,以至于有人撰文《如何识破假重组》,见 2000 年 12 月 11 日的《上海证券报》。

要从根本上转换企业的经营机制,改变上市公司亏损不断增加和质量下降的趋势,规范上市公司的重组行为,必须采取以下对策。

1. 设法降低国有股在总股本中所占的比例

针对增量部分,即正在进行股份制改造、准备招股上市的公司,应尽可能避免国有股控股,避免母体公司剥离上市产生的种种弊端;同时,鼓励民营企业上市,这一点可以通过国家证券监管部门对上市公司股权结构设计的要求来实现。对存量部分,即现有上市公司,可以通过回购、协议转让、国有股配售或国有股权转为优先股或债权等方式,降低国有股的比重。这既是上市公司重组的应有之义,也是整个重组的产权基础,是治本措施。

2. 建立规范的公司治理结构

根据经济合作与发展组织(OECD)1999年5月通过的《公司治理结构原则》,公司治理是一种据以对工商业公司进行管理和控制的体系,它明确了公司的各个参与者的责任和权力分布,如董事会、经理层、股东和其他利害相关者。良好的治理结构可以激励董事会和经理层去实现公司和股东利益的奋斗目标,也可以提供有效监督,从而激励企业更有效地利用资源[①]。为了从根本上转换企业的经营机制,上市公司及有关方面应以重组为契机,对公司的组织机构进行重新设计,按最优方式确定和协调整个公司的业务活动;提高董事会的地位和权威,对不胜任的经营管理人员及时予以撤换,这是重组成功的必要保证。如果不是韦尔奇和郭士纳这样优秀的经理人上任,我们很难设想美国 GE 和 IBM 会取得重构的成功。

3. 尽快完善上市公司的退出机制

股份公司上市需要具备一定的资格条件,达不到条件就应当退出,这在资本市场发达国家是很正常的,也是市场机制通过优胜劣汰的作用提高资源配置效率的具体表现。从一定意义上说,正是因为前几年没有强制退出机制,上市公司也就没有压力,至少是没有足够的压力去设法不断改善企业的经营管理,客观上也"鼓励"了一些企业过度"包装"和进行虚假重组的冲动,使亏损企业越来越多。最近,我国证券监管部门公布了《亏损上市公司暂停上市和终止上市实施办法》(简称《办法》),随着该《办法》的施行和有关规定的出台,PT 类上市公司的退出已进入倒计时

---

① 陈清泰等:《国企改革攻坚15题》,中国经济出版社1999年版,第129、159页。

阶段。此举对规范企业的重组行为，充分发挥资本市场优化资源配置功能将起到不可低估的作用。

参考文献

［1］邵建云．上市公司资产重组实务［M］．北京：中国发展出版社，2000．

［2］毛蕴诗，李新家，彭清华．企业集团——扩展动因、模式与案例［M］．广州：广东人民出版社，2000．

［3］毛蕴诗，施卓敏．公司重构与竞争优势［M］．广州：广东人民出版社，2000．

［4］叶国鹏．我国现有上市公司制度效率的初步考察［J］．管理世界，1999（5）．

［5］谢登科．假典型巨额亏空的背后［N］．上海证券报，2000 - 10 - 31．

［6］林义相．证券市场第三次制度创新与国有企业改革［J］．经济研究，1999（10）．

［7］朱莉．关注上市公司治理［N］．上海证券报，2000 - 11 - 02．

（原载《管理世界》2001 年第 5 期，与蒋敦福、程艳萍合著）

对外直接投资过程论
——对外直接投资的四维分析模型及其应用

一、跨国公司对外直接投资理论的进展与不足

  企业国际化经营活动已经有400多年的历史，跨国公司的行业分布与结构已发生重大变化，国际化经营企业本身不断地演进为当今跨国公司的形态。跨国公司和对外直接投资活动的迅猛发展促进了理论的迅速发展。进入20世纪50年代以来，不同的学派纷纷亮出自己的观点，试图建立新的理论体系。据有的学者统计，仅叫得出名目的主张就达20余大类，如"垄断优势论""寡头均势论""国际生产综合理论"。但是，如此众多学派的出现，并未使得跨国公司和对外直接投资的研究变得繁荣。几乎每一种理论的出现，都会给对外直接投资现象以新的解释，会出现若干支持者，与此同时也迅速地招致许多批评。20世纪70年代和80年代初，许多学者努力建立能兼容早期有价值论点的理论。由于各种理论只能解释相当狭小范围和一段时期的对外直接投资，因此一些人试图将某些理论加以组合，以形成更大的框架，扩大覆盖面，特别是当其他因素能用其他理论作补充而获得解释时更是如此。我们可以列举出这样一些成功的与探索性的尝试。例如，邓宁的"国际生产综合理论"就是在提出公司优势概念的基础上，将其与内部化理论、区位因素两种理论结合在一起，从而对跨国公司不同内容的经营活动做出较好的解释。又如，维农在1974年重述其产品周期理论时，强调了产业发展阶段与区位因素对产品周期影响的相互作用，并着重强调不断变化的因素对生产的影响从而赋予其理论的动态特性。1979年，维农又将寡头垄断行为引入其产品周期理论后，将产品周期重新划分为三个阶段："技术创新基础上的寡头垄断""成熟的寡头垄断""退化的寡头垄断"。但总的来看，前景并不光明，在形成较为统一的综合理论方面遇到困难。到目前为止，还没有出现被广泛接受的对外直接投资理论。一些专家甚至认为："发展中国家尤其新兴工业化国家的

经济情况在不断地变化,因而跨国公司形成和发展的条件也在不断地变化,再加上这些发展中的母国和东道国的政策多变,情况错综复杂,需要总结不同的情况,提出不同的理论,通用的适用于一切情况的理论也许是不可能的,至少是困难的。"对外直接投资理论的不足表现在以下方面。

(一) 各种理论所能解释的范围狭小

这种狭隘性既体现在时期的约束上,也体现在空间的约束上。从方法论的角度看,对外直接投资的基本理论的提出都沿用了以下方式,即以某一时期、某一国家或某一类投资为研究对象来提出理论。这样,大多数理论都有一定的经验研究支持,但其覆盖面窄,所涉时期不长。过去,大量的经验研究集中在美国的对外直接投资,然而一旦对外直接投资趋势由美国单向投资向交叉投资转变,原有理论的局限性就明显表现出来。对非美国对外直接投资的调查表明,在对外投资方式和企业所有权优势差异上尚需提出更一般的解释。例如,美国的对外直接投资似乎有研究密集型的特点,而对瑞典对外直接投资的经验研究表明,其他一些因素如技能则是更重要的。这就说明在直接投资国家竞争优势的来源是不一致的。"垄断优势论"是以从早期的美国跨国公司对外投资实践为研究的现实基础,因而对其他类型的投资行为难以做出解释。而日本学者小岛清的理论甚至被认为仅仅能解释20世纪70年代时期那段时间日本的对外直接投资。

(二) 微观分析与宏观分析相脱离

一些学者把对外直接投资理论明确分为宏观与微观两大类。前者包括阿利伯(Aliber,1970)的货币汇率理论,小岛清(Kojima,1973)的动态优势理论,邓宁(Dunning,1981)的发展水平理论;后者包括维农(Vernon)的产品周期理论,库柏(Grubel,1968)的风险分散化理论,金德伯格(Kindleberger),巴克莱和卡森(Buckley & Casson,1976)的内部化理论以及邓宁的国际综合生产理论。偏重于微观分析的理论,较少考虑外部环境对对外直接投资的影响。例如,邓宁的国际生产综合理论就是如此,有的学者对该理论进行了批评。有一些理论则着重于宏观分析,而较少考虑企业的行为。例如,小岛清的比较优势理论,就很少考虑公司本身的因素对对外直接投资所产生的影响。特别明显的是,邓宁既提出了一个侧重宏观分析的理论,又提出了一个侧重微观分析的理论,但是二者之间并无直接联系。

（三）较少从战略竞争角度分析对外直接投资行为

除寡头垄断竞争反应论、市场力量理论、国际竞争产业理论等几种理论之外，许多理论如垄断优势论、内部化理论、国际生产综合理论、比较优势理论等，较少从战略竞争角度分析对外直接投资动机，也缺少对跨国公司行为之间的相互作用进行分析。这样必然导致理论与现实不符，降低理论的解释能力。

（四）缺少体现公司目标一般理论的内容

跨国公司与一般公司之间的关系如何，不少学者认为前者是后者的特例。承认这一点，那么公司目标理论应当对跨国公司的直接投资行为做出较好的解释。然而，事实上大多数对外直接投资理论很少体现公司目标一般理论的内容。分析中忽视了投资主体内在的动机，因而在解释对外直接投资行为上缺乏基本依据，无法形成大的理论框架。即使是有些理论涉及对外直接投资动机的研究，也没有将对外直接投资动机与对外直接投资决策过程中的影响因素区分开来。

（五）理论缺乏动态的特点

在众多的学派中，除产品周期理论等少数几种之外，大多数理论都难以体现对外直接投资的动态特性，即使是邓宁的国际生产综合理论也被认为缺乏动态的特征。有的理论主要是罗列一些影响对外直接投资的因素，缺少分析过程。

（六）着重供给导向

有的学者认为，现有的跨国公司理论基本上是从供给方面考察影响公司向国外扩展的因素，因而具有局限性。实际上，随着世界跨国公司和对外直接投资活动的进展，东道国方面的影响越来越大。

（七）靠对原有理论进行综合的不足

对原有理论进行简单的综合，一方面可能会扩大其解释范围；但是另一方面，被综合的理论之间往往缺乏深刻的内在联系，局限性很快就会暴露出来。简单综合的结果，往往是原有理论的不足难以消除，并可能会继续存在于所综合的理论之中。

根据以上分析，跨国公司对外直接投资理论应当沿着以下几个方向展开以使其完善。首先，主要的努力仍然应是提出综合的理论，但努力方向不是对现有理论的综合，而是着手寻找更深层次的理论联系，形成较大框架。从跨国公司的对外直接投资理论来看，其理论渊源可能来自产业组织理论、公司理论（现代厂商理论）、管理决策理论、公司战略竞争理论。其次，应赋予理论以动态的特征。这就要求从对外直接投资过程出发，考察其行为。再次，应区分投资主体动机与环境因素的不同作用。在对环境的考察中，也应将跨国公司放到竞争环境中而不只是将其放入政治、经济、技术、文化环境之中。最后，经验研究应着重在对提出的理论的检验上。本文拟采用上述研究方法。

二、对外直接投资四维分析模型与投资行为分类

为了更好地解释对外直接投资行为，本文提出对外直接投资模型。该模型由对外直接投资过程四维分析模型和对外直接投资行为分析矩阵两个子模型组成。前一个模型从过程入手，分析投资主体的目标和环境因素在投资决策中是如何起作用的，并据此提出三种对外直接投资的定义；后一个模型则提出对外直接投资行为的分类方式。

（一）对外直接投资过程四维分析模型

我们用图1来形象地表示对外直接投资过程四维分析模型，并对模型的基本框架加以说明。

1. 对外直接投资决策五要素

如图1所示，其中的虚线大方框表示对外直接投资决策本身内容。根据对有关跨国公司战略规划内容的四个方面：①选择经营活动的范围与方向，②确立寻求与扩展的特殊优势，③确立战略的推移方式，④制定衡量战略规划实施效果的标准，可以演绎出对外直接投资决策的基本内容，并概括为决策的五要素：产业选择、技术选择、区位选择、时机选择和方式选择。它们分别表示对外直接投资在何产业、在何国家、在何时、以什么方式发生。对于对外直接投资的发生，上述五个要素是不可缺一的。该项

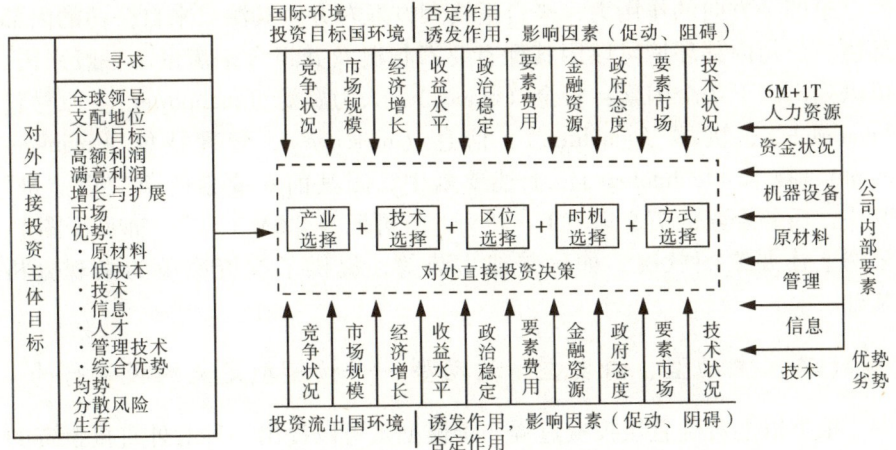

图1 对外直接投资过程四维分析模式

决策受到来自虚线大方框的左、右、上、下四个方向的力量作用,每一方向都包括多种因素。

2. 四个方向的作用力

第一个方向作用力是来自虚线大方框左边的实线长方框,见图1。长方框内列出了引起对外直接投资主体投资冲动的主要目标。这些目标是从一般公司目标演绎出的,从战略竞争出发分析中得出的,综合为按上下位置构成一定层次关系的11类共17种目标。

第二个方向的作用力是从上方指向虚线大方框的箭头,其源泉来自公司所面临的国际与投资目标国环境。所列出的一些组要因素构成了投资决策的宏观分析基础。另外,根据环境因素对对外直接投资过程所起作用的不同,在国际环境和投资目标国环境后列出了:诱发作用、否定作用、影响因素,后者又分为促动作用与阻碍作用,见图1上方。

第三个方向的作用力是从下方指向虚线大方框的箭头,其源泉来自公司所在国(母国)环境,所列出的主要因素也构成了对外直接决策的宏观分析基础。应当说明,该方向作用力的具体因素与来自第二个方向作用力因素大体成对应关系,参见图1。例如,在投资目标国环境有市场规模、生产要素等因素,在投资流出国环境也有相应因素列出。另外,该图也就上述因素的诱发作用、否定作用、影响因素做出了标注,见图1下方。

第四个方向的作用力，来自虚线大方框右方，其源泉来自公司的内部环境。公司内部环境可以用其拥有要素状况及其组合来衡量。一般来说，可以列出以下7个因素：资金（money）、人力资源（manpower）、原材料（materials）、机器（machine）、信息（message）、管理技能（management）、技术（technology）。上述要素中，因其前6要素的英文以"M"开头，后一要素的英文以"T"开头，故可记为"6M+1T"，亦见于图1。公司上述要素的状况，如优势或劣势等，提供了投资决策的微观分析基础。

（二）主动型、诱发型、迫动型——按模型定义的投资行为

根据以上对外直接投资过程四维模型，可以提出一种对外直接投资的分类方式。这就是将投资区分为主动型投资、诱发型投资与迫动型投资。主动型投资是由投资主体本身，如其投资冲动和内部要素所引起的对外直接投资，这类投资在图1中是从第一方向——对外直接投资目标出发，或从第四方向——公司的内部要素出发，再考虑其他方向的因素而做出投资决策的过程。诱发性投资与迫动型投资则首先是由公司之外的环境因素（的变动）所引起。这类投资在图1中具体化为第二、三（两个）方向中某一方向的因素出发，引起第一方向的投资冲动，并考虑其他方向中有关因素而做出投资决策的过程。诱发性投资与迫动型投资的区别在于，后者所涉及的投资目标是公司的生存（空间）问题。

一些文献将投资划分为进攻型投资与防御型投资，这不失为一种重要的分类方式，但是却难以概括诸如为了寻求生存空间而不得已向国外扩张的投资，即难以体现迫动型投资的动机。相反，诱发性投资大体可以体现防御性投资的动机。最重要的是，使用诱发性投资与迫动型投资的分析在于强调与之有关的因素必定是通过投资主体的内在动机而起作用（即外因通过内因起作用）。另外，诱发型投资还可包括另一类与防御性无关的投资，我们可称之为追随型投资或模仿型投资。首先进入目标国市场的公司可能被其他竞争者认为其行为是有利可图的，因而加以效法。追随型投资既可用于寡头垄断竞争市场结构，也可用于垄断性竞争市场结构。在实践中，追随型投资较常见于行业或市场的高速成长期。此时，可能出现投资者蜂拥而上的局面。这种现象与寡头垄断竞争条件下的防御性投资在目的、结构等方面都有很大不同。

(三) 对外直接投资的矩阵分析方式

在图 1 分析的基础上，即在对主动型、诱发型、迫动型 3 种投资行为划分的基础上，可进一步采用矩阵方式来划分对外直接投资的不同类型，以解释更为复杂的投资行为。如表 1 矩阵所示，在左边的纵坐标列出了 11 类 17 种对外直接投资动机（与图 1 中动机相同）；在横坐标列出了 3 种不同类型的投资，即主动型投资、诱发型投资和迫动型投资。这样就可组合出 17×3=51 种对外直接投资模式。但是应当注意，并非每种组合都可能发生。另外，即使组合可能发生，其二者联系的松紧程度也有差别。

表 1 对外直接投资分析矩阵

投资类型	主动型	诱发型	迫动型
寻求全球领导	* * *		
寻求支配地位	* * *		
寻求个人目标	* * *	* *	
寻求高额利润	* * *	* *	
寻求增长扩展	* * *	* *	
寻求市场	* * *	* *	
寻求分散风险	* * *	* *	
寻求满意利润	* * *	* *	
寻求优势	* * *	* *	
原材料	* * *	* *	
低成本	* * *	* *	
技术	* * *	* *	
信息	* * *	* *	
人才	* * *	* *	
管理技术	* * *	* *	
综合优势	* * *	* *	
寻求均势		* * *	
寻求生存			* * *

我们用两种情形相交的方格中星号（＊）的多少来表示联系的松紧程度。三个星号（＊＊＊）表示联系最紧密，两个星号（＊＊）表示联系较紧密，一个星号（＊）表示联系一般，没有星号表示二者之间没有联系。如图所示，处于纵轴最底层的寻求生存的动机与迫动型投资联系在一起，而几乎不可能与主动型投资联系在一起。因此，只在寻求生存与迫动型投资所相应的方格中标以三个星号，而在寻求生存与主动型、诱发型投资所相应的方格留为空白。处于纵轴的最高层的，寻求全球领导和寻求支配地位目标几乎总是和主动型投资联系在一起，只在二者与主动型投资相应的方格标以三个星号，而将二者与诱发型、迫动型投资相应的方格留为空白。与寻求生存之上的寻求均势动机则几乎总是与诱发型投资联系在一起的。因此，只在寻求均势与诱发型投资所相应的方格中标以三个星号，其与主动型投资和迫动型投资的相应空格为空白。

处于纵轴中间层次的对外直接投资目标，从寻求个人目标开始，包括寻求高额利润、寻求增长与扩展、寻求市场、寻求满意利润、寻求优势到寻求分散风险，一般以主动型投资为主，故标以三个星号；但诱发性投资也占有较重要地位，故标以两个星号，这样在表1中就形成星号（＊）沿左上角顶点与右下角顶点的对角线密集，而沿左下角方格和右上角方格的对角线呈空稀状态。

三、对外直接投资过程论

（一）从投资主体目标出发的分析

投资主体的目标本身构成了对外直接投资的基本动力，并且是持续不断地发生作用的动力。主动寻求对外投资机会的公司可能会从某个目标或某几个目标（图1左边方框所列出的目标）出发去考察公司内外部环境，并不断探索，努力把决策建立在对目标和环境的科学分析与明智判断的基础之上。上述过程也就是从投资主体目标出发，对其他三个方向影响决策五要素——行业、技术、区位、方式、时机进行分析、综合、评价和选择的过程。

1. 投资目标层次与投资行为

图1所示左边长方框中的目标构成了目标层次。我们假定，以取得全

球范围内（对该行业）的支配或领导地位为目标的公司，总是以积极主动的态度去寻求机会，力图扩大优势，进行对外直接投资。相反，具有较低层次目标的投资主体，其投资行为就比较缺少主动性，有时甚至是被迫的。例如，以寻求生存空间为目标的公司往往是被动的、迫不得已的。S. 施赖伯（Schreliber）在《美国的挑战》一书中做出论断说，美国公司在欧洲的投资是进攻型的，其目的在于支配欧洲。而经验研究表明，日本一些中小企业进入国际市场则主要是为了寻求生存空间。

2. 对外直接投资的推拉因素

一方面，对于有投资意愿的主体，国际环境或投资目标国方面的一些因素会对外来投资产生拉力，促使投资活动在该地区发生；另一方面，投资流出国环境因素会形成对于投资的推力。投资流出国推力的形成与投资目标国拉力的形成有着相关相反的关系。例如，拉力的形成是由于目标市场容量大，而推力的形成则是由于现行市场狭小且竞争激烈。现将常见的拉力与推力，分别按相对应的关系列于下面的左、右两边，见表2。

表2 对外直接投资的拉力与推力

拉力因素	推力因素
大的市场容量，竞争松弛	狭小的市场，竞争激烈
迅速成长的经济	缓慢的经济成长
高利率	低收益水平
低劳动成本，低生产要素费用	高劳动成本，高生产要素费用
国家金融资源短缺难以筹集投资资金	资本过剩
政治稳定	政治不稳定
政府引进外资的积极态度	政府对向外投资的积极态度

上述指标中的前两个指标是对外投资目标国市场状况的衡量。大的市场容量是对市场绝对规模的一个衡量。它一般与整个国家的经济发展水平和经济总量有关。例如，由于美国国民生产总值位居世界第一，其市场是世界各国市场中容量最大的，因而吸引了许多投资。迅速成长的经济是对

市场增长的一种衡量。一个相对衡量指标是市场增长是否较他国为快。这一般可以用实际 GDP 的增长率来考察。相对较高的 GDP 增长率有利于吸引外资进入。

金融（资金）市场的收益率代表了投资的平均获利水平。资金收益率平均水平高的国家往往对外国资本更有吸引力，因为外国资本更倾向于投向有盈利机会的国家。另一个吸引力量涉及某国资本的供给状况。如果该国资本短缺，其外资政策就可能较其他国家更易于吸引资本。对此，可以用该国金融资源盈余状况衡量。低的劳动成本或低的其他生产要素（如土地）费用，也会对外资产生拉动力量，这特别对一些劳动密集型产业或劳动密集型工序更具吸引力。

投资目标国的政治稳定对外资进入有特殊的拉动作用。政治不稳定、风险大，对外资吸引力就小，并可能使得跨国公司放弃在该国投资的动机。此外，东道国政府对于外资的引进积极政策、积极态度有可能吸引更多的国外投资，形成较强的拉动力量。

3. 对外直接投资的斥力、阻力与否定因素

一些对投资流入形成拉力的因素也可能转变为阻碍因素而形成斥力。例如，政治局势变得不稳定，政府态度转变，等等。同样，一些推动投资流出的因素也会转变为投资流出的阻力。这些斥力和阻力甚至会强大到足以对投资活动起否定作用。例如，投资流出国政府对资本流出管制严格就会阻碍投资的流出。此外，对环境方面若干阻碍对外直接投资流量发生的主要因素，可以划分为以下两类。

（1）运输与通讯成本。一般来说，两国之间距离越远，经济活动所涉及的运输成本、通讯成本就越高，因而会对两国之间的直接投资流量水平产生消极影响。

（2）文化差异。两国直接的文化差异是阻碍其间直接投资流量发生或制约其规模的重要因素。因为文化差异要求增加对投资目标国市场、个体行为与群体行为等方面的了解，从而增加了交易成本。许多方面的因素，如一国的权力结构层次的不等性、公民的价值观念、社会中个人集体之间的关系、一国公民认可和承担某一目标的态度等都可反映不同的社会文化。

4. 公司内部要素的影响

一旦投资主体具有投资动机，公司内部要素就会对该动机产生影响。

公司内部要素的特点,如优势或劣势的具体情况,都可能与方向二、方向三的因素共同起作用而对投资决策产生积极或消极影响。

(二) 从国际环境与投资目标国环境出发的分析

从这一方向出发的分析中,国际环境和投资目标国环境因素可能会诱发对外直接投资,形成启动作用,它不同于从投资主体目标出发分析中的影响作用。例如,欧洲统一市场的建立计划,自其内容初步披露之日起就对该市场以外的第三国向该市场内国家投资起到刺激作用,成为许多国家向该市场内成批投资的直接诱因。这时候作为环境因素所起作用的过程可以具体化为:①欧洲统一计划诱发了投资国公司的投资动机——不失去现在的优势地位,或寻求未来优势地位,或避免处于不利地位的动机(这就使得投资更加具有战略竞争的特点,而其他的动机,如寻求更高的利润、避免风险等就显得不直接);②投资国公司决策的五要素中,区位与时机大体确立,已被诱发投资冲动的公司将结合其自身的内部因素而把更多的考虑放在对行业技术和投资方式的选择上,一旦选择被认为可行,也就做出对外直接投资决策。对形成欧共体统一市场的研究表明,现实的和可预见的贸易保护主义是促使在欧共体内尚无生产厂点的非欧共体公司做出反应的重大决定因素。又如,韩国和中国台湾地区禁止进口日本汽车,促使日本到美国投资生产汽车再出口到韩国和中国台湾地区。另外一些因素,如汇率的大幅度变动,导致对外投资成本下降,也有可能诱发主体寻求利润的投资动机,开始一轮对外直接投资决策过程。一个迅速成长的市场也会诱发投资主体实现其扩展目标,追求市场份额目标,或寻求利润目标,或寻求优势目标,或是上述目标兼而有之的投资动机。

因此,上述的投资是由方向二的因素诱发方向一的动机,再与方向四的因素共同作用,形成对外直接投资决策。我们可以把这类投资概括为诱发型对外直接投资。

(三) 从投资流出国环境出发的分析

从这一方向出发的分析中,投资流出国环境中的某些因素往往可以成为对外直接投资过程的启动因素。任何一个图1的虚线方框下方所列的因素,都可能直接作用于对外直接投资目标中的某一个或某几个目标而引发的投资过程。例如,国内生产要素成本过高可能诱发寻求低成本优势和寻求更高利润的目标；另一些因素，如政府的反污染法、国内市场的激烈竞争可能直接诱发寻求生存空间的动机，然后将结合国际环境和投资目标国环境考虑其他不同影响因素进行区位选择。在由此方面因素诱发的投资中，有迫动型寻求优势的、迫动型寻求利润的、迫动型寻求原料的，也有寻求生存空间的。在这种情形下，投资流出国环境因素起作用的过程与从投资目标国环境因素起作用的过程相同。

（四）从公司的内部要素出发的分析

公司因内部环境7个要素（6M+1T）中的某个或几个方面拥有优势，可能萌发寻求利润、寻求扩展或通过开发其优势而进一步寻求优势的动机，从而引致对外直接投资。在投资决策过程中，行业选择、技术选择基本上可由公司优势确定，公司将结合国内外环境对区位、时机和方式进行考察。例如，公司拥有技术优势，它可能在原行业进行横向扩展，也可能在该技术的相关领域内扩展。从这一方向出发的分析大体上与邓宁的国际生产综合理论相似，但不同之处在于本文的分析明确提出内部优势会诱发对外直接投资动机。

四、理论与模型的应用——小结

对外直接投资四维分析模型，可以有以下三方面的应用和价值：

1. 对投资进行了更恰当和更广泛的分类

即把对外直接投资分为主动型、诱发型、迫动型，并将其与投资主体目标相结合，从而更好地解释对外直接投资行为。本文用四维分析模型对另外几种对外直接投资行为进行了解释，如以寻求技术与市场为目标的主动型投资，以寻求生存为目标的迫动型投资，以寻求利润为目标的诱发型投资，以及由垄断优势理论与寡头垄断竞争反应理论二者所代表的投资行为，从而证明了模型的有用性和动态特点。

2. 为解释现实中的对外直接投资行为提供了更大的框架

例如，笔者用此模型对"二战"后日本企业包括大型公司与中小企业的对外直接投资行为进行了经验研究，较好地揭示了复杂的投资行为（限于篇幅，具体内容从略）。

3. 能更好地拟合并兼容其他主要对外直接投资理论

限于篇幅，仅以垄断优势理论与四维分析模型的关系为例加以说明。垄断优势理论的要点可以用四维分析模式更好地表述如下：

（1）垄断优势理论所考虑的投资主体有着较强的实力，并具体体现在公司内部环境的某一要素或某几个要素上，如技术上的优势或资金上的优势。在这种情形下，技术的选择与产业选择已初具方向。

（2）因其某一优势，可能引发其扩展的动机，或诱发寻求高额利润的动机，于是将过程引向第一方向的作用力，发挥其优势。

（3）从投资目标出发，在国内外环境、公司内外环境考察基础上，初步认定其在何方向和范围投资可实现其目标，以发挥其优势，这时实际上涉及区位的选择。

（4）公司进行投资决策分析，须考察各种因素并决定是否进行对外直接投资。这时，公司将进一步考虑有关时机和方式的选择。

（5）该理论在四维分析模型中是从第四方向的作用力出发，去考察投资目标国环境要素，并将其与公司所在国环境有关要素相比较，最终就投资决策五要素做出选择。

但是，在垄断优势理论的分析中，至多只涉及或强调三个方面作用力参与的投资分析过程，而忽略投资主体的动机，这实际上使得分析不完全，并带来许多问题。例如，不考虑投资主体的目标，就难以制定投资决策的评价标准，也使理论的应用范围受到很大的局限。在现实中，实力强大的投资主体（跨国公司）往往有明确的投资动机和向外扩张的内在动因。例如，第二次世界大战后美国跨国公司对欧洲直接投资的目的就是为了取得支配优势。不考虑这种动因是难以解释对外直接投资行为的。

按照对外直接投资的四维分析模型，垄断优势理论所考虑的投资行为属于对外直接投资分析矩阵中具有从寻求全球领导到寻求满意利润之间的动机，以及寻求优势中的综合优势的主动型投资。

参考文献

[1] 膝维藻，陈荫枋. 跨国公司概论［M］. 北京：人民出版社，1991.
[2] 南开经济研究所世界经济研究室. 跨国公司剖析［M］. 北京：人民出版社，1978.

[3] 郭吴新，洪文达，池元吉. 世界经济：2版［M］. 北京：高等教育出版社，1989.

[4] 郭吴新. 世界经济发展中的多极化趋势［J］. 武汉大学学报（社会科学版），1990（1）.

[5] 向寿一. 80年代的跨国公司与日本企业的位置［J］. 世界经济译丛，1989（12）.

[6] 铃木典比古. 关于跨国公司行为的若干理论问题［J］. 世界经济译丛，1990（1）.

[7] 关下捻. 跨国公司经济学——现代资本主义的世界模型序论［J］. 世界经济译丛，1990（5）.

[8] 彼得·汉森. 世界发展中的跨国公司［J］. 世界经济译丛，1990（5）.

[9] 廖永生. 论亚太经济合作［J］. 信报·财经月刊，1993（5）.

[10] Barrar P, Cooper C. Managing Organizations in 1992［M］. London：Routledge，1992.

[11] Ahiakpor J C W. Multinationals and Economic Development［M］. London：Routledge，1990.

[12] Pilelis C N, Sugden R. The Nature of the Transnational Firm［M］. London：Routledge，1991.

[13] UN-TCMD. World Investment Report 1992：Transnational Corporations as Engines of Growth［R］. Geneva and New York：United Nations，1992.

[14] Burgemeier B, Mucchielli J L. Multinationals and Europe 1992［M］. London：Routledge，1991.

［原载《中山大学学报》（社会科学版）1994年第2期］

中国购买力、消费经济计量模型

本模型是首次运用经济计量方法对中国购买力、消费、结余购买力以及它们的构成所做的系统的研究。这主要是建立由 23 个方程组成的联立方程模型以及运用模型所做的预测和各种结构分析。

一、模型的基本框架和方程式体系

(一) 模型的基本框架

中国购买力、消费经济计量模型由以下三个部分组成：
(1) 货币收入及其构成。
(2) 货币支出及其构成。
(3) 购买力结余及其构成。
整个模型包括 23 个方程、49 个变量。
其中：行为方程 13 个、定义方程 10 个；内生变量 23 个、前定变量 26 个。前定变量中，外生变量 13 个、滞后变量 10 个、虚拟变量 3 个。

(二) 模型的方程式体系

A. 货币收入

1. $Q_1 = Q_2 + Q_3 + Q_4 + WG$

2. $Q_2 = -16.0153 + 0.2676\,(Q_1 - WG)$
   　　　(-3.1)　　(80.4)
   　　　$\bar{R}^2 = 0.995$　　$D.W = 1.1$

3. $Q_3 = 0.3821\,Z_{33} + 0.5222\,Q_3(-1)$
   　　　(5.5)　　　(5)
   　　　$\bar{R}^2 = 0.99$　　$D.W = 1.32$

4. $Q_4 = 0.3278 + DAP + 1.0077\ Q_4(-1) + 1.3047\ ADM + 184.545\ D_4$
   　　(4.4)　　　　(60.8)　　　　(5.6)　　　　(4.7)
   　　$\bar{R}^2 = 0.998$　　D.W $= 1.62$

B. 货币支出

B.1　商品支出

5. $Q_5 = Q_6 + Q_{14}$

6. $Q_6 = Q_7 + Q_8 + Q_9 + Q_{10}$

7. $Q_7 = -88.4123 + 0.2324\ Q_1 + 1.0691\ PI_7 + 0.3017\ S_4$
   　　　(−2.2)　　(12.6)　　(3.1)　　(4.9)
   　　$\bar{R}^2 = -0.999$　　D.W $= 1.75$

8. $Q_8 = 10.5679 + 0.0636\ Q_1 + 0.3507\ DTPI + 0.8086\ Q_8(-1) - 0.2813\ Q_9(-1)$
   　　　(2.2)　　(4.3)　　(5.7)　　(12.1)　　(−2.8)
   　　$\bar{R}^2 = -0.995$　　D.W $= 2.69$

9. $Q_9 = -100.2788 + 0.1031\ Q_1 + 1.1763\ PI_9 + 0.1488\ Q_{20}(-1) + 42.4604\ D_9$
   　　(−2)　　(6.5)　　(2.4)　　(3.5)　　(2.4)
   　　$\bar{R}^2 = -0.996$　　D.W $= 0.91$

10. $Q_10 = 0.005\ Q_1 + 0.8349\ Q_{10}(-1) + 0.0189\ PI_{10}$
    　　(7.5)　　(19.2)　　(2.4)
    　　$\bar{R}^2 = 0.996$　　D.W $= 2.25$

11. $Q_{11} = Q6 - Q_{12}$

12. $Q_{12} = -2.7727 + 1.0514\ Q_3 + 0.0865\ Q_{12}(-1)$
    　　(−4.1)　　(30.9)　　(2.4)
    　　$\bar{R}^2 = 999$　　D.W $= 0.65$

13. $Q_{13} = 137.5915 + 0.3762\ Z6\ G - 1.3003\ PI_{13} + 0.0453\ Q_4(-1) + 0.784\ Q_{13}(-1)$
    　　(3.9)　　(3.6)　　(3.9)　　(3.6)　　(12.3)
    　　$\bar{R}^2 = 0.994$　　D.W $= 1.9$

14. $Q_{14} = 0.7076 Q_3 + 0.7717 WG + 0.2144 Q_{14}(-1)$
    　　(2.2)　　　　(5.4)　　　　(2.5)

    $\bar{R}^2 = 0.999$　　　　　　　D.W = 1.84

15. $Q_{15} = Q_5 - Q_{14}$

16. $Q_{16} = -5.5812 + 0.0328 DAP + 1.2224 Q_{16}(-1) + 52.7298 D_{16}$
    　　(-4.4)　　(2.8)　　　(30.3)　　　　　　(9.2)

    $\bar{R}^2 = 0.995$　　　　　　　D.W = 1.7

17. $Q_{17} = Q_5 - Q_{16}$

B.2　非商品支出

18. $Q_{18} = Q_{19} - Q_5$

B.3　货币支出总额

19. $Q_{19} = Q_4 + Q_5 - Q_{23}$

C.　购买力与货币结余

20. $Q_{20} = Q_1 - Q_{19} + Q_{20}(-1)$

21. $Q_{21} = Q_{20} - Q_{22}$

22. $Q_{22} = -86.6048 + 0.247 Q_{20} + 1.0567 P_{15} + 0.4913 ADM$
    　　(-3)　　　(28.6)　　　(4.2)　　　(5.6)

    $\bar{R}^2 = 0.998$　　　　　　　D.W = 0.68

23. $Q_{23} = -16.2063 + 0.978 Q_5 + 1.5653 ADM + 0.2015 Q_{20}(-1)$
    　　(-1.1)　　(36.3)　　　(6.1)　　　　(3.4)

    $\bar{R}^2 = 0.9995$　　　　　　D.W = 1.84

模型变量一览表如表1所示：

表1　模型变量一览表

内生变量	外生变量
Q_1 = 货币收入总额	WG = 工资总额
Q_2 = 其他职业者他收入	Z_{33} = 事业费与行政管理费
Q_3 = 城镇集团购买消费品货币	DAP = 农业总产值增量
Q_4 = 农民产品劳务收入	ADM = 货币流通量增量之加权和

(续表1)

内生变量	外生变量
Q_5 = 社会商品零售总额	D_4 = 虚拟变量
Q_6 = 消费品零售总额	PI_7 = 食品零售价格指数
Q_7 = 食品消费品零售额	$DTPI$ = 纺织工业指数增量
Q_8 = 衣着消费品零售额	PI_9 = 用品牌价价格指数
Q_9 = 用品消费品零售额	D_9 = 虚拟变量
Q_{10} = 燃料消费品零售额	PI_{10} = 燃料牌价价格指数
Q_{11} = 居民消费品零售额	G_6G = 财政支农 + 农贷定金净增额
Q_{12} = 社团消费品零售额	PIB = 农业生产资料零售价格指数
Q_{13} = 农业生产资料零售额	D_{16} = 虚拟变量
Q_{14} = 城镇商品零售额	PI_5 = 全国零售物价总指数
Q_{15} = 乡村商品零售额	PI_8 = 衣着牌价价格指数
Q_{16} = 农民对非农民零售	S_4 = 农副产品收购总额
Q_{17} = 社会商品零售额	
Q_{18} = 非商品支出	
Q_{19} = 货币支出总额	
Q_{20} = 年末结余购买力	
Q_{21} = 年末储蓄存款	
Q_{22} = 年末手持现金	
Q_{23} = 当年社会购买力	

此外模型中，$Q_3(-1)$、$Q_4(-1)$、$Q_8(-1)$、$Q_9(-1)$、$Q_{10}(-1)$、$Q_{12}(-1)$、$Q_{13}(-1)$、$Q_{14}(-1)$、$Q_{16}(-1)$、$Q_{20}(-1)$ 分别为相应变量的滞后（1年）变量，例如 $Q_3(-1)$ 为 Q_3 的滞后（1年）变量。

对模型结构式的随机行为方程采用了联立方程模型的单个方程估计的两阶段最小二乘法（TSLS），其样本区间为1954—1986年。然后再对联立方程模型求解和应用，整个工作可在长城0520或IBM-PC机上进行。

模型的方程式体系中，方程右边系数下括号内的数值为相应的t值，用以检验解释变量系数的显著性。方程下面的 $\bar{R}^2$（调整后的判定系数）用以检验方程的拟合优度，D.W值用于自相关检验。从模型可以看出，t检验、$\bar{R}^2$检验和D.W检验的总评价是令人满意的。

二、建模的基本理论与分析过程

本部分的分析实际上是从经济角度对模型进行检验。此外，也试图借此对建立我国收入、消费结构模型的基本理论进行研究。

（一）主要变量之间的定义关系

在模型的前23个方程中，有10个定义方程。这些方程是有关经济变量本身的统计关系的反映。上述关系可分为两类，一类是总量与分量之间的结构关系，另一类是变量之间的平衡关系。图1是用来帮助说明上述关系的。图中有方框的变量为内生变量，无方框的变量为前定变量。

反映总量与分量之间结构关系的方程有8个。图1用8组树状线来表示，并在树状线上注明了所示的方程，此即方程1、5、6、11、15、17、18、21。例如，方程6表示：

消费品零售总额＝食品零售额＋衣着零售额＋用品零售额＋
燃料零售额

反映变量之间平衡关系的有2个方程，即方程19与方程20。方程19在图中示为恒等式。对于方程20，则将其分别标明在有关变量间的连线上，该方程表示：

年末结余购买力＝货币收入总额－货币支出总额＋
年末结余购买力（-1）

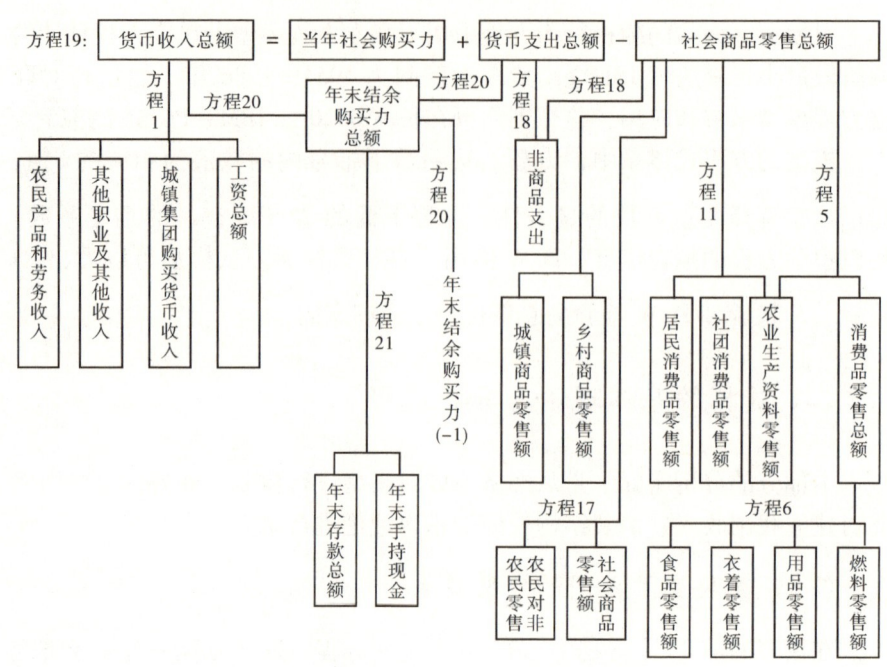

图1 收入、需求主要变量的定义式（结构关系与平衡关系）

（二）影响需求总量的主要因素与主要方面

根据经济理论和我国具体情况，影响需求（实现的需求）总量的主要因素有：货币收入及其构成、价格、政府政策、储蓄存款、非商品支出、供给等。为此，可提出如下商品消费函数的基本形式：

商品消费 = F（货币收入，零售价格，政府政策，储蓄存款，非商品消费，供给，滞后变量）

上述消费函数的解释变量有的是外生变量，有的是内生变量。这些内生变量本身也是所要研究的一个方面。我们将按上述因素展开分析。研究的重点是货币收入及其构成，以及它们对需求的影响和供给对需求的影响。

1. 货币收入及其构成

从根本上说，商品需求的规模、水平和变化趋势是由社会生产和国民收入分配所决定的。但是，国民收入对于商品消费来说，并不是直接可支配的收入。因此，上述影响并不是最直接的。具体而言，有支付能力的商品需求水平直接取决于货币收入的多少及其构成。

货币收入来源在一定程度上可反映货币收入的构成。根据我国现行统计分类，货币收入来源可划分为全民所有制工资、集体所有制工资、农民出售产品收入、农民劳务收入、城镇集团购买消费品货币、居民从财政得到的收入、其他职业者收入、侨汇、外地汇收入货币差额、货币转入、外宾购买消费品货币等 14 项。

鉴于我们所研究的对象是商品市场的主要变量，上述收入来源未免过细。根据建模的需要，在模型中把它们合并为以下 4 个部分，其和等于货币收入总额，此即模型的方程 1：

货币收入总额 = 农民产品和劳务收入 + 其他职业者及其他收入 +
城镇集团购买消费品货币 + 工资总额

在上述货币收入构成的 4 个部分中，工资总额和农民产品劳务收入所占份额最大，且性质上属于国民收入初次分配，是研究的重点。工资总额在很大程度上是由国家工资政策决定的，模型中是将其作为外生变量处理的。

货币收入构成中另一重要方程是农民的产品和劳务收入。影响农民产品和劳务收入的因素有很多，其中最重要的因素是农业总产值。模型中用农业总产值增量、农民产品和劳务收入的滞后、货币流通量增量、虚变量 D_4 来解释农民产品劳务收入，获得了理想的拟合效果：

农民产品和劳务收入 = 0.3278 农业总产值增量 +
1.0077 农民产品劳务收入（-1）+
1.3047 货币流通量增量之加权和 + 185.545D_4

此即模型的方程 4。从方程中可以看出农业总产值增量、货币流通量增量的解释能力是很强的。农民产品劳务收入（-1）的系数是 1.0077，说明农民产品劳务收入增长趋势很快。虚变量 D_4，在 1960 年、1961 年取 -0.5，其余为 0，表示自然灾害和政策上的失误对农民收入的影响。

对于其他职业者及其他收入 Q_2，由于其来源十分复杂，我们只采用 Q_2 在货币收入总额扣出工资那部分后所占的份额来表示它，见方程 2。

城镇集团购买消费品货币，是模型考虑的货币收入的第三个主要来源，近年来增长也快，它主要取决于财政支出的总水平，也取决于国家的财政支出政策（即各项开支所占的比重）。用财政支出中的事业费与城镇

集团购买消费品货币的 1 期滞后拟合方程,获得了较好的效果。此即方程 3:

城镇集团购买消费品货币 = 0.3821 事业行政管理费 +
0.5222 城镇集团购买消费品货币(-1)

2. 零售价格

零售价格对消费的影响是较为复杂的。这需要进行具体深入的分析。经济学理论认为,在收入水平一定时,某个产品价格上升或下降会导致需求量的反向变动,消费者往往会减少购买或把货币投向相近的替代品。但是在我国,由于许多商品存在的短缺现象尚未真正消除,因此,价格与消费量同时上升是相当普遍的。更应当注意的是,价格上升必然会带来消费额的上升。由于商品零售额是按照现行价格计算的,因此,价格对消费的影响主要取决于价格与消费是否存在共同上升的趋势。

在模型中,较全面地考虑了价格的影响,采用了全国零售物价总指数、食品、衣着、用品、燃料、农业生产资料的价格指数作为外生变量。例如,食品、用品、燃料消费分别与其价格水平有共同上升趋势,因而在预期其价格指数在各自的方程中的系数取正号;衣着消费与其价格水平的变动方向不一致,因而为负的关系;尽管近年来农业生产资料的价格有较大的上升但总的来看是下降趋势,拟合表明对农业生产资料零售额有负的显著影响,其系数为 -1.3003,t 值为 -3.9,见方程 13。对于全国零售物价总指数,我们把它建立在方程 22 中,解释其对手持现金的影响。

3. 政府政策

政府政策对于消费的影响是复杂的。从影响的方式看,它既对消费构成直接影响,也通过它对收入的调节对消费产生影响。从政府政策所涉及的方面看,影响消费的因素有:①工资政策,②财政支出及其构成,③价格政策,④信贷。

消费构成中有一部分是社会集团的消费,即售给社会集团的商品。目前,我国社会集团的消费已在整个消费中占有不小的份额,约为 10% 左右。社会集团购买力的来源主要是国家财政支出中的各项事业费用、行政管理费用及其他费用。财政支出的总水平、国家的有关政策和对社会集团购买力的控制直接影响社会集团的消费。这可见于方程 3 及其有关解释。

财政支农和农业贷款是直接影响农业生产资料消费的因素。采用"财政支农+农贷与预购定金净增量"作为解释变量之一,获得了理想的效果,其系数的 t 值为 3.6,见于方程 13。

其他政策,如工资价格对收入与消费的影响,已在前面论及。

4. 非商品支出

非商品支出包括居民用于文化和生活服务支出、缴税、归还贷款及其他支出。按我国统计口径,商品支出与非商品支出之和:

商品支出(社会商品零售总额)+非商品支出=货币支出总额

因此,货币支出总额不变时,商品支出与非商品支出是互相影响、互为消长的。1978 年以来,随着收入水平的增高、个体经济的发展,非商品支出也有大幅度的增长,且其增长速度高于商品支出的增长速度。由于我们重点是研究商品支出,因此,非商品支出是用定义方程加以确定的。

5. 消费的供给约束

供给不足或商品短缺会制约消费的增长,因而会构成影响消费的因素。我国长期以来存在较为普遍的消费短缺,但近年来的经济改革与生产结构调整,一定程度消除了部分商品的短缺现象。

对于单个商品而言,供给对消费的影响是较为明显的。例如,某种名优产品的消费,主要是由产量决定的。对于作为总量的商品或大类商品而言,能否将供给的影响考虑到方程之中并进而考虑到总体模型之中则应视具体情况而定。

例如,食品类消费品零售额由货币收入总额、食品零售价格指数和社会农副产品收购总额来解释时,得到了理想的拟合效果:

$$食品消费品零售额 = 89.2743 + 0.2343\,货币收入总额 + 1.0797\,食品零售价格数$$
$$(-2.2) \qquad (12.8) \qquad\qquad (3.2)$$
$$+ 0.2947\,农副产品收购总额$$
$$(4.8)$$

$$\bar{R}^2 = 0.999 \qquad\qquad D.W = 1.74$$

其中,农副产品收购总额代表了农副产品供给对食品消费的直接影响。在上述方程中加入食品工业指数 S2 作为解释变量进行计算,其结果并不显著。可见,用社会农副产品收购总额来反映供给对食品消费的制约是成立的。

对于衣着消费品的零售额,将工资总额、农民产品劳务收入、衣着牌

价价格指数、纺织工业指数增量、当年储蓄存款和衣着消费品零售额的一期滞后作为解释变量,可获得理想的拟合效果:

衣着消费品零售额 = 0.2472 农民产品劳务收入 + 0.1553 工资总额
    (4.6)   (2.7)
    − 0.2803 年末储蓄存款 − 0.377 衣着价格指数
    (−5)   (−4.8)
    + 0.1882 纺织工业指数增量
    + 0.5086 衣着消费品零售额 (−1)
    (6)

$\bar{R}^2 = 0.997$ D.W = 2.69

从方程中可见,纺织工业的增长对于衣着消费的影响是显著的。它体现了供给对于衣着消费的影响。

而对于用品消费品零售额,从我国情况看,有的用品如电视机、电冰箱等是短缺的,但有的用品如非名牌自行车、缝纫机等已出现积压。所以,很难提出作为供给约束方面的解释变量。另外,对于燃料类消费的供给影响,由于消费在整个能源生产中仅占很小份额,因此难于找到体现供给影响的变量。

6. 货币结余 (购买力结余)

从商品消费的角度看,本期货币结余越多(主要是储蓄存款越多),商品支出会越少。从决定货币结余的因素来看,影响结余购买力增长的主要因素是货币收入的增长。此外,市场商品供应的足够或短缺的情况、价格存款利率等也是影响因素。

从数量上看,货币结余是货币收入与支出之差,再加以上年末之结余即为全部货币(购买力)结余。此即模型中的定义方程18:

年末结余购买力 = 货币收入总额 − 货币支出总额 +
    年末结余购买力 (−1)

从结余购买力的构成来说,它等于年末储蓄存款与年末手持现金之和。由于结余购买力已由定义方程决定,因此,储蓄存款与年末手持现金之一也由定义方程决定,而另一个可由行为方程确定。在模型中,我们把储蓄存款用定义方程来确定,而对年末手持现金进行了拟合。

一方面,手持现金是人们随时可用于购买商品的结余购买力的一部分，因而取决于整个结余购买力的总水平。另一方面，手持现金在货币流通量中占有很大比例，货币流通量越多，手持现金也就越多。从其他方面看，社会商品价格上涨，意味着币值不稳，人们手持现金会越多，存款会少些。

根据上述分析，采用了结余购买力、货币流通增量之加权和、全国零售物价总指数作为解释变量，获得了较好的拟合结果，此即方程22：

年末手持现金 = -86.6048 + 0.247 年末结余购买力
　　　　　　（-3）　　　　（308）
　　　　　　+ 0.4913 货币流通增量之加权和
　　　　　　（3.9）
　　　　　　+ 1.0567 全国零售物价指数
　　　　　　（4.4）

三、历史模拟、动态模拟和误差分析

为验证模型的可靠性、稳定性和预测能力，笔者对模型进行了 1963—1986 年的历史模拟，并进行了 1984—1986 年的动态模拟。

历史模拟在计算模拟值时，模型中的滞后变量都用实际值代入；而动态模拟时，滞后变量则用计算值代入。

表 2 列出了 13 个主要变量的历史模拟值、动态模拟值与实际值的平均相对误差 MAPE。MAPE 的计算公式为：

$$MAPE = (1/N) \times /(Y_t - Q_t)/Q_t / \times 100$$

表2　历史模拟与动态模拟的平均相对误差（MAPE）

项目	历史模拟	动态模拟
货币收入总额	1.62	1.46
农民产品、劳务收入	1.32	1.56
社会商品零售总额	1.36	2.32
消费品零售额	1.49	2.57
食品消费品零售额	1.57	2.28

(续表2)

项目	历史模拟	动态模拟
衣着消费品零售额	2.24	7.58
用品消费品零售额	3.00	3.79
燃料消费品零售额	2.10	4.52
社团消费品零售额	2.96	3.02
农业生产资料零售额	2.10	1.05
乡村商品零售额	1.46	1.68
年末储蓄存款	2.46	7.21
当年社会购买力	1.51	2.64
平均值	1.94	3.20

其中，Q_t 为实际值，Y_t 为模拟计算值，N 为模拟所涉年数。

由于主要关心近期的误差，所以，只计算了 1978—1986 年的历史模拟 MAPE，其 13 个变量的均值为 1.94。在 13 个变量中，MAPE 均小于 3；小于 2 的有 7 个，占变量总数的 54%。从动态模拟结果看，13 个变量的 MAPE 的均值为 3.2；在 13 个变量中，MAPE 大于 5 的有 2 个；小于 2 的有 4 个，占变量总数的 30%。

表 3 给出了收入、需求、货币结余块和供给块变量的历史模拟结果 (1984—1986) 以及 1987 年的事后预测结果。由表 3 可见，1984、1985、1986 年的历史模拟误差是很小的。限于篇幅，本文未给出单个变量的实际值与模型模拟值点图，但是后面将给出若干购买力构成、消费构成的实际值与模拟值点图。

表3 收入、需求、货币结余块和供给块变量的历史模拟结果（1984—1986）

项目	1984年(%)			1985年(%)			1986年(%)			1987年(%)		
	实际值	拟合值	误差	实际值	拟合值	误差	实际值	拟合值	误差	实际值	拟合值	误差
一、货币收入												
货币收入总额	4456.9	4458	0	5645.4	5595	0.8	6808	6776	0.4		8143	
其他职业者及其他收入	833.9	840	1.1	1066.1	1068	0.2	1350	1302	3.5		1586	
城镇集团购买消费品货币	290.2	283	2.3	366	341	6.8	413	420	1.6		458	
农民产品、劳务收入	2079.5	2077	0	2671	2645	1.0	3195	3206	0.4		3947	
二、货币支出												
社会商品零售总额	3376.4	3482	3.1	4305	4227	1.8	4950	4934	0.3	5820	5879	1.0
消费品零售额	2899.2	2997	3.4	3801.4	3722	2.0	4374	4359	0.3	5115	5224	2.0
食物消费品零售额	1546.6	1594	3.1	2003.5	1963	2.0	2331	2337	0.3	2736	2803	2.5
衣着消费品零售额	570.3	585	2.5	717.4	704	7.8	722	778	0.7	880	886	0.6
用品消费品零售额	690.5	728	5.4	972.1	941	3.2	1135	1116	1.6	1327	1363	2.6
燃料消费品零售额	91.8	91.6	0.2	108.3	107	1.2	125.7	126.7	0.8	145	148.2	3
居民消费品零售额	2574.5	2681	4.8	3391.4	3339	1.5	3912	3885	0.7	4562	4705	3.1
社团消费品零售额	324.7	317.4	2.3	410	384	6.4	462	474	2.6	553	519	6.1
农业生产资料零售额	477.2	484	1.5	503.6	503.6	0.0	576	574	0.3	705	656	6.8
城镇商品零售额	1377.1	1423	3.3	1788	1727	3.4	2094	2106	0.6	2462	2433	1.2
农村商品零售额	1999.2	2059	3	2517	2500	0.7	2856	2828	1	3358	3446	2.6
农民对非农民零售	170	179	5.2	291	282	3.4	375	373	0.4	465	495	6.4
社会商品零售额	3206	3304	3	4014	3945	1.7	4575	4560	0.3	5355	5384	0.5
非商品支出	556.9	472	15.2	790.4	732	7.4	1070	1118	4.5		1375	
货币支出总额	3933.3	3955	0.5	5095.4	4958	2.6	6020	6052	0.5		7255	
三、结余购买力												
年末结余购买力	1974.3	1953	1.4	2524.3	2611	1.3	3309	3248	1.5		4197	
年末储蓄存款	1315	1310	0.3	1704.5	1777	4.3	2319	2251	2.7		2945	
年末手持现金	659.3	643	2.3	820	833	1.6	990	996	0.6		1252	
当年社购买力	3900	3986	2.2	4855.8	4864	0.2	5735	5658	1.3		6768	

注：因统计口径变动，不可比，部分1987年实际值在表中未列出。

四、1987 年预测结果及其检验

现在的模型是用 1984—1986 年数据建立的。模型研制出后，1987 年的某些统计资料已可获得，使我们可以检验预测的准确性和模型的可靠性。

例如，由表 3 可知，按 1987 年外生变量的实际值所得出的预测结果，社会商品零售总额为 5879 亿元，实际值约为 5820 亿元，相对误差为 1%；消费品零售额预测值为 5224 亿元，实际值约 5115 亿元，相对误差为 0.2%；食品消费品零售额实际值约为 2736 亿元，预测值为 2805 亿元，相对误差为 2.5%；衣着消费品零售额实际值为 880 亿元，预测值为 886 亿元，相对误差为 0.6%；用品消费品的实际值为 1327 亿元，预测值为 1363 亿元，相对误差为 2.6%；燃料消费品零售额的实际值为 145 亿元，预测值为 148 亿元，相对误差为 3%；居民消费品零售额的实际值为 4562 亿元，预测值为 4705 亿元，相对误差为 3%；居民消费品零售额的实际值为 4562 亿元，预测值为 4705 亿元，相对误差为 3.1%；社团消费品零售额的实际为 553 亿元，预测值为 519 亿元，相对误差为 6.1%；城镇商品零售额的实际值为 2462 亿元，预测值为 2433 亿元，相对误差为 1.2%；乡村商品零售额的实际值为 3358 亿元，预测值为 3446 亿元，相对误差的 2.6%；农业生产资料零售额的实际值 705 亿元，预测值为 657 亿元，相对误差为 6.8%，显得大些。上述结果表明，模型的预测能力是强的，精度是高的。

五、对购买力结构、消费结构的分析与预测

根据模型中所反映的关系、历史数据和预测结果，可以对我国购买力构成、消费结构进行分析与预测。表 4 是就 3 种购买力构成，利用近期历史数据和预测结果所做的分析。表 5 则是就 7 种消费构成，利用近期历史数据和预测结果所做的分析。此外，我们绘出了 5 个购买力构成、消费构成的实际值与模型模拟值的点图。（二者很接近，故未分别表明）

表4　购买力结构分析

总量	比重（%）构成部分	实际值 1981年	实际值 1985年	1986年 实际值	1986年 预测值	1987年 实际值	1987年 预测值
当年购买力	已实现购买力	86.57	88.67	86.31	87.20		86.87
	结余购买力	13.43	11.33	13.69	12.80		13.13
全部结余购买力	全部存款	66.61	67.52	70.08	69.30		70.17
	全部手持现金	33.39	32.48	29.92	30.70		29.83
货币收入总额	农民产品劳务收入	46.67	47.31	46.95	47.31		48.47
	其他职业者其他收入	18.71	18.88	19.84	19.21		19.48
	社团购买消费品货币	6.51	6.48	6.07	6.2		5.62
	工资总额	28.11	27.33	27.14	27.38		26.43

表5　消费结构分析

总量	比重（%）构成部分	实际值 1984年	实际值 1985年	1986年 实际值	1986年 预测值	1987年 实际值	1987年 预测值
消费品零售总额	食品类	53.53	52.70	53.29	53.59	53.18	53.69
	衣着类	19.67	18.87	17.65	17.84	17.20	10.96
	用品类	23.82	25.57	25.95	25.63	25.01	26.09
	染料类	3.17	2.82	2.87	2.91	2.83	2.84
社会商品零售总额	居民消费品	76.25	78.78	79.03	78.72	78.38	80.03
	社团消费品	9.62	9.52	9.33	9.62	9.50	8.83
	农业生产资料	14.13	11.70	11.64	11.66	12.11	11.16
社会商品零售总额	消费品	85.87	88.30	88.36	88.34	87.89	88.86
	农业生产资料	14.13	11.70	11.04	11.66	12.11	11.14
社会商品零售总额	城镇	40.79	41.53	42.30	11.38	42.30	41.38
	乡村	59.21	58.17	57.70	58.62	57.70	58.62
社会商品零售总额	农民对非农民零售	5.03	6.76	7.58	8.10	7.99	8.42
	社会商品零售额	94.97	93.21	92.42	91.60	92.11	91.58
货币支出	商品支出	85.84	84.49	82.23	81.51		81.05
	非商品支出	14.16	15.51	17.77	18.48		18.95

结合有关的图表，可得出以下分析结论。

（1）由表4可见，已实现购买力在当年购买力中所占的比重基本稳定，约保持在86.5%左右。

（2）在全部结余购买力中，存款所占的比重（见图2中的Mb）呈升高的趋势，而手持现金所占比重（见图2中的Mh）则呈下降趋势。图2绘出了1964—1986年上述构成（Mb、Mh）的实际值与模型预测值。由图2可见，模型很好地拟合了结余购买力构成的变化。由表4可见，1984—1986年间，存款在全部购买力中所占比重增加约3.5个百分点，手持现金所占比重减少了约3.5个百分点。

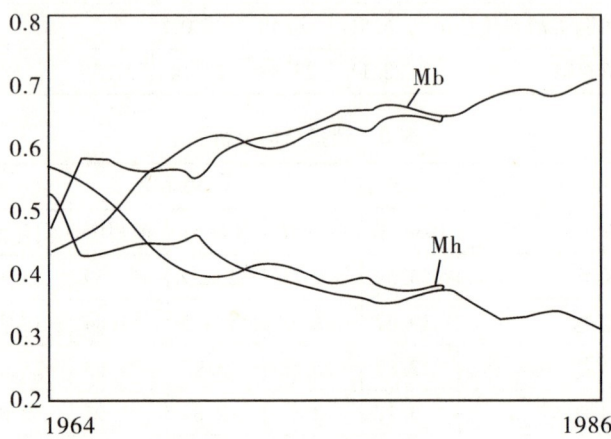

图2 结余购买力构成（存款与手持现金）的实际值与模拟值

（3）在货币收入构成中，引人注目的变化是，1978年以前有农民产品劳务收入所占比重（见图3中的Yd_1）与工资总额所占比重（见图3中Yd_4）大体相当；1978年以后，Yd_1上升很快，Yd_4则下降很快，二者形成鲜明的剪刀差，但近年来没有继续扩大的趋势。另一变化是，其他职业者收入及其他收入所占比重（见图中Yd_2）呈明显上升趋势；社团购买消费品货币所占比重（见图中Yd_3）则略呈下降趋势。由图3可见，模型很好地拟合了货币收入构成的实际变化和转折。

4. 人身风险必须是大量风险单位①均有遭受损失的可能性(Large number of exposure units)

保险的运营是通过科学方法,即大数定律对大量风险单位进行观察,估测出损失率,并把损失在被保险人之间进行分摊,这是保险赖以存在的基础。根据大数定律,随着同质风险单位数量的增多,即保险集合中人身风险单位的数量的增多,对均值的相对偏差就会减少,对估计就越有信心,也就越能确定合理的保费,保险公司就越可能有足够的资金赔付保险期间内发生的所有索赔,从而使保险公司运营更加平稳,同时也有利于保单持有人或被保险人,这就是保险集合在分散风险上比个体进行风险管理更具优势的原因,也称为资源汇集。当然,如果人身风险只是一个或几个风险单位所具有的,那么保险人的观测就失去了这一基础,承保风险就等于下赌注进行投机,因此是不可保的。

5. 人身风险损失是非巨灾损失(No catastrophic loss)

这意味着不能有较大比例的人身风险单位在同一时间内遭受损失,损失过于重大的巨灾风险或巨额风险②(例如战争等)导致的人身伤害一般是不可保的,或只有在特定的条件下才是可保的。此外,可保人身风险导致的损失应该是频率较低、程度重大的。如果人身风险可能造成的损失是轻微的,风险发生的频率极低,那么这些人身风险损失完全可以通过企业(雇主)、家庭和个人自保的方式解决,无须参加保险。只有那些发生可能性较大,且一旦发生就会造成重大损失的人身风险,企业或个人无法依靠自身的力量解决,或自身解决极不经济的情况,才会通过参加保险来转移。所谓损失重大,是与企业或个人愿意并能够承担多大损失的人身风险相对而言的,不是绝对的。

6. 人身风险损失机会可计算(Calculable chance of loss)

保险人必须能准确地计算人身风险导致损失的平均频率即损失机会③及平

---

① 风险单位是发生一次风险事故可能造成标的物损失的范围,也就是可能遭受损失的人、场所或事物。风险单位是保险公司确定其能够承担的最高保险责任的计算基础,因此对其划分既重要又复杂,应根据不同的险别和保险标的来决定,若划分有误,一旦发生风险事故将会给保险公司造成巨大的经济损失。其划分方法有:① 按地段划分风险单位;② 以一个投保单位作为一个风险单位;③ 以一个标的作为一个风险单位。

② 巨灾风险不符合保险最基本的要求。保险人一般可以通过将统计上相互独立的风险单位汇集成一个大集合来分散风险,从而降低该集合中风险单位的平均风险。但是,如果集合中的所有风险单位都有可能因为一项巨灾而同时遭受损失,这些风险单位之间就不再相互独立。此时,风险单位就被看做是相互依存或相关的。如果风险是相关的,在风险单位之间进行分散的效果就会大大地削弱,这对保险市场可能会产生巨大的影响。

③ 损失机会,也称损失频率(Frequency of loss),是指一定时间内一定数目的风险单位中偶发事件(损失)发生的次数。通常以分数或百分率来表示。即损失机会或损失频率=损失次数/风险单位数。损失机会不是在观察一个事件的基础上,而是在观察大量事件中得出的,因此它是一个比例。通常健康保险采用此种方法计算保费。

(5) 城乡的商品消费构成看，近20年来，城、乡消费有较大变化。自1987年以来，乡村商品消费所占比重（见图5中Cf）大幅度上升，并一直持续到1994年。与此同时，城镇商品消费所占比重（见图5中Cc）则大幅度下降，并一直持续到1994年。这一变化充分反映了1978年以来农村经济改革对农民收入相价费的巨大影响。同样我们可以看到，模型能明显地模拟了上述的趋势。自1978年改革以来，具有较高的拟合精度。

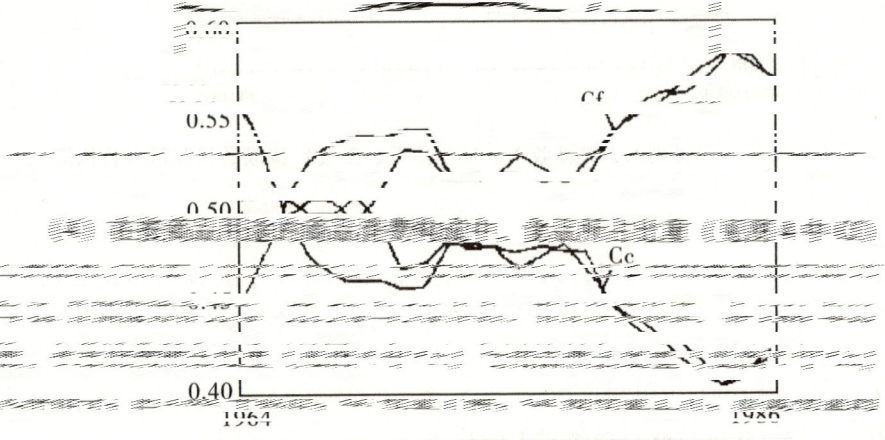

(6) 出售商品白出售的商品总收入的比重（表4），农民的人均货币收入比重自1978年以来呈明显上升趋势。由表4可见，从1984—1987年，约上升了近4个百分点。这主要是由于经济改革以来放开了部分农产品的市场和价格所致。

(7) 非商品支出在整个货币支出中所占比重（见图6中Eng），自1980年以来呈明显上升趋势。与此相一致，商品支出所占比重（见图6中Eg）则呈明显下降趋势。以1984—1986年为例，由表4可知，非商品支出所占比重上升了2.6个百分点，商品支出所占比重则下降了2.6个百分点。从拟合结果可以看出（表4），模型较准地模拟了上述实际变化的趋势。

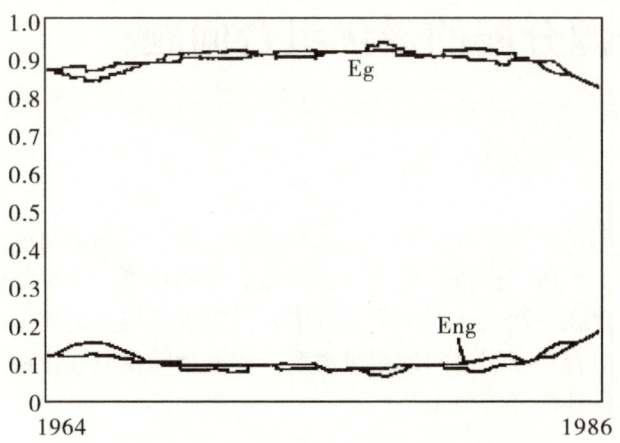

图 6　商品与非商品支出构成的实际值与模拟值

限于篇幅，本文不再对每一种消费构成进行分析。但上述分析和有关数据表明，中国收入消费构成模型很好地模拟了我国收入消费构成的实际变化，具有较强的解释能力。

注：本文和本模型建模所用数据来源如下：《中国统计年鉴1986》《中国统计年鉴1987》；《中国贸易物价统计资料1949—1983》，中国统计出版社1985年版；《财贸经济》1988年第8期。

[本文为国家经委委托研究项目"中国商品市场经济计量模型"的研究成果，原载《武汉大学学报》（社会科学版）1989年第4期]

试论资源分配的最优组合问题

资源分配是经营管理中的一个重要问题。生产过程总要涉及许多种资源，如土地、厂房、设备、劳动力、资金、原材料等。一定量的各种资源被选择并组合在一起投入到生产过程中，是为了得到一定数量的产出。研究这种投入组合和产出之间的数量关系，能够帮助我们选择最优的投入组合，以获得最佳的经济效果。

一、从"投入物越多，产出物也越多"谈起

投入物越多，产出物也越多，这确实是日常的经济生活中最为常见的现象。正因为如此，为了达到增产的目的，我们往往会采用增加投入物的手段。但是，如果留心和研究现实生活中的经济现象，我们也会发现，也有投入物越多，产出物反而越少（甚至等于0）的情况出现。例如，对一块地的庄稼施用化肥，在一定的施用范围内可以达到增产的效果；但如果施用得过多，则反而会造成减产，甚至于出现颗粒无收的情况。再如，最近经济学界对于新中国成立以来的积累率与发展速度之间的关系所做的经验研究表明，一般来说，积累率越高，发展速度可能越快；但如果积累率过高，则发展速度反而可能会放慢。为什么会出现一些这样的情况呢？这实质上涉及比例和效果的问题。在现实生活中，投入与产出之间存在着这样一种关系：投入物越多，产出物往往也越多；但是，如果投入物过多，产出物反而会减少。这种关系可以借助于研究典型的收益函数来进一步地表示出来。

二、短期收益函数及其特性

收益函数也可称为生产函数。它表示生产过程中的投入与产出之间的数量关系。收益函数可分为短期收益函数与长期收益函数。由于所涉及的期间较短，因而短期收益函数是研究生产的某些投入（如土地、厂房、

设备等固定资产）固定不变的情况下，另一些投入（如与可变成本有关的劳动力、原材料等）与产出之间的数量关系。而对于长期收益函数来说，则是各种资源的投入量都是可以改变的。现在我们先讨论短期收益函数，并用只有一个可变投入的情形来分析函数的特性。

要凭借一定的函数关系来解释现实生活中的有关经济现象，就要求该函数具有代表性并能正确反映不同的生产阶段的特点。从后面的讨论可以看出，选择以下函数是比较恰当的：

$$Q = ax + bx^2 - cx^3$$

其中，x 为投入变量，Q 为相应的产出量。

具体地，我们取 $Q = 21x + 9x^2 - x^3$，并绘成图1。

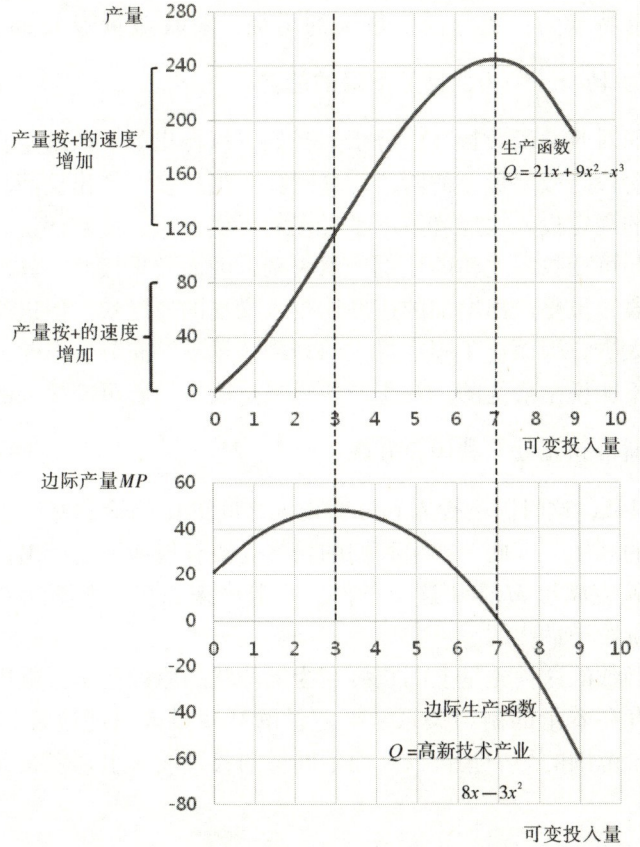

图1　短期生产函数及其边际生产函数

如图 1 所示，当投入量从 0 增加到 3 时，为生产的第一阶段。此时函数呈上凹状。其收益特点为：随着投入量 x 的增加，总收益 Q 也增加，而且其增加的速度比 x 增加的速度快。表现为这个阶段边际收益［即收益函数 $Q(x)$ 的一阶微商］大于 0。

$Mp = \dfrac{dQ}{dx} = (21 + 18x - 3x^2) > 0$，而且 Mp 呈上升的趋势。

当投入量从 3 增加到 7 时，为生产的第二阶段。此时函数呈上凸状，其收益特点为：随着投入量 x 的增加，总收益量 Q 也增加，但其增加的速度已比 x 增加的速度慢。表现为这时 $Mp = \dfrac{dQ}{dx} > 0$，但呈下降的趋势。

当投入量从 7 开始向上增加，为生产的第三阶段。这时函数也呈上凸状。其收益特点为：随着投入量 x 的增加，总收益量 Q 反而越来越少。这时表现为 $Mp = \dfrac{dQ}{dx} < 0$，且呈下降的趋势。

从上面对收益函数特性的分析，我们可以得出如下的结论：首先，生产的第三阶段是效果最差的阶段，这时投入得越多，产出反而越少。这表明一定量的固定投入已经容纳不了过多的可变投入，换句话说，这时由于固定投入与可变投入之间的比例严重失调，因而效果极差。其次，在生产的第一阶段，虽然产出增加的速度比投入增加的速度快，但这正说明由于可变投入太少，因而对于固定投入的利用还远不够充分。因此，生产的第一阶段并不能说是最优的。在生产的第二阶段，随着可变投入的增加，固定投入逐渐得到充分的利用，并在 $x = 7$（$Mp = \dfrac{dQ}{dx} = 0$）处获得最大的产出量 $Q = 245$，这时固定投入和可变投入之间的比例恰到好处，两者都得到了充分的利用。因此，如果我们的目标是要获得最大的产出，那么最优的投入量就应满足 $Mp = 0$ 这个条件。一般说来，在三个不同的生产阶段中，第二阶段是最优的。

收益函数的这种先呈上凹状再变为上凸状的原因在于：生产的各种投入量之间存在着量的制约关系，一定量的某些投入只能适合和（或）容纳一定数量范围的另一些投入；而不同量的各种投入组合就有着不同的收益效果。

三、收益递减律及其局限性

典型的收益函数从上凹状变为上凸状的特性,实际上已构成了通常所说的收益递减律(或边际收益递减律)的内容。这可以表述为:如果生产的技术条件不变,对一定量的固定投入,增加越来越多的可变投入时,终将会导致边际收益的下降;而且,如果再进一步增加可变投入,那么总收益在达到最大值后也将会开始下降。

事实上"收益递减律(或边际收益递减律)"这个用语是不太准确的。从对收益函数的分析可以看出,在生产的第一、二阶段,总的收益都不是递减而是递增的;第一阶段的边际收益不是递减,也是递增的。因此,在有的著作中把它称为"不同比例的收益律"。

收益递减律是从比较简单的经济现象中抽象出来的,因而有着较大的局限性。它只适用于某些条件和范围,如技术状态保持不变、某些投入保持不变等。但是,我们也可以借助它来分析一些较为复杂的经济现象。

四、同一资源在不同部门之间的分配

我们在实际中往往会遇到,在资源总量有限制情况下的分配问题。

不同的部门往往有着不同的收益函数。投入同样数量的资源,在有的部门收益大,在有的部门收益小。这时,各部门间分配的最优组合可以按数学上拉格朗日条件极值的问题来求解。按照这一法则导出的最优分配方案,必须满足两个条件:一个是各部门的边际收益应当相等;另一个是分配给各部门的资源的和应当等于总的资源。试以下例来说明。

设有资源总量为 140 单位,要分配给三个不同的部门。其收益函数分别为:

$$y_1 = 10x_1^{\frac{1}{2}} \quad y_2 = 20x_2^{\frac{1}{2}} \quad y_3 = 30x_3^{\frac{1}{3}}$$

求使总收益($y = y_1 + y_2 + y_3$)最大化的分配方案。我们可先把约束条件写为 $x_1 + x_2 + x_3 = 140$,然后按求条件极值的拉格朗日法则构造出新的函数:

$$L = y_1 + y_2 + y_3 + \lambda(140 - x_1 - x_2 - x_3)$$

$$= 10x_1^{\frac{1}{2}}y_2 + 20x_2^{\frac{1}{2}}y_3 + 30x_3^{\frac{1}{2}} + \lambda(140 - x_1 - x_2 - x_3)$$

其中 λ 为拉格朗日乘数。

再由各个变量的偏微商等于0，我们得到：

$$\begin{cases} \dfrac{\partial L}{\partial x_1} = 5\dfrac{1}{\sqrt{x_1}} - \lambda = 0 \\ \dfrac{\partial L}{\partial x_2} = 10\dfrac{1}{\sqrt{x_2}} - \lambda = 0 \\ \dfrac{\partial L}{\partial x_3} = 15\dfrac{1}{\sqrt{x_3}} - \lambda = 0 \\ \dfrac{\partial L}{\partial \lambda} = 140 - x_1 - x_2 - x_3 = 0 \end{cases}$$

这四个联立方程可以化为下面两式：

$$\begin{cases} 5\dfrac{1}{\sqrt{x_1}} = 10\dfrac{1}{\sqrt{x_2}} = 15\dfrac{1}{\sqrt{x_3}} \\ (\text{亦即 } \dfrac{dy_1}{dx_1} = \dfrac{dy_2}{dx_2} = \dfrac{dy_3}{dx_3}) \\ 140 - x_1 - x_2 - x_3 = 0 \end{cases}$$

这实际上就是前面所说的最优分配方案必须满足的两个条件。解出最优分配方案中三个部门的投入分别为：

$$x_1 = 10, \ x_2 = 40, \ x_3 = 90$$

相应，最大的总收益为：

$$y = 10\sqrt{10} + 20\sqrt{40} + 30\sqrt{90} = 442.7$$

五、一个部门内不同资源投入的最优组合

前面我们讨论了短期生产的资源投入问题。我们也提到了，在生产期较长的情况下，各种资源的投入量都是可以改变的。因为这时再假定某些固定投入保持不变的话，就同实际情况不相符了。一个部门内不同资源投入的最优组合问题仍然是根据拉格朗日乘数法来求解。假设生产过程需要几种不同的资源 $(x_1, x_2, \cdots x_n)$，其价格相应为 $(PX_1, PX_2, \cdots PX_n)$，部门的总预算费用为 TC。那么，也可以导出各种资源投入的最优组合必

须满足下面两个条件：

$$\begin{cases} PX_1 x_1 + PX_2 x_2 + \cdots + PX_n x_n = TCY1Y & (1) \\ \dfrac{MPx_1}{PX_1} = \dfrac{MPx_2}{PX_2} = \cdots = \dfrac{MPx_n}{(PX_n)\ Y2Y} & (2) \end{cases}$$

其中 $MPxi$（$i = 1, 2, \cdots n$）为相应的资源投入的边际收益。

例如，设某部门的生产函数为 $Q = 20x_1 + 65x_2 - 0.5x_1^2 - 0.5x_2^2$，总预算 $TC = 2200$ 元，资源的价格 $PX_1 = 20$ 元/单位，$PX_2 = 50$ 元/单位。要求求出在该预算条件下，资源投入的最优组合。

根据式（1）和式（2）可以写出投入的最优组合所必须满足的两个条件：

$$\begin{cases} 20x_1 + 50x_2 = 2200 \\ \dfrac{20 - x_1}{20} = \dfrac{65 - x_2}{50} \\ (MPx_1 = 20 - x_1,\ MPx_2 = 65 - x_2) \end{cases}$$

解出最优的投入组合为 $x_1 = 10$ 单位，$x_2 = 40$ 单位；最大的收益量为 $Q = 1950$ 单位。

六、原理在实际运用中的几个问题

本文所介绍的资源分配的最优组合确定，主要是根据数学分析中的求解条件极值问题的基本原理和方法。它在实际中有着较为广泛的应用。但是，作为一种特定的数学模式，它的运用是有一定的范围和条件的。特别是由于现实经济现象很复杂，许多因素相互作用、相互影响，因此在具体运用这一原理时应当注意以下三点。

（1）要考虑部门外（或企业外）的某些主要因素所造成的影响。这实质上是涉及运用这一原理的前提条件问题。比如，如果我们是用总产值或利润来表示部门（或企业）的收益，而有关的产品价格很不合理，那么由于这种不合理价格的影响，将会造成各部门的收益不能真实地反应其实际的经济效果。因此按照这一原理确定的资源投入组合就往往是不可靠的或者是相当错误的。在这样的情况下，首先应当尽量选择适合的计量单位来反映各部门的经济效果；如果找不到其他合适的计量单位时，那就应当充分考虑这种因素的影响，在最后做决策时进行适当的调整。

（2）应当从全局出发考虑资源的分配问题。在许多情况下，按照这一原理所求得的资源投入组合对于某部门或某企业确实是较好的，但对全局来说并不一定有利，或不完全有利。这时也还是必须从全局出发来调整资源的分配。

（3）近似求解问题。虽然我们讨论的是资源投入的最优组合，但实际求得的结果却不可能是最优的，而往往是近似的。这主要是因为，我们的讨论是在假定部门或企业的收益函数已知的条件下进行的。但在实际中，要求得某部门的收益函数往往是相当困难的，除了需要有足够的历史资料或技术资料外，还得借助一定的数学方法。另外，在许多情况下，花费很大的代价去求得收益函数本身就不经济。因此，在实际求解问题时，我们所用的收益函数绝大多数都是近似的。比如，最常见的一种办法是把以往历次的投入和产出的结果近似地看成收益函数，即把它当为离散型的收益函数来近似地求解。以下举一个最简单的例子来说明。

设某企业的投入与产出如下所示：

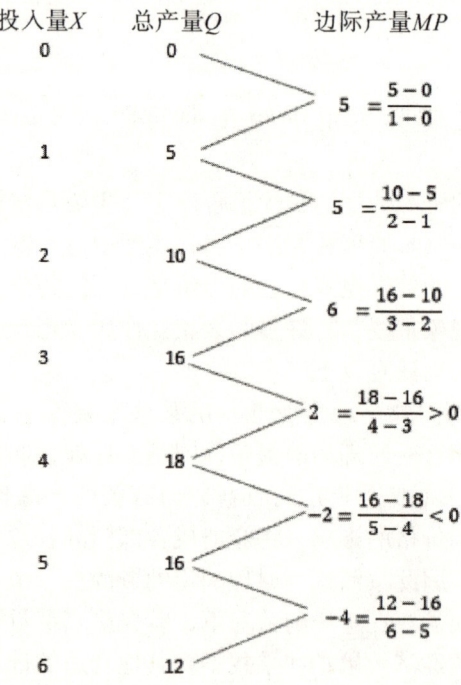

从中可以看出，当投入量从 3 增加到 4 时，其边际产量为 2 > 0；但当投入量从 4 增加到 5 时，其边际产量为 - 2 < 0。因此，可以近似地确定当投入量为 4 时，其边际产量为 0，它与总产量达到最大值 18 时的投入量是一致的。因此，投入量为 4 是最优的投入量。

多个部门或多种资源的最优投入组合的确定，也都可以用同样的原理和方法求得解决。

（撰写本文时笔者系比利时鲁汶大学研究生；原载《经济研究》1982 年第 5 期）

附录

毛蕴诗主要著述目录

一、个人专著

[1]《重构全球价值链——中国企业升级理论与实践》,清华大学出版社2017年版。

[2]《中国企业:转型升级》第3版,中山大学出版社2016年版。

[3]《跨国公司在华投资策略》,中国财政经济出版社2005年版。

[4]《全球公司重构——案例研究与中国企业战略重组》,东北财经大学出版社2004年版。

[5]《国际化环境与跨国经营》,环球国际出版有限公司2004年版。

[6] Multinationals in China: Competition and Cooperation. The Universal Press Limited, 2004.

[7]《成长中的中国企业》,四川大学出版社2003年版。

[8]《跨国公司战略竞争与国际直接投资》第2版,中山大学出版社2001年版。

[9]《公司重构与竞争优势》,广东人民出版社2000年版。

[10]《企业集团——扩展动因、模式与案例》,广东人民出版社2000年版。

二、与人合著

[1]《并购与重组》(毛蕴诗、郑奇志),机械工业出版社2011年版。

[2]《中国企业:转型升级》修订版(毛蕴诗、吴瑶),中山大学出版社2010年版。

[3]《跨国公司经营管理》(毛蕴诗、袁静),中山大学出版社2010年版。

[4]《企业信息化的管理导入:教程与案例》(毛蕴诗、姜岳新),中山大学出版社2009年版。

[5]《广东企业50强》(毛蕴诗、汪建成),中山大学出版社2005

年版。

[6]《跨国公司在华经营策略》（毛蕴诗、李敏、袁静），中国财政经济出版社 2005 年版。

[7]《跨国公司在华撤资》（毛蕴诗、蒋敦福、曾国军），中国财政经济出版社 2005 年版。

三、译著

[1]《管理学：原理与实践》第 9 版，机械工业出版社 2015 年版；《管理学：原理与实践》第 8 版，机械工业出版社 2013 年版；《管理学：原理与实践》第 7 版，机械工业出版社 2010 年版。

[2]《组织行为学》第 9 版，中国人民大学出版社 2011 年版。

[3]《管理学原理》第 6 版，中国人民大学出版社 2008 年版；《管理学原理》第 5 版，东北财经大学出版社 2005 年版；《管理学原理》第 3 版，东北财经大学出版社 2004 年版。

[4]《经济计量学指南》，贵州人民出版社 1986 年版。

四、教材

[1]《管理学原理》，高等教育出版社 2014 年版。

[2]《管理经济学：理论与案例》，机械工业出版社 2012 年版。

[3]《公司经济学前沿专题》，东北财经大学出版社 2007 年版。

[4]《公司经济学》第 2 版，东北财经大学出版社 2005 年版；《公司经济学》，东北财经大学出版社 2002 年版。

[5]《管理学原著选读》，东北财经大学出版社 2001 年版。

[6]《公司经济学：理论与实践》，中山大学出版社 1994 年版。

[7]《中国宏观经济活动分析》，南开大学出版社 1990 年版。

[8]《现代经济计划与分析方法》，湖北教育出版社 1988 年版。

五、学术论文

[1]《企业研发网络与技术学习模式选择：一个文献综述》（毛蕴诗、黄程亮），载《学术研究》2017 年第 6 期。

[2]《创新追赶情境下技术学习推动产品升级的机制研究——以宝钢汽车板升级为例》（毛蕴诗、黄程亮），载《吉林大学社会科学学报》

2017年第5期。

［3］《从传统产业跨向新兴产业的制高点——广东德豪润达的跨产业升级案例研究》（毛蕴诗、孙赛赛、李炜），载《学术研究》2016年第9期。

［4］《重构全球价值链》，载《清华管理评论》2016年第6期。

［5］《论国际分工市场失效与重构全球价值链——新兴经济体的企业升级理论构建》（毛蕴诗、郑奇志），载《社会科学文摘》2016年第5期，《中山大学学报》（社会科学版）2016年第2期。

［6］《技术创新与产品替代：中国企业国际化进程研究——基于格力空调的案例研究》（毛蕴诗、孙赛赛），载《当代经济管理》2016年第4期。

［7］《企业升级路径测量量表开发》（毛蕴诗、刘富先、李田），载《华南师范大学学报》（社会科学版）2016年第3期。

［8］《低碳发展视角下的企业转型升级——基于深圳南天油粕公司的案例研究》（毛蕴诗、郑泳芝、阳孝东），载《产经评论》2016年第3期。

［9］《企业关键资源、权变因素与升级路径选择——以广东省宜华木业股份有限公司为例》（毛蕴诗、林彤纯、吴东旭），载《经济管理》2016年第3期。

［10］《从ODM到OBM升级的阶段性选择》（毛蕴诗、郑泳芝、叶智星），载《技术经济与管理研究》2016年第2期。

［11］《重构全球价值链：中国管理研究的前沿领域——基于SSCI和CSSCI（2002—2015年）的文献研究》（毛蕴诗、王婕、郑奇志），载《学术研究》2015年第11期。

［12］《统筹国内外两个市场的天生国际化企业持续成长研究——基于奥马电器的案例分析》（毛蕴诗、陈玉婷），载《经济与管理研究》2015年第10期。

［13］《德豪润达：业务转型与跨产业升级》，载《中国工业评论》2015年第8期。

［14］《新兴经济体企业逆袭 解构传统国际分工格局》，载《中国工业评论》2015年第6期。

［15］《知识密度的多维结构及其影响关系研究——基于东莞制造业

出口企业的国际市场表现的实证研究》（毛蕴诗、应红），载《东南大学学报》（哲学社会科学版）2015 年第 6 期。

[16]《外经贸对地区经济发展的贡献问题研究——以广东省中山市和韶关市为例》（毛蕴诗、陈玉婷），载《华东经济管理》2015 年第 5 期。

[17]《中小企业升级的专精发展路径》，载《中国工业评论》2015 年第 4 期。

[18] Upgrading from OEM to OBM through Reverse Acquisition China's Emerging Economy: The Case of Lacquer Craft（Yunshi Mao, Tian Li, Yangchun Liu），载 Frontiers of Business Research in China, 2015 年第 3 期。

[19] IT Enabled Organisational Agility: Evidence from Chinese Firms（Yunshi Mao, Jing Quan），载 Journal of Organizational and End User Computing, 2015 年 1 月 24 日。

[20]《企业转型升级：中国管理研究的前沿领域——基于 SSCI 和 CSSCI（2002—2013 年）的文献研究》（毛蕴诗、张伟涛、魏姝羽），载《学术研究》2015 年第 1 期。

[21] Evaluating Business Performance of China's Pharmaceutical Companies Based on Data Envelopment Analysis（Yunshi Mao, Jianrui Li），载 Studies on Ethno Medicine, 2014 年第 11 期。

[22]《企业核心技术的标准竞争策略分析——以美日企业与本土企业竞争为例》（毛蕴诗、魏姝羽、熊玮），载《学术研究》2014 年第 5 期。

[23]《农业转型升级：产业链整合与延伸——基于台湾美浓镇的实地调研与启示》（毛蕴诗、陈嘉殷、李田），载《产经评论》2014 年第 4 期。

[24]《企业渐进式升级、竞争优势与驱动因素研究》（毛蕴诗、温思雅），载《东南大学学报》（哲学社会科学版）2014 年第 2 期。

[25]《行业边界模糊背景下的跨产业升级与 S—O—S 模型——基于乔布斯苹果成功实践的理论提炼》（毛蕴诗、李田），载《中山大学学报》（社会科学版）2014 年第 2 期。

[26]《基于核心技术与关键零部件的产业竞争力分析——以中国制造业为例》（毛蕴诗、徐向龙、陈涛），载《经济与管理研究》2014 年第

1期。

[27]《加快"中国制造"转型升级 从工业大国向工业强国转变》,载《中国经贸导刊》2013年第9期。

[28]《基于专用技术深化和应用领域拓展的企业升级——针对大族激光的案例研究与理论模型的提炼》(毛蕴诗、罗顺均、熊炼),载《学术研究》2013年第9期。

[29]《苹果:此前转型与成功的逻辑分析》(毛蕴诗、陈涛、李炜),载《经济管理》2013年第6期。

[30]《中小企业如何"专而精,精而强"——台湾中小企业的启示》,载《清华管理评论》2013年第4期。

[31]《跨国公司在华战略演变研究——基于组织二元性和"市场在中国"的视角》(毛蕴诗、温思雅),载《国际经贸探索》2012年第9期。

[32]《加工贸易相关产业转型升级研究——以广东省纺织服装业为例》(毛蕴诗、金雨晨、李杰),载《当代经济管理》2012年第8期。

[33]《基于产品功能拓展的企业升级研究》(毛蕴诗、温思雅),载《学术研究》2012年第5期。

[34]《系统观视角下的环保常态机制与企业竞争力提升研究——我国台湾地区的经验及启示》(毛蕴诗、温思雅),载《东南大学学报》(哲学社会科学版)2012年第4期。

[35]《使基于创新的跨产业升级成为我国经济增长的亮点》,载《中国产业》2012年第3期。

[36]《基于微笑曲线的企业升级路径选择模型——理论框架的构建与案例研究》(毛蕴诗、郑奇志),载《中山大学学报》(社会科学版)2012年第3期。

[37]《提高上市公司对股东的现金分红回报促进资本市场健康发展》,载《中国产业》2011年第9期。

[38]《从我国台湾地区纺织业经验看大陆企业转型升级》(毛蕴诗、金娅婷、吴东旭),载《当代经济管理》2011年第8期。

[39]《促进劳动密集型企业低碳经营转型升级》,载《今日中国论坛》2011年第7期。

[40]《劳动密集型产业升级研究——以台湾自行车产业整体升级及

其竞合机制为例》（毛蕴诗、林晓如、李玉惠），载《学术研究》2011年第6期。

［41］《企业低碳运作与引入成本降低的对偶微笑曲线模型——基于广州互太和台湾纺织业的研究》（毛蕴诗、熊炼），载《中山大学学报》（社会科学版）2011年第4期。

［42］《从"市场在中国"剖析扩大消费内需》（毛蕴诗、李洁明），载载《中山大学学报》（社会科学版）2010年第5期。

［43］《金融危机对我国中小企业的影响及企业应对策略研究——基于长三角与广东省的对比分析》（毛蕴诗、李田、谢琦），载《广东社会科学》2010年第5期。

［44］《促进企业转型升级，推动经济发展方式转变》，载《中国产业》2010年第4期。

［45］《我国OEM企业升级的动态分析框架与实证研究》（毛蕴诗、吴瑶、邹红星），载《学术研究》2010年第1期。

［46］《转变经济增长方式，加快产业转型升级》，载《港口经济》2009年第7期。

［47］《转变经济增长方式 加快产业转型升级的路径》，载《中国审计》2009年第7期。

［48］《以工作分享制缓解就业压力》，载《人才资源开发》2009年第7期、《理论参考》2009年第5期。

［49］《制度环境、企业能力与OEM企业升级战略——东菱凯琴与佳士科技的比较案例研究》（毛蕴诗、姜岳新、莫伟杰），载《管理世界》2009年第6期。

［50］《论股市的企业重组机制：中、美、日比较》（毛蕴诗、姜岳新），载《学术研究》2009年第3期。

［51］《在华跨国公司战略选择与经营策略问题研究》（毛蕴诗、汪建成），载《管理科学学报》2009年第2期。

［52］《企业升级路径与分析模式研究》（毛蕴诗、吴瑶），载《中山大学学报》（社会科学版）2009年第1期。

［53］《增强中国股市的厚重性——完善资本市场功能，促进市场健康发展》（毛蕴诗、郑奇志），载《中国审计》2008年第9期。

［54］《跨国公司在华投资、撤资、再投资行为分析——比较案例研

究》（毛蕴诗、何欢），载《学术研究》2008 年第 7 期。

[55]《从广东实践看我国产业的转型、升级》（毛蕴诗、李田、吴斯丹），载《经济与管理研究》2008 年第 7 期。

[56]《行业边界模糊与产业政策调整》（毛蕴诗、周皓），载《现代管理科学》2008 年第 5 期。

[57]《在华日本跨国公司筹供体系的特色与影响因素》（毛蕴诗、王华），载《现代日本经济》2008 年第 4 期。

[58]《从微软看标准之间的企业全球竞争》（毛蕴诗、舒兆平、吴瑶），载《经济理论与经济管理》2008 年第 2 期。

[59]《基于行业边界模糊的价值网分析模式——与价值链模式的比较》（毛蕴诗、王华），载《中山大学学报》（社会科学版）2008 年第 1 期。

[60]《"规模经济"抑或"规模经济性"——对新帕尔格雷夫经济学大辞典中的词条名 "Economies and Diseconomies of Scale" 汉译的商榷》，载《学术研究》2007 年第 12 期。

[61]《强化重组企业功能，降低股市风险》（毛蕴诗、姜岳新），载《决策与信息：财经观察》2007 年第 11 期。

[62]《强化股市促进企业重组的功能，推动资本市场建设》，载《中国科技产业》2007 年第 8 期。

[63]《广东中小企业成长特点与影响因素的实证分析——基于中博会、广交会的问卷调查及与长三角和环渤海地区的对比》（毛蕴诗、莫伟杰、袁静），载《广东社会科学》2007 年第 6 期。

[64]《基于时间因素的竞争与丰田生产方式解析》（毛蕴诗、吴瑶），载《现代管理科学》2007 年第 3 期。

[65]《企业家与职业经理的心理特质差异——再论企业家与职业经理特征识别模型》（毛蕴诗、梁西章），载《中山大学学报》（社会科学版）2007 年第 2 期。

[66]《我国企业信息化失败率高企的管理透析——以 ERP 为例》（毛蕴诗、许烁），载《现代管理科学》2006 年第 12 期。

[67]《台湾台南科学园区调研报告》（毛蕴诗、袁静），载《决策与信息：财经观察》2006 年第 10 期。

[68]《OEM、ODM 到 OBM：新兴经济的企业自主创新路径研究》

（毛蕴诗、戴勇），载《经济管理》2006 年第 20 期。

[69]《跨国公司在华业务整合研究》（毛蕴诗、戴黎燕），载《商业经济与管理》2006 年第 10 期。

[70]《基于时间因素的竞争优势分析》（毛蕴诗、耿薇），载《经济理论与经济管理》2006 年第 9 期。

[71]《以产业融合为动力促进文化产业发展》（毛蕴诗、梁永宽），载《经济与管理研究》2006 年第 7 期。

[72]《基于产品升级的自主创新路径研究》（毛蕴诗、汪建成），载《管理世界》2006 年第 5 期。

[73]《经济全球化与经济区域化的发展趋势与特征研究》（毛蕴诗、戴勇），载《经济评论》2006 年第 4 期。

[74]《技术进步与行业边界模糊——企业战略反应与政府相关政策》（毛蕴诗、蓝定），载《中山大学学报》（社会科学版）2006 年第 4 期。

[75]《顺应行业边界模糊趋势，推动广东文化与经济融合》，载《决策与信息：财经观察》2006 年第 4 期。

[76]《从美日企业在世界 500 强的变动看其竞争力消长》（毛蕴诗、戴黎燕），载《首都经济贸易大学学报》2006 年第 3 期。

[77]《替代跨国公司产品：中国企业升级的递进》（毛蕴诗、李洁明），载《学术研究》2006 年第 3 期。

[78]《提高自主创新能力，实现企业升级》，载《决策与信息：财经观察》2006 年第 1 期。

[79]《跨国公司在粤投资特征研究》（毛蕴诗、戴勇），载《广东社会科学》2006 年第 1 期。

[80]《世界 500 强的"过人之处"》，载《中国电力企业管理》2005 年第 9 期。

[81]《跨国公司对华直接投资策略：趋势与特点》（毛蕴诗、袁静），载《管理世界》2005 年第 9 期。

[82]《TCL 集团：在模仿与创新中形成研发能力》（毛蕴诗、李家鸿），载《经济管理》2005 年第 17 期。

[83]《谈统计信息公开披露制度》，载《中国统计》2005 年第 8 期。

[84]《公司重构的企业制度比较——以美国、日本、德国公司为例》，载《学术研究》2005 年第 6 期。

[85]《加快国有企业战略重组》,载《决策与信息:财经观察》2005年第 6 期。

[86]《管理层持股与国有企业产权结构多元化的较优模式》(毛蕴诗、戴勇),载《现代管理科学》2005 年第 6 期。

[87]《公司重构与企业持续成长路径》,载《中山大学学报》(社会科学版)2005 年第 5 期。

[88]《正在兴起的日本公司重构及其效果分析》(毛蕴诗、舒强),载《现代日本经济》2005 年第 5 期。

[89]《企业家与职业经理特征识别模型——经济转型期中国企业家与职业经理的识别例证》,载《新经济杂志》2005 年第 4 期。

[90]《现代中国民营企业的工场管理——志高空调案例研究》(毛蕴诗、曾国军、欧阳桃花),载《南大商学评论》2005 年第 4 期。

[91]《深化中央与地方关系体制改革的建议》,载《决策与信息:财经观察》2005 年第 3 期。

[92]《日本在华跨国公司竞争地位与竞争优势研究》(毛蕴诗、汪建成),载《管理科学学报》2005 年第 3 期、《中国软科学》2005 年第 3 期。

[93]《中国企业海外 R&D 活动研究——以广东企业为例》(毛蕴诗、袁静、周燕),载《中山大学学报》(社会科学版)载 2005 年第 2 期。

[94]《以分拆为特征的公司重构》(毛蕴诗、徐志科),载《首都经济贸易大学学报》2005 年第 1 期。

[95]《20 世纪 80 年代以来的全球公司重构:背景与动因》,载《学术研究》2004 年第 11 期。

[96]《多元化经营三维模型及多元化经营的几个命题》,载《中山大学学报》(社会科学版)2004 年第 6 期。

[97]《中国家电企业的竞争优势——格兰仕的案例研究》,载《管理世界》2004 年第 6 期。

[98]《日本跨国公司对华直接投资的动机与区位因素分析》(毛蕴诗、汪建成),载《南开管理评论》2004 年第 5 期。

[99]《日本企业的生存危机与公司重构及其启示——日本松下电器的 V 字回复与业务重构》(毛蕴诗、高瑞红、汪建成),载《管理世界》2003 年第 8 期。

[100]《广东大企业集团的若干特征与公司重构》（毛蕴诗、汪建成），载《广东社会科学》2003年第6期。

[101]《日本企业的生存危机与组织重构——日本松下电器打破事业部制重新设计权责利的组织结构》（毛蕴诗、高瑞红、汪建成），载《中山大学学报》（社会科学版）2003年第6期。

[102]《三洋电机公司重构案例——全球化进程中的重构》，载《首都经济贸易大学学报》2003年第5期。

[103]《以剥离为特征的全球性公司重构及其对中国企业的启示》（毛蕴诗、舒强），载《华南理工大学学报》（社会科学版）2003年第4期。

[104]《大企业集团扩展路径的实证研究——对广东40家大型重点企业的问卷调查》（毛蕴诗、汪建成），载《学术研究》2002年第8期。

[105]《硅谷机制与企业高速成长——再论企业与市场之间的关系》（毛蕴诗、周燕），载《管理世界》2002年第6期。

[106]《世界五百强的特征及其对中国企业的启示》（毛蕴诗、孙景武、杜慕群、曾国军），载《中山大学学报》（社会科学版）2002年第5期。

[107]《当代跨国公司撤资理论及其新发展》（毛蕴诗、蒋敦福），载《四川大学学报》（哲学社会科学版）2002年第2期。

[108]《论知识经济时代的企业要素动员方式》（毛蕴诗、庄拥军），载《经济与管理研究》2002年第1期。

[109]《"家族企业的体制创新与管理革命"（笔谈四篇）家族式企业：形成、过渡与变革》，载《学术研究》2001年第5期。

[110]《中国上市公司的亏损问题与重构研究》（毛蕴诗、蒋敦福、程艳萍），载《管理世界》2001年第5期。

[111]《跨国公司研究与开发相对分散化的动因与方式》（毛蕴诗、程艳萍），载《中山大学学报》（社会科学版）2001年第5期。

[112]《跨国公司的进入与中国企业的战略反应》（毛蕴诗、程艳萍），载《学术研究》2001年第4期。

[113]《美国企业竞争力超过日本企业之探究》（毛蕴诗、程艳萍），载《南开管理评论》2001年第4期。

[114]《出口贸易与国际直接投资关系研究》，载《首都经济贸易大

学学报》2001 年第 3 期。

[115]《范围紧缩为特征的公司重构与我国企业战略重组》（毛蕴诗、许倩），载《管理世界》2000 年第 5 期。

[116]《全球公司重构与我国企业战略重组》（毛蕴诗、王彤），载《中山大学学报》（社会科学版）2000 年第 5 期。

[117]《现代公司理论及其形成背景——兼论企业家与职业经理的区别》，载《学术研究》2000 年第 1 期。

[118]《德国企业对华投资的趋势、特点与国别比较》（毛蕴诗、B. N. 科玛），载《中国工业经济》1999 年第 11 期。

[119]《论企业与市场的关系》，载《中山大学学报》（社会科学版）1999 年第 6 期。

[120]《德国企业对华投资研究》（毛蕴诗、B. N. 科玛、埃瑟琳），载《经济与管理研究》1999 年第 5 期。

[121]《企业重构与竞争优势》（毛蕴诗、王欢），载《南开管理评论》1999 年第 4 期。

[122]《中国需求导向的消费品零售总量模型——及其对市场波动的应用研究》，载《中山大学学报》（社会科学版）1999 年第 1 期。

[123]《从资本雇佣劳动到劳动"雇佣"资本——论知识经济中智力劳动的地位》（毛蕴诗、李新家），载《经济与管理研究》1998 年第 5 期。

[124]《中国消费品市场的增长与波动特征及其原因》（毛蕴诗、刘旭、丁汉鹏），载《广东社会科学》1998 年第 2 期。

[125]《面向 21 世纪的中国企业——构建开放型市场经济有效运行的主体群企业》（毛蕴诗、李新家），载《学术研究》1998 年第 1 期。

[126]《论中国商品市场的国际化趋势》，载《学术研究》1997 年第 5 期。

[127]《论企业的生存危机及其原因》（毛蕴诗、刘旭），载《中山大学学报》（社会科学版）1997 年第 5 期。

[128]《中国煤炭市场供给导向模式研究》（毛蕴诗、丁汉鹏），载《中国工业经济》1997 年第 2 期。

[129]《论公司扩展及其动因》，载《广东社会科学》1996 年第 1 期。

［130］《中国消费品市场转换的特征与趋势分析》，载《学术研究》1995 年第 2 期。

［131］《对外直接投资过程论——对外直接投资的四维分析模型及其应用》，载《中山大学学报》（社会科学版）1994 年第 2 期。

［132］《论我国物资市场供需关系的研究途径与方法》，载《武汉大学学报》（社会科学版）1992 年第 6 期。

［133］《经济计划工作的趋势》，载《经济评论》1992 年第 4 期。

［134］《对我国货币收入—支出—货币结余关系的动态分析》，载《南开经济研究》1991 年第 6 期。

［135］《论我国食品价格上涨的启动因素》，载《价格理论与实践》1990 年第 3 期。

［136］《对改革前后农业增长因素的比较研究》，载《江汉论坛》1989 年第 10 期。

［137］《中国购买力、消费经济计量模型》，载《武汉大学学报》（社会科学版）1989 年第 4 期。

［138］《试论资源分配的最优组合问题》，载《经济研究》1982 年第 5 期。